U1004470

知章 zhizhang

西洋税制在近代中国的发展

林美莉 / 著

上海社会科学院出版社
SHANGHAI ACADEMY OF SOCIAL SCIENCES PRESS

序　言

财政是治理和运转一个国家的经济基础，而税收是保证国家财政收入的最重要来源。近代以来，具有几千年文明史的中国，在相对短暂的时段中经历了剧烈的变动。这种变动体现在政治上，是改朝换代，是具有几千年历史的封建皇朝迅速崩塌终结，出现了亚洲第一个民主共和的政体；体现在经济上，则是以往的经济结构出现了前所未有的本质变化：从一个农业为主的、家庭手工业和农业相结合、以自然力和畜力为动力的小农经济结构开始走向以蒸汽和电力为动力，机器为标志的大工业时代，也就是农业经济结构向工业经济结构转化的时代。

这种转化体现在财政上，必然出现与过去不一样的特点和变化。套用民国时期财政专家贾士毅概括的话来说，就是“我国在民元以前，在政治上为专制君主时代，一国财用，取之于民，用之于君，故行政从简，财用从约，预算以量入制出为依归。入民国以后，改专制为共和，废君主而行议会，于是一国财用取之于民亦有用之于民之意，预算遂有量出为入之势。”又说，在封建时代的财政体制下，“理财之要诀为‘宽恤民生’，而以‘不增赋’为理财者之美德”。显然，在变动剧烈的近代中国，财政体制与政治经济一样，必然随着时代的变化而变化。尤其在晚清皇朝崩溃中华民国建立以后，传统的财政税收体制已经不能够适应新时代的需求和应对。机器工业时代需要技术、设备、人才和知识，而最根本的一点是需要钱、需要资本。技术、设备、人才和知识都可以通过资本和钱进行购买，可如果没有钱，那就是真正的寸步难行。更何况随着西方列强对中国的侵略和随之而来的割地赔款，且赔款数字越来越大，也使得财政压力越来越大，再加上列强对中国的侵略，尤其是“九一八”之后，抵抗日本侵略的战火就燃烧了 14 年。战争费用和其他种种费用对财政所形成的压力等，均促使近代中国的财政体系必然酝酿和实施以往没有的根本性变革。

也就是说，种种内忧外患或者说内外情势的逼迫，使得近代中国的财税压力日益加大，也使得中国过去以土地和人口为主要纳税对象的状况被从西方引进的一系列税制所逐渐取代，这个取代的过程时段延续很长，影响广泛，直接间接贯穿于 19 世纪后半叶和 20 世纪前半叶，尤其是 1930 年代前后成为变动剧烈的一段时期。其中厘金的出现直至消亡，营业税、印花税、所得税和遗产税等过去没有的税种的引介，“直接税”体系的形成，关、盐、统等间接税的改革，以及其他与此有关的税政改革等，都成为显眼的新内容。其中，西洋税制被引入近代中国，并逐渐成为习见的税制，最为引人注目。

那么，西洋税制是在什么样的背景下进入中国的？又是如何进入的？包括哪些税种？在引入过程中经历了哪些艰难曲折？西洋税制在近代中国发挥了什么作用？在今天看来，应该如何评价这一重大历史改革？对于这些问题，学术界虽有不同的研究，对厘金的研究和某些税种的研究还有比较多的成果，但从论述的总体和全面而言，林美莉研究员的这本《西洋税制在近代中国的发展》可以说为集大成者。

2005 年，林美莉的这部《西洋税制在近代中国的发展》在台湾地区出版（“中研院”近代史研究所，2005 年，第 374 页），其书名和内容都十分引人注目。上海社会科学院出版社有鉴于此，决定 2019 年在大陆出版简体字版，相信这部书在大陆的出版，必然能够进一步推动学术界对近代中国财政税收领域进而对近代中国经济史的深入研究。

《西洋税制在近代中国的发展》一书除导论和结论部分外，正文共有九章，共分为三个部分：第一部两章（第一至第二章），大体以时间为序，阐述了从晚清民国直至 1949 年期间西洋税制在中国被介绍、引进、实施以及其中的诸种制约因素。第二部主要围绕裁撤厘金而展开，包括三章（第三至第五章）。这部分从民国初年的裁厘加税运动、南京政府时期的裁厘改税活动以及裁撤厘金后的税务调整为中心，对这个延续多年且难以裁撤的税种在被终止前后的演变进行了重点阐述。第三部主要焦点集中在抗战时期税政的变化，包括第六至第九章。这四章分别论述了直接税的变化，战时所得税、利得税、遗产税、印花税与营业税等税种的实施情况及经验等内容。书后有两个附录，分别是《附录一：战时直接税占财政收入估计》《附录二：直接税税收额估计（1936—1948）》。

林美莉研究员的这部书梳理了1889年至1949年间西洋税制进入中国的脉络，分析了近代中国60余年间的税政理论和实际操作两方面的演变历程。作者指出在突破财政困局的大目标之下，历届政府在扩张中央财政能力与收缩地方财税基础双重目标的内在推动下，从西方取经回来的新税理念和税制，成为一种新的达致目标的武器，在整个社会要走上“现代”的时代潮流中，历经本土的政治、经济、社会和文化的摩擦碰撞，以及内外战争（包括军阀内战、国共内战带来的政权转移，以及外来侵略的民族战争）的淬炼，逐渐在中国这块土地上落地生根，并在1949年后继续影响台湾海峡两岸的不同政权。

该书的主要着眼点，在于指出引进西洋税制，是因为近代中国政府尤其是南京国民政府已经清楚，从传统赋税中已经难以寻找到更为充裕的收入，因此，南京国民政府在接续清政府和北洋政府时期理财方针中最为重要的“裁厘加税”，而形成近代中国引进和实施西洋税制的基本脉络，以及围绕这一脉络引发的诸多矛盾、斗争、博弈和妥协。

笔者认为该书的特点和贡献至少在于以下两方面：一是全面勾画了西洋税制在近代中国出现直到形成“直接税”体系的全过程，以及在此过程中诸种内外制约因素的斗争和限制，展示了近代中国从农业时代向工业时代在财税体系方面的艰难变化和取得的成绩。二是经由西洋税制引进和实施的分析，展示了作为一个国家政权力量经济来源的财政税收体系变革中，传统税制与现代税制的关系；中央政府与地方政府的关系；政府与纳税人（主要为工商界）的关系的调整和改变。前述贾士毅点出的封建皇朝和民国政府时期财政税收的不同，不管其表现形式如何改变，都难以避免中央与地方、政府与纳税人之间存在的某些矛盾对立关系。南京政府时期通过西洋税制的引进、调整和改革，使得近代中国逐渐走向了现代租税体系的改革轨道：中央财政由割裂渐趋于统一、地方财政由无序逐步走向有序、现代财政体制基本确立。论证了西洋税制进入近代中国后，不仅是税收制度方面的变革，更是国人税政理念的变革，从一个侧面体现了整个社会和国家从传统经济体制走向现代经济体制的过程。

该书的另一特点是作者并未停留在就税制论税制，还注意到税收和国家政权的联系。她认为国民政府在税务实践部分，于各地进行普遍设立机关和编置税务人员，执行各项税目的申报、查账、核定及纳库的稽征手续。国民政府在这段历程中，不断透过地方税吏"苛扰"地调查税源和稽征活动，实际是把国家机器的权力下伸到地方基层的表现。这种做法，把松散的个人结合在政权的统治伞之下，为传统中国开创出现代租税国家的局面。

显然，林美莉研究员这本书简体字版的出版，必然会对学术界此后的财政税收史和经济史的研究起到启发借鉴和推动作用。但是，财政史的研究是一项浩瀚的工程，任何一项课题都不可能穷尽其中的多种问题。在林美莉研究员的研究基础之上，笔者认为，仍然有一些值得探讨和进一步深入研究的地方：例如：(1)作者已经对西洋直接税进入近代中国进行了扎实的研究，在结论部分最后总结说："一言以蔽之，近代中国在20世纪前半期，经历了一场租税体制观念的变化。其间，标示出以'直接税'为目标的税政改革运动，更在这段历程中发挥了主导性与前瞻性的作用"。可是，直接税无论在近代中国税收体系中所占的比例还是绝对额，都不占优势。从附录一表4中的数字看，抗战时期直接税占全部租税收入比例1937—1939年不到百分之七，1940—1944年不到百分之三十，最高的1943年只有29.89%，1945年又下降到不到百分之十五。如拿直接税在整个财政收入中所占比例看，则数字更为有限：最高的1943年只占6.54，其余年份多半在百分之一到百分之二徘徊，最低的1938年只占0.87。这里虽无抗战前的数字，想来在关、盐、统税数字为税收大头的三十年代，情况也应该差别不大，那么，如何将税政改革中直接税所具有的"主导性"与"前瞻性"给与更加合理和有力的解释，做到完满，似乎仍然需要进一步做一些具体和深入的论证。(2)对南京国民政府税改动机的再深入研究。作者主要以直接税和营业税作为该书的研究对象，而南京国民政府仍是以关、盐、统等间接税为主要财政收入，虽然南京政府努力引介和推广直接税，但直接税的税改并不以间接税的减少为前提，因此直接税的税改很难不被时人认为是一种"苛扰"。基于此，我们或许仍需对近代中国政府税改的内在学理或动机进行深入研究，以求得更加符合逻辑和合理的解释。(3)对具体税项的进一步研究。作者已经对营业税、印花税、所得税、遗产税进行了较为透彻的研究,尤其是对税政实施前后的学理论辩、历史环境、具体过程及实施效果有着翔实的分析。然而,中央的税政进入地方时会显得更加复杂,尤其是一些地方税和地方与中央有争议的领域,例如营业税和所得税等,其复杂性、特殊性和关联性仍需进一步探讨。另外,对于财政效应评估上也可以再做些分析。所谓财政效应是指财政政策对社会和经济发展带来的影响,林美莉女士的书中虽有部分涉及,但仍是以政府税收为主线,而对纳税人、经济环境和社会效应特别是对工商产业的影响和作用,进一步深化研究的空间仍然很大。

笔者与林美莉研究员认识多年,从研究和资料等方面得到过多种帮助。值此林美莉研究员这部著作出版简体字版之际,作者索序于我,由于笔者并非财政税收史研究方面的专家,只能以读后所感为序。以上所举笔者认为稍有不足的地方,或许说的不对,或许还可能有一定的错误。而且,笔者也知道,一部专著不可能研究和涉及所有问题,这里提出来,实际上是一种希望,就是期待林美莉研究员能够再接再厉,给学术界奉献更多更好的学术成果。

是为序。

朱荫贵

复旦大学历史学系

2019 年 6 月 15 日

简体版自序

本书是笔者于2005年出版的《西洋税制在近代中国的发展》的简体字版。此次承蒙上海社会科学院出版社的邀约与支持，重新排版，为不易取得原刊本的读者，提供了方便阅读的选择。

我的博士论文《抗战时期的货币战争》是我步入史学领域的基石，而这本讨论近代中国"直接税"问题的专书，应该就是让学界中人认识我的代表作品。我构思撰写这本书的时候，国内外的研究型数据库尚未建置完备，也没有范本可供参考，在那样的"手工业时代"完成的作品，自然是相当朴拙的。欣喜的是，在它问世之后的15年间，不但有学子响应我提出的问题而完成他们的博士或硕士学位论文，更有学者组织大型集体研究计划，为近代中国财政史的深耕而付出心力。

由于出版规范，本书删略原刊索引，部分内文词汇亦有所更易，付梓之际，我要感谢章斯睿女士从审查、整稿到排印过程所付出的努力与协助。畏友朱荫贵教授特地为本书撰写序言，提出近代中国财税史的复杂性、特殊性及关联性的观察，允为现已潜心其间或是将来有意投入相关研究者的定础南针，同时也消除了我对于旧著是否仍有学术市场的顾虑。江山有待。

林美莉

2019年8月10日

原　序

2003年3月20日，波斯湾战云密布，美国总统布什(George W. Bush)正式对伊拉克发动战事。对我来说，这一天值得纪念的事，是我在本所学术讨论会上报告一篇不成熟的论文初稿，主题是“国民政府直接税改革中的上海会计师活动”。当天会议主席沈松侨教授在开场介绍时，说我的研究专门领域是财政史。我在进行正式报告之前，先作一番自我坦白：其实，近代中国经济史的领域中，我一直最不想去接触或是研究的课题，就是财政史。会后，我做了一个决定，把近年来零星撰写的近代中国直接税活动的相关论文加以改写，初步成果就是这一本专著。

本书的撰写，对我的研究规划是一个不小的调整。研讨会后的下午，我检视自己正在进行中的课题。首先是以“统制与走私”为题，探讨抗战时期的物资战争，这个项目基本上是延续我的博士论文的未竟事业，史料及论证均有一定的掌握。另外一项就是近代中国的直接税问题，这是我在1998年年底参加本所“财政与近代历史”学术研讨会之后，逐渐发展出来的议题，不过史料尚未完备，对于财政税务的基本理念，也不敢说能够理解。根据两项课题的条件，常理判断应该先处理自己较有把握的抗战史，然而，我却选择先完成直接税的研究。当时的想法很单纯，就是：直接税主题的数据颇为集中，不难在短期内完成；相对而言，抗战时期的物资战争，研究焦点分散，且又史料零碎，难以期望实时获致满意的成果。于是，直接税就这样成为我在2003年的年度工作要目。

事后想来，我和当年的布什总统一样，在做重大决定之前，全然没有考虑到后续的可能发展，以致改写过程竟然出乎掌控范围之外。我原本以为，先前曾有数篇以直接税为主题的会议论文，也已积极搜集档案史料，只要拿现有论文作基础，稍加修改调整，再依据资料新撰数章，然后加上前言结论，即足以完成书稿，但在正式动笔之后，才发现改写论文比全新撰述更为麻烦。我除了必须完整交待国民政府时期的税政规划之外，还要处理原先不想讨论的民初政权的裁厘活动，才能清楚地理出头绪。于是，随着埋头整理烦人的民国税政法规，从档案找寻字里行间的隐藏玄机，在碰到难以作出解释或自圆其说的时候，只好不断调整章节，一路写写停停，终于在 2004 年 1 月初完成初稿。

初稿经过所长陈永发教授的初阅，稍事修润之后，送请本所专刊出版审查委员会提交外审，两份外审意见在 2004 年 4 月中旬正式回复，表示推荐。原本预估只要根据审查意见以及专刊出版审查委员会的建议，修改文稿和提出说明，不日即可送交出版。刚好在这个时候，我答应参加 6 月 5 日在天津南开大学举行的“世界经济体制下的民国时期经济”学术讨论会，我将书稿内容作一摘要，以《裁厘加税运动与民国直接税运动的发展》为题，试探中国大陆学术界的反应。同时，我也趁便到天津市档案馆，看到一些先前因为资料不足而未能处理的华北地区状况，接着又在 8 月 15 日获得所方资助，前往斯坦福大学胡佛研究所图书馆及档案馆(Hoover Institution Library and Archives, Stanford University)，查阅宋子文、杨格(Arthur N. Young)和张公权等人的资料。接下来的一个半月，我重回过去当研究生的快乐时光，在胡佛研究所翻阅这些民国财经要人的手卷，思索自己关心的议题，印证着“历史是史家与史料的对话”。9 月 29 日束装返台，10 月 11 日交出修订书稿，总计修改期间历时六个月。完成的作品，其实也还有改进的空间，例如，包括审查人在内的许多学界同好，都期望本书也探讨税务的实际运作，以及民间团体对于政府施政法令的应对情况，我只能以“另撰专著”作为遁词，把讨论范畴限定于经济制度变迁的研究。

修订稿完成之后，魏秀梅教授放下手边所有的工作，全心校读了一遍。我再把稿件送回专刊出版审查委员会，审查后通过刊登，11 月 16 日送交出版委员会。在出版小组全力的配合之下，我很乐观地预估可以在年底付梓。不过，当我看到出版小组和副所长张力教授极为认真的一校和二校之后，我打消了赶工的念头。我觉得，这本书从撰写到出版的过程之中，得到许多人的帮忙，身为作者，如果不为自己的作品尽最大的心力，将会辜负大家的辛苦。我对文字的掌握能力向来不佳，过去在写作时，只求把事件说清楚即已满足，现在好不容易出版专著，应该力求完善。于是，我负责的三校作业，是由外子刘熙明先生帮忙阅读书稿，并且标出读不懂的地方之后，我再根据两次校对作为基础，设法修润字句，让文意更为清楚。这样一来，又给出版小组带来排版作业上的麻烦，只有迭声抱歉，更感谢同仁们的鼎力相助。

本书的部分章节内容，曾于研讨会上发表后编辑出版。其中，第一章由收录于《"二十世纪的中国与世界"论文选集》的《近代中国对西洋直接税制度的引介与认识》一文改写而成，第二章的第一、二节由收录于《中华军史学会会刊》第六期《战火下的税制改革：抗战时期国民政府的直接税理念论述》一文增补改写，并增加第三节而成全章，第八章则由收录于《财政与近代历史论文集》的《抗战时期国民政府实施战时利得税的政策与反应》一文增补改写。此外，我把第四章、第五章及第六章的初步构想在下列研讨会上宣读：2001 年在台北召开的"一九二〇年代的中国学术研讨会"与"两次大战期间的中国经济学术研讨会"，2003 年在日本东京举行的"ワークショップ1930—40 年中国の政策过程"。在此，我要感谢二位匿名审查人，本所专刊出版审查委员会主任委员张瑞德教授及所有委员，对本书书稿提出许多宝贵的意见；同时，也向在历次学术会议之中担任评论和提出建议的诸位先进致谢，包括本所的王树槐、黄福庆、陈慈玉、许雪姬、林满红、吕芳上、赖惠敏、黄自进、沈松侨、游鉴明、李宇平、吕妙芬、叶其忠教授，国史馆的卓遵宏和侯坤宏教授，复旦大学的吴景平、朱荫贵和冯筱才教授，香港大学李培德教授，信州大学久保亨教授，岛根大学富泽芳亚教授，立命馆大学金丸裕一教授，横滨国立大学饭岛涉教授和东京大学吉泽诚一郎教授。

值得纪念的是，侯坤宏和富泽芳亚二位教授，慷慨提供珍藏的资料，成为本书重要的史料基础。侯教授得知我有意继续钻研民国财政史，将他历年苦心搜集的资料，装了满满六个提袋，从木栅开车送到我的办公室。这六袋资料，规模虽然不能和罗振玉的八千麻袋清宫档案相比，但是，每张纸片上的情谊，使得它价值连城。富泽教授惠借阅《中华民国工商税收史料选编》的第五辑，我如获至宝，因为这本书一直遍寻不得，甚至亲自到南京的出版社都未能如愿。虽然，这本书在从日本邮寄到台湾的过程中，遭遇百年一见的大水灾，而在“中央研究院”的邮局里泡了水，经过紧急抢救风干，除了少数几页实在翻不动之外，全书幸喜完好，成为富泽教授与我之间一个永难忘怀的回忆。

本书的写作过程之中，熙明以他对于民国政治军事史的实务见解，不时与我关心的经济社会情势相互呼应，成为我在形塑研究理念时的重要基础。书稿完成之后，我的同窗好友张嘉凤和张秀蓉教授、本所黄克武和康豹(Paul R. Katz)教授，曾与我讨论全书的架构和论点，他们的提问，促使我检视研究理路，并把心得融入在相关论述之中。同时，受惠于研究院的优越环境，我的近邻张宁、潘光哲、巫仁恕、张哲嘉、王正华、连玲玲、孙慧敏、刘士永和邱澎生教授，均是各领域的专家，经常遭受我的无端打扰，他们的智慧，成为我的写作灵光来源。其中，尊号“知识仓库”的光哲，展现功力寻找“直接税”的语源，以及我在仁恕办公室和张建俅教授，三个人一起讨论放宽视野利用明代的商税经验，检验民国与抗战时期的类似活动，都是我在孤寂振笔期间的甘泉。

在进行研究期间，曾于1999年、2000年及2002年度获得“国科会”补助研究经费(专题计划编号NSC89-2411-H-001-032、NSC89-2411-H-001-079、NSC91-2411-H-001-084)，至为感谢。在所方和“国科会”的资助下，我造访海内外重要的档案机构，包括：“国史馆”、中国国民党中央党史委员会、“中央研究院”近代史研究所档案馆、中国第二历史档案馆、上海市档案馆、重庆市档案馆、天津市档案馆、斯坦福大学胡佛研究所图书馆及档案馆。图书期刊方面，除了就近参阅研究院人文各所图书馆的丰富馆藏之外，主要利用的图书馆，包括：上海图书馆、重庆图书馆、南京图书馆特藏部、南开大学经济研究所图书室、东京大学本部校区内的相关图书馆(总图书馆、东洋文化研究所图书馆、经济系图书馆)、斯坦福大学东亚图书馆、哥伦比亚大学珍本及手稿图书馆(Rare Book & Manuscript Library, Columbia University)、哈佛大学燕京学社图书馆。在此，感谢所有档案馆和图书馆工作人员提供的热心协助。同时，也感谢曾经担任研究助理的裘明娟、王佳玉、黄绣春、李明玮、林姿妦小姐，以及蔡裕仁、郑宗贤、黄信璁、蔡进中先生，他们帮忙输入及整理档案材料，为我建立庞大的资料库，没有他们的辛劳，本书大概还要再等上好几年才能完工。当然，全书的任何舛误，都仍由我自负全责。

作为一个研究工作者，对于我的家人，在空口感谢他们的支持和包容之外，更多的是一份歉意。全心投入写作的那一年，我没有在家吃过一顿饭，每天早起就到办公室，即使没写两行字，也一样摸到晚上九点以后才回家。2004 年跨年之夜，我与张宁和哲嘉在院内西餐厅吃晚餐，讲到新年新希望，就是能够有多一点时间陪陪家人。时至子夜，台北市政府前的广场灯光辉煌，歌声舞影伴着倒数计时，我仍在办公室里敲着键盘。熙明避开庆典后的人潮，骑着摩托车接我回家。我们看着身旁经过的红男绿女，颇羡慕朝九晚五的上班族，于是互嘲对方，薪水若是除以实际付出心力的时间，比起便利商店的打工时薪高不了多少。不过，能够择己所爱，已属不易，就不必太过计较了。双亲和公婆在我选择了这个行业之后，长期以来无条件全面支持。尤其是婆婆赖水金女士视我如女，承担全部家务，她的关爱，是人生难得的福分。闲暇之余，与熙明带着人豪和人凤一起出游，徜徉山水，成为我们调适心情的最高享受。展望未来，希望在家人和师友的相伴之中，继续任己之性，尽己所长。

林美莉

2005 年 3 月 8 日

目　录

第一部　西洋新税的引介与实施

第二部　裁厘运动与税政改革

第三部　战争下的税政变化

导　论

一、西洋税制与近代中国税政改革的趋势

“财政是立国之基，税制是财政之源”，这是研习财政经济学者耳熟能详的名言。不分古今中外，税政一直被视为国家要政，政权统治者凭借税务体系，从子民手中汲取资源，维持文武官僚体系的运作，进而巩固疆域及绵延国祚。本书以近代中国从晚清到民国历时约 60 年的税政发展过程为研究主题，透过较为长时段的观察，从经济制度的形成与变迁的视角，检视传统中国在进入近代之后，亦即所谓近代国家的形成过程中，以税务作为核心的财政体质是否发生相应的变化。

税务向为国家要政，留存至今有关近代中国的税务史料相当丰富，以此作为研究课题的学术论著也有不少。粗略翻查之下，目前所见与近代中国税政史有关的著作内容，均侧重于论析本土业已存在的固有税目。例如，田赋、盐税、关税或是厘金的变迁，或是内债与外债的整理与举借，绝少注意到一个隐而未见的重要面相，那就是从晚清开始，中国为了寻找解决财政困境的出路，曾经不断尝试引进当时被视为进步且合理的西洋税制，并且根据其税政理念推展税政改革的活动。

本书的研究主体，就是这些从清末至民国时期陆续引进中国的西洋税制，包括：所得税、利得税、遗产税、印花税和营业税。近代中国主动引进上述西洋税

制，初始的动机只是单纯地作为汲取收入的应急手段，然而，随后的发展却带来一连串的制度变革，成为解决财政困境与改良传统税务的可行方针。这五项西洋税制自引进之后，到国民政府主政时期，均被纳入所谓的“直接税”（direct tax）体系，因此，这些西洋税制都被化约及统摄在“直接税”名目下，成为推行财政改革活动的要角。此一发展过程中，直接税的活动又与清末以来朝野不断努力进行的“裁厘加税”运动相互配合，汇聚形成税政变革潮流。据此，本书撷取近代中国财税发展的两项运动——直接税运动与裁厘运动，透过探讨二者的个别活动与相互影响，呈现近代中国进行税政改革的趋势。

近代中国进行税政改革的动力，必须回溯传统中国赋税结构在进入近代之后的变化。清军入关建立政权之后，基本上承袭明朝的财政体系，同时，清廷鉴于明末商税与矿税（产业税）引发社会骚乱的先例，采取以田赋及丁税为最主要的税目。这样的税制设计，适用于处在农业社会阶段的传统中国，然而，事随境迁，清朝的盛世滋丁永不加赋政策，丁税丧失成长空间，及至长达14年的太平天国战事，中央政府难以取得充足的田赋，接着更因为庞大的军费开支，让货物通过税性质的厘金登上历史舞台，传统税制的设计显然已经无法因应全新的问题与挑战，成为税政改革的内在因素。外在的环境上，清廷因外力而起的被迫贸易，让关税成为政府恃以维生的命脉。于是，厘金、关税和盐税，构成晚清中央政府的三大财政支柱。①

晚清财政重要收入的厘金，由于弊端与日丛生，境内遍地厘金卡局，不仅对华商不利，也对外国货物的营销造成贸易障碍。晚清朝野为因应外国要求废除厘金的交涉，以“裁厘加税”为诉求，寻找足以代替厘金的可行税制，西洋的营业税观念即在此时为国人所识。同时，清室原本勉强自给的财政局面，至甲午战败之后，受到庞大赔款压力而出现危机，接踵而来的辛丑议和，更让困窘的财政雪

---

① 百濑弘著，郑永昌译：《清朝的财政经济政策》，《财政与近代历史论文集》，台北：“中央研究院”近代史研究所，1999年，第799—801页；Yeh-chien Wang, *Land Taxation in Imperial China, 1750 - 1911*, Cambridge, Mass.: Harvard University Press, 1973, pp. 5 - 6；黄仁宇著，阿风等译：《十六世纪明代中国之财政与税收》，台北：联经出版事业公司，2001年。原书为：Ray Huang, *Taxation and Governmental Finance in Sixteenth-Century Ming China*. London, New York: Cambridge University Press, 1974, pp. 40—45；岩井茂树：《中国近世财政史の研究》，京都：京都大学学术出版会，2004年，第488—500页。

上加霜。为了渡过难关，朝野人士费尽思量，传统的赋税项目既然无法满足需求，唯有另谋他途，于是西洋的印花税制度被引进中土。质言之，外在环境的激烈变化，旧有财税体制出现难以维持的危机，迫使清政府向西方取经，引进非本土的税政项目。及至民国建立，其他西洋新税制如所得税、利得税及遗产税等项目，又在公平与进步的价值判断之下，成为国人注目的焦点。

就时序的先后而论，“裁厘加税”运动发轫在先，“直接税”运动接踵在后，此二活动原是分别进行，至国民政府主政的1930年代初步汇流，并在抗战时期融而为一，原在裁厘运动中扮演取代厘金的重要税目营业税，抗战时期被国民政府纳入直接税系统，遂令“直接税”成为税政革新的主力。因此，要理解近代中国如何援引西洋税制以进行税政改革的途径，势必要把“直接税”与“裁厘加税”这两项活动放在同一个场景之内，方得窥其全豹。

近代中国为谋改善财政困境，主动引进西洋税制，使税制外貌呈现西化的走向。执政者运用西洋税制参与中国本土的裁厘运动，俾以改良税政体质，尤其是在国民政府主政时期，上述以“直接税”为名的各项西洋税制，不断成为其推展简化税目改革的工具，并且借以达到收缩地方财税权力的目标。在此期间，这些外在形式呈现西化的税政措施，遭遇极为强大的阻厄，改革进程屡受迟滞，但也在勉强转化的进程中，将西洋税制落实中国，其成果及影响延续至今。

二、以“直接税”为名的税政改革

本书讨论的主题，包括“裁厘加税”活动与“直接税”活动，均是中国近代财政改革史上的重要一环；不过，两者在既有论著中，并未获得足够的重视与讨论。推究原因，主要是“直接税”受到近代中国经济发展的限制与社会环境的制约，实施之后的税收成绩，一直无法与“间接税”的大宗，如关税、盐税、厘金或是统税相提并论。至于裁厘活动方面，1930年代裁撤厘金之后，各地仍然不时传出变相开征通过税的报道，国人质疑厘金利用其他商税的名目与形态而借尸还魂，从未在现实中消失，全盘否定裁厘活动的成效。再从近代中国的财政现实与社会环境看来，尤其是在战乱频仍的民国时期，赋税能够发挥的作用及其所占的比重，也经常不如外债（借款）、公债（内债）或是发行钞票与银行垫款等非正常的管道来得重要。如此一来，“直接税”之于近代中国财政的地位，可以说是次要之中的更次要，长久以来，学术界几乎没有意识到它有必要形成单独的论题。在此，须先将“直接税”这一名词作一介绍。

“直接税”是晚清时由西洋引进中国的新观念，它是近代中外财政学者在讨论国家税收来源时，所使用的一个术语，与之相对者则为“间接税”（indirect tax）。就学理上的定义而论，判断何为直接税、何为间接税的最简单方法，是观察某一项税目是否具有转嫁的可能性，若可转嫁者为间接税，不可转嫁者则为直接税。不过，税负是否转嫁，在实务上极难判定，经济学家马寅初在1948年曾指出，一般的观念里，直接税与间接税的差异点，在于纳税者是否有办法将其税赋负担转嫁出去，然而，即使立法者在设计法规时，把一些赋税主体经由转嫁而变更者归类为间接税，不能转嫁者归类为直接税，但租税本身往往并不会恰如立法者的设计而决定转嫁或是归向。现实环境中，时见某一项商货的租税有时可以全部转嫁，有时只能转嫁一部分，端视其能否维持最高利润为准。既然不能确定何种租税可以转嫁，不如实事求是，直接讨论各项税务的状况与作用。① 民国时期学术界在讨论租税学理时，经常引用美国学者塞力格曼（Edwin Robert Anderson Seligman, 1861－1939）的学说，他也曾多次讨论过税负的转嫁问题。塞力格曼以租税的转嫁与归宿为主题撰写专著，举证所谓直接税，例如所得税、遗产税、地租税和薪俸税等，事实上还是有办法可以转嫁出去。他进一步反对在税制上运用直接税与间接税的二分法：“以前所谓直接税，纳税人即假定为租税负担人；间接税，则付税者为一人，而负担之最后蒙受者为另一人。可是，此种区分，只须略知较新的租税归宿学说，便可立见其谬，许多所谓直接税也可转嫁，而许多所谓间接税亦或许为原来付税的人所担负。”因此，以税负转嫁将税源区分为直接税与间接税，仅能提供一个模糊的参考概念，不论在进行研究或实务分析时，都仍须取决于各项税制的实际内容。② 当代的经济学者对于租税的理念，基

---

① 马寅初：《财政学与中国财政》，上海：商务印书馆，1948年，第145页。

② 塞力格曼著，胡汉译，《租税各论》，上海：商务印书馆，1934年。原书为：Edwin Robert Anderson Seligman, *Essays in Taxation*. New York: The Macmillan Company, 1925, p. 1085；塞力格曼著，许炳汉译，《租税转嫁与归宿》（上海：商务印书馆，1931年。原书为：Edwin Robert Anderson Seligman, *The Shifting and Incidence of Taxation*. New York: Columbia University Press, 1927），p. 403。

本上认定个人收入均将透过税制发生转移，在租税的转嫁问题上侧重说明直接税和间接税的区别，须视这两种税的实际负担状况（即税负）而定。实际税负者和法定税负者不同，实际税负者指受到某项税捐而使其所得或是福利蒙受损失之人，如果该法定纳税者能够把全部或是部分的税责转嫁到其他对象，税责的转嫁程度端视被课税的要素的需求与弹性的状况而定。若税责与税负相同者是直接税，税责被转嫁者是间接税。由于税负或多或少地都可以被转嫁出去，却也都无法全部被转嫁，单以转嫁的观念难以用来区别直接税或是间接税。不过，以"转嫁与否"作为判定直接税与间接税的原则，至今仍可在一些讨论税制的专著中看到，可见此说尚未被完全推翻。①

从征收赋税的事实来看，传统中国赋税项目之中也有属于广义的直接税者。例如，田赋和丁税都是人民习见的直接承担税目。此外，在战争时期偶尔也会征发财产税，汉武帝征收的"算缗钱"即为着例。② 虽然中国很早就有实施所谓"直接税"的经验，本书着眼与讨论者，乃是从晚清到民国的直接税活动，此乃面临财政危机而试图取用西洋的财政理论，并且引进各式各样的西洋直接税制度，与传统的直接税税目毫无关系。不过，也正因为其浓厚的"外来"色彩，使得五大税目的推展过程中，官方或民间经常出现各式引经据典的税政学理论辩，甚至质疑当时的中国是否真的有必要或是真的具备实施新税的条件。相形之下，明清以来的传统赋税项目，如田赋、盐税、关税或是厘金，则只见讨论实施利弊或改良之道。上述情况，在在显示国人对于洋税的反应，正符合租税理论所指称的"旧税即良税"观念，亦即人民习惯于已经缴纳的既定税负，即使它是负担沉重的恶税，对于新税抱持着疑惧及抗拒的态度，即使它是负担轻微的良税。其中尤其值得注意的是，这些税目最初都是以西洋的进步良税姿态移植中国，然在付诸实施

① Earl R. Rolph, *The Theory of Fiscal Economics* (Berkeley: University of California Press, 1954), 58 - 59; John Cullis and Philip Jones, *Public Finance and Public Choice: Analytical Perspective* (London: McGraw-Hill Book Company, 1992), 88; Anthony Barnes Arkinson and Joseph E. Stiglitz, *Lectures on Public Economics* (New York: McGraw-Hill Book Company, 1980), 562 - 570. 米原淳七郎与矢野秀利合著的《直接税对间接税》(东京：有斐阁，1989 年)，2 中，仍称"向税务当局纳税者，与实际负担税者，二者为同一人的场合者为直接税（主要为所得税），否则为间接税（主要为消费税）"。

② 张果为：《直接税制之研究》，台北：财政经济出版社，1953 年，绪论第 2、9 页。

时，不断出现外来税制有橘逾淮而成枳的疑虑，勉强推行，徒然引起民间骚然，暗示良税在落后的中国完全无法生根落实，甚至造成税政理想荡然无存的结果。

晚清由于财政危机而试图引进各种西洋直接税制度，然仅止于理念讨论的层次。民国成立之后，无论袁世凯政府、北洋军阀，还是国民政府，持续推动以直接税理念为中心的各项税目，初步开征印花税，并且向官吏课征薪俸所得税，直接税制度开始生根。国民政府成立之后，规划对工商厂家征课统税与营业税，作为厘金税源替代方案，让裁厘运动终于获得解决。接着，国民政府为筹划国家建设及抵御日本侵略，提倡以直接税制度为理念中心的赋税改革，并在 1936 年开办所得税，成为战时进行遗产税与战时利得税的规划与征收工作的前导。

另一方面，日本在国民政府主政时期施加庞大的军事压力，更迫使政府不得不在传统税目之外另谋出路。此时，在西方诸国业已实施经年而且拥有良好成绩表现的直接税，自然成为财经主政者的治国良策。及至抗日战事全面爆发，国民政府设置以"直接税"为名的专责机关，掌理战时税务，直接税制度进入全面实施的阶段。抗战后期，直接税体系的征税对象，包括个人薪资、利息、财产收入的所得税，以公司行号营收为对象的营业税及印花税，以及以社会正义为诉求的战时利得税及遗产税，形成五大税目。五大税目之中，政府又以工商业者为主要课税目标，因此，工商业者缴纳的营利事业所得税、营业税，以及抗战时期与战后复员时期的利得税，成为近代中国直接税的推动重心。① 战后复员及国共内战期间，国民政府把战时实施于大后方的直接税经验带回复员区域，直至国共政权更迭。

在此必须特别指出，国民政府在抗战后期不但把印花税、营业税纳入直接税系统，进行开征活动，甚至也因为战时调整行政的需要，把统税与货物税等商业税都纳入本税体系。由于这些税制的加入，直接税得以扩大其施行层面，但同时也使其税目混乱而招致批评，成为日后国府裁撤此一税目的重要因素。当时官民广泛运用"直接税"一词，来讨论上述的西洋税政，然而其实质内涵并未获得妥切的定义。因此，对于上述西洋税目统摄于直接税项目的事实，吾人不妨称之为

① 关吉玉曾提到："战时直接税包括所得税、遗产税、非常时期过分利得税、财产租赁所得税、财产出卖所得税、印花税与营业税七种。"由于财产租赁所得税和出卖所得税二税，在定义上亦纳入所得税项目，故本书仍旧称之为五大税目。参见关吉玉：《民国四十年来之财政》，台北：经济研究社，1976 年，第 122 页。

是"以直接税为名"所进行的财政改革。再者,由于"直接税"为彼时习用的专有术语,即使其学术定义并不明确,实际施行亦颇受争议,本书为如实呈现历史,在论述行文时仍沿用不改。

1949年之后,台湾当局将直接税的理念略作改良后继续推行,成为今日台湾地区现行税制与税政之源。新成立的中华人民共和国政府则将之整并为工商税而付诸实施,但在1957年暂告结束,直到邓小平实施改革开放而再度复苏。关于直接税在海峡两岸境遇与发展,牵涉到其国内环境条件与国际局势的激烈变化,全然是另一项崭新课题,已超出本书所能处理的范围,本书除略作交待之外,不作分析,而将论述焦点集中于清末至民国时期的中国税政。

三、 研究成果回顾

中国近代财政史相关课题的著作极为庞杂,包括各种专著与论文,还有来自政府机关或是民间团体的工作报告。与本书论述主题直接相关者,首先是国民政府时期专司直接税相关业务的行政机关,包括各地营业税局、印花税局、所得税办事处及直接税处(署),因业务需要而留下不少资料,提供研究的基础素材。就财政史的学术研究观之,虽然成果尚称丰硕,绝大多数的作者均侧重于说明各项传统税目的发展与变化,至于由西洋引进的直接税部分,则至多只用一章或是一个小节稍作简单交待,明显未予重视。

目前所见,专门以直接税作为研究主体的学术论著,可举中国国家税务总局编纂出版的《中华民国工商税收史:直接税卷》[①]一书作为代表。此书问世之前数年,中国第二历史档案馆曾经与江苏省中华民国工商税收史编写组合作,编辑出版一系列的《中华民国工商税收史料选编》,其中与本书直接相关者有第四辑(直接税与印花税)及第五辑(地方税)。《中华民国工商税收史:直接税卷》与《中华民国工商税收史料选编》,一为研究专著,一为档案资料选集,是中国在进行改革开放以后,希冀从民国历史寻找工商税收的发展脉络,作为借鉴与参考,具有政策上的指标与意义。

① 北京:中国财政经济出版社,1996年。

《中华民国工商税收史：直接税卷》一书是中国学界近年来集合学术界及档案机构的力量，合力编纂以民国时期工商税收历史为主体的系列作品之一，同时出版者还包括盐税、货物税、地方税和税务管理等专题。这一系列的论著体例统一，都是在中国国家税务总局的主导下，从税务工作者的角度来进行选题，包括中国第二历史档案馆在内的各级中央与地方档案机关都提供许多原始史料，再交由学界来编写成书。全书共分四章，分述所得税、过分利得税、遗产税和印花税四项税目的制订及施行历程。此书对于列名“直接税”项下的四项税制，根据时间顺序罗列完整的法规修订内容，再加上档案史料和文献报道，陈述各项税目的施行状况，最后再批评国民政府虽能制订法规，却因发动国共内战而疯狂加税，无视税法尊严，其结局必然是招致群众的背弃。

由于该书从财税专家的角度来撰述税政发展史，写作策略偏重于叙述每一项特定税法的法条制定过程与法规内容，相对而言，对各项税法在付诸实施前后的学理论辩与历史环境，则罕见深入分析。同时，此书受到民国时期税制分类法的制约，把营业税这项重要税制归类在“地方税”项下，在三年后出版的《中华民国工商税收史：地方税卷》中才加以讨论，如此一来，不但忽略了营业税在抗战时期被国民政府纳入直接税系统的现实，更错过了借以观察营业税的发展情况，检视近代中国如何透过裁厘活动，达到改良税制与收缩地方财税权力的过程。

本书认为，作为近代中国的赋税科目，直接税有它足堪成为一项研究论题的主体性。虽然，它在民国时期的存续与推展期间很短，实际的税收所得也一直很少，平均算起来不到政府税入总额的5%，这和动辄比重超过20%以上的关、盐、统三税相比，光辉直若星辰与日月之别。但是，尽管它的税收额比重一直很低，收税过程也一直被批评为苛扰，[①]研究者必须去探究，为什么在民国时期，它却

① 关于直接税的苛扰情形有很多报道，战时大后方社会有人称之为“赤足税”，理由是“因其搜括之苛，可剥得光身赤足”。参见文思主编：《我所知道的孔祥熙》，北京：中国文史出版社，2003年，第214页。侯坤宏利用财政部档案，研究抗战时期的税务控案，证实财政部直接税署的控案，是所有部门之中最多的一个机关。他并且引述沈醉的记载，说当时重庆民间流行以下隐语：“从军不如从正（政），从正不如从良（粮食部门），从良不如下堂（食糖专卖部门），下堂不如当娼（仓库管理），当娼不如直接睡（直接税）！”上述隐语，充分反映一般民众对直接税的反感。也可以说，就战时基层税收的执行面而言，有关直接税的征收最为人诟病。参见侯坤宏，《抗战时期的税务控案》，《财政与近代历史论文集》，第731—732页。

一直受到学术界的推崇和官方的重视，执意在传统的中国，努力推行这项来自国外的体制？国共政权分立两岸，也都继续施行当年国民政府实施过的直接税项目，税收所得随着经济与社会条件的改善而不断成长，进而蔚为国家岁入大宗。[①] 若从后设的结果看来，直接税取代了传统间接税的历程，证实当年直接税的推动者慧眼独具，真确地看到近代中国的税政改革与发展途径。

在裁厘运动部分，学界研究成果表现在分析国民政府推行统税的政策与活动，附带讨论地方层次的营业税活动，由之而各自提出肯定或是贬抑的评价。从清末至民国时期，裁厘运动的成败关键，一直都系于如何找到足以代替的税源，也就是"抵补"问题，然而，此一重要问题至今尚未得到充分的讨论与分析。裁厘运动进行的过程中，"抵补"问题并不是很单纯地只要能够找到替代财源的挖东墙补西墙的理财思维，我们可以观察到，国人很认真地考虑如何运用比较科学与合理的税政设计，取代饱受訾议的不平恶税。同样值得注意的一个现象，则是国民政府建政以后，运用极有技巧的手腕，一方面制造裁厘运动势在必行的普遍舆论，一方面透过分配财政资源，让地方政府有所取偿的务实做法，终于与地方政府达成妥协，以简化的征税体制取代了纷杂的厘金旧制，创造出继续推动税政改革的环境。

四、 研究理念与章节安排

晚近的财政经济学界对近 30 年来世界各国财政活动进行比较研究之后，得到一个共识，那就是：当讨论财政改革时，无视传统（国情）因素，而只把注意力放在"正确"的财政政策，这种方法可能是误导的，甚至是有害的。毕竟，任何政策谋略和改革模式，都不会凭空出现或是无端发展。在寻找任何税政改革的趋势时，还需要注意到同时可能出现的多重选择性。[②] 也就是说，学术工作者与其耗费精力，去分析某一个国家政权为何没有善尽职责地去执行良好的财政政策，

① 王昭明：《战后台湾的财政改革》，收入《财政与近代历史论文集》，第 3—14 页。

② Takatoshi Ito, Anne O. Krueger 编，解学诗主译，《税制改革的政治经济学》，北京：中国人民大学出版社，2001 年。原书为：Takatoshi Ito and Anne O. Krueger, ed., *The Political Economy of Tax Reform*. Chicago: Chicago University Press, 1992, p. 27；贝冢启明、石弘光、野口悠纪雄、宫岛洋、本间正明编，《税制改革の潮流》，东京：有斐阁，1990 年，第 310 页。

评判其得失功过,不如去研究一项更为重要的课题,即把这些政策和改革所处的环境清楚地呈现出来,更能够把握税政变迁的趋势。本书也认为,实事求是地论述与呈现近代中国的税政改革历程之后,才能建立据以分析与评断改革成败的基础。

有别于财税专家娴熟于分析税目法规内容的论述模式,本书是一项历史研究者在经济制度史领域的研究成果,讨论下列课题:这些新的西洋税制是在何种情境下被引进,又是如何被实践?当时的官方或是民间,如何看待这些税制?在落实过程之中,必须去讨论哪些主政者的考虑或是民间的反应?在漫长时空流变之中,又有哪些重要的政治事件或外力因素,卷入并且主导了税政改革活动的进行?

本书所构思的各项课题,由于近年国内外档案馆大量开放档案的契机,提供足资回应上述问题的素材。在研究方法上,即奠基于分析档案记录,透过史料所呈现的历史现象与财税事务的相互关系,为纷杂的中国近代税制史描绘出一条清晰可见的道路。

在章节安排上,本书除了导论和结论之外,计有九章,依主题归列为三个部分,分别叙述并加以组合,汇聚成为近代中国直接税活动的多重因素和面貌。

第一部是以鸟瞰的方式,对近代中国引进西洋直接税制度的60年历程作一概况性的整体回顾,并以抗日战争的爆发为界限,分别在第一章《西洋直接税的引进(1889—1937)》和第二章《战时直接税的发展与限制(1937—1949)》中,介绍西洋直接税制度的引进与可行性的论辩及其在付诸实施历程中发生的问题与困难。

第二部以民初政权与国民政府的裁废厘金运动为焦点,并以营业税为主角,讨论民国成立至全面抗战爆发前夕的税政改革活动。此一部分计有三章,包括第三章《民初财政与裁厘加税运动》、第四章《国民政府与裁厘改税活动》和第五章《裁撤厘金后的税务调整》。这三章集中说明从北洋政府到国民政府主政初期,主政者如何持续致力于裁撤厘金与实现关税自主的诉求,进行整顿财政与改革税制的活动。同时,后来成为直接税项目之一的营业税,如何在此过程中扮演着举足轻重的角色。

第三部的主题是税政理念在战争时期有何发展与转变的历程，包括第六章《直接税的战时决策与转变》、第七章《进步与苛扰：国民政府的所得税改革》、第八章《国民政府实施战时过分利得税的政策与反应》和第九章《扩大直接税体系：遗产税、印花税与营业税的战时经验》。这四章统述战争期间有关直接税的决策和各种税目的活动，说明战时强大的财政现实压力与对税政学理产生的制约作用，也述及中国的落后环境不时扭曲财政学理的现象。直接税的各项税目在先天不足的情境中勉力进行，其间充满着现实与理念的冲突，这个过程反映了传统中国与现代社会存在着相当大的距离，也连带影响时人与后世对它的评价。

总之，本书尝试以“直接税”为核心，配合裁厘运动的推展，论述近代中国如何主动引用西洋税制的经验，以及其在实施之后又相应产生何种转化的现象，根据此项税政改革的活动历程，分析近代中国财政发展史的一页成绩与局限。

第一部

西洋新税的引介与实施

第一章　西洋直接税的引进(1889—1937)

第一节　晚清朝野对西洋直接税制度的认识与引介

一、近代中国传统财政的困境与印花税的引介

清朝中叶的中国，面对千古未有的变局，对于所谓“近代”(modern)的事务或氛围，时或抗拒，时或接纳，不论在政治、经济、社会及文化各方面，均有相应的变化。作为维系国家统治重要工具之一的赋税结构，此时亦产生与传统体制歧异的发展。前曾于导论述及，清承明制下的田赋及丁税的税制设计，至太平天国运动结束时已出现危机，遂令厘金、关税和盐税代之成为主要财政项目。其间的变化是慢慢形成的，但趋势却很明显。

清室入关掌政，鉴于前朝败亡教训，下令免除明末增征诸税，采取轻徭薄赋的理财手段，中央政府的支出限制在400万至500万两之间。同时，为控制预算，规定支用原则须依事务缓急而顺次支办，万一国库不足，则只施行重要事业，次要业务则顺延至次年，因此得以维持财政收支平衡，甚至连年有余。至乾隆时期，全国岁入渐增至3,000万两，中央收入维持在800万两左右，国库充足，曾蠲

免地方田赋四次，呈现太平盛世景象。①

在财政收入方面，以素有“正供”地位的田赋为例，根据官方资料，乾隆三十一年财政收入约5,700万两，田赋即约为4,100万两，占岁入比例七成。至鸦片战争开打之际，田赋为2,958万两，比例达74%。然而，到了1903年，根据户部的统计资料，田赋为3,546万两，数目虽有成长，但其占岁入总额的比例已降至33%。至清室倾覆前夕，资政院核定宣统三年的预算案中，田赋一项的收入额为4,967万两，比例更下降至16.5%。② 至于丁税部分，清初经历康熙五十一年(1712)的“永不加赋”宣示，将地丁银的总额固定下来，再经雍正年间实施的“摊丁入地”改革，把征税对象加以简化归并，丁银摊入地亩征收，按土地单一标准征税，由有产者完纳，解决人口税的负担问题，俾以征足业已固定的丁银总额。③

清朝当政者虽有轻徭薄赋的立意，但是时势与日俱迁，浩繁的开支让中央政府不得不另谋其他出路。摊丁入地改革实施不久，地方上又出现各式陋规收入，故在火耗归公及提拨养廉银的改革之下，中央政府对税目取得控制与分配能力。清代中期以后，军政开支浩繁，政府除了持续透过定契约或交税的方式，掌握田地的数据，以确保田赋的来源，更让厘金由临时税目而成定章。另外，又有许多非常态性的收入，如广开捐纳等项目。至于地方官府，则以田赋正税外的各种附加税充当政费。④

除了上述田赋、地丁、厘金与捐纳等项目，清室还可从开征的商税项下取得税收，传统商税包括盐课、榷关(常关)税、牙税与当税等地方商税；及至与外国列强进行开港贸易，又有海关税的收入。在道光年间，中国的国内市场经历过一次

---

① 东洋协会特别调查部报告第二辑，《紊乱せる支那の财政と现状债务整理问题》(1931年)，2；小林幾次郎：《支那财政经济论》，东京：丛文阁，1939年，第38页。

② 周志初：《晚清财政经济研究》，济南：齐鲁书社，2002年，第165页。作者同时援引王业键的统计资料“乾隆十八年田赋达5,400万两，占岁入额的73.4%”为证，认为田赋实收数目应该比官方文书的名目数字更多。

③ 庄吉发：《清世宗与赋役制度的改革》，台北：学生书局，1985年，第234页；何平：《清代赋税政策研究，1644—1840年》，北京：中国社会科学出版社，1998年，第311—312页。

④ Madeleine Zelin, *The Magistrate's Tael: Rationalizing Fiscal Reform in Eighteenth-Century Ch'ing China* (Berkely: University of California Press, 1984), p. 27、55、307; Anne Osborne, "Property, Taxes, and State Protection of Rights Contract and Property," in Madeleine Zellin, Jonathan K. Ocko, and Robert Gardella, eds., *Contract and Property in Early Modern China: Rational Choice in Political Science*, Standford: Stanford University Press, 2004), pp. 121 - 126.

经济衰退,史称"道光萧条",商人亏折颇多,商税收入情况大受影响。[①] 清代中期连年发生国内战事,本已吃紧的财政只能勉强应付,直到甲午战败的巨额赔款,爆发财政赤字危机,不得不在传统赋税项目之外另谋出路。西方世界的直接税制度,就在此时空背景之下被引进中国,也因此让传统中国搭上世界性的税制变迁潮流。

晚清人士在考察财政时,曾经透过日文的翻译介绍,得知西洋税源的划分有直接税和间接税的区别。1896 年 12 月出版的《时务报》,引述一名俄国少将铺加脱的观点,说当时中国的国库财源有三种,即直税、厘金税和间税;其中,"直税"包括田赋和丁税,"间税"以海关税为要。该文的译者为日本东京东邦学会的学者古城贞吉,他在翻译"直税"时,以译文下加双行夹注的方式作一阐释,"西人说税法有直税、间税二法"。这篇短文的主旨当然并不是介绍西洋税法的分类方式,不过,西洋税法中"直税"和"间税"的二分概念,却在此时留下历史纪录。[②]

晚清中国的当政者面临财政困局时,就已把目光投向西洋,找寻可能财源,并在实际引介税制时提出学理上的论述。在众多西洋税制之中,最早被介绍到中国的税目为印花税。目前所见最早提到引介西洋印花税的记录,是在光绪十五年(1889)间李鸿章建议试行印花税,海军衙门接着提出奏请仿照西法引用印花税,以备海军经费。这项提案经过总理各国事务衙门讨论,结果以"遽难议行"作为回复。甲午战争之后,御史陈璧在光绪二十二年(1896)上书提议施行"印税";同时,盛宣怀也奏请仿行此税,规划以此收入作为裁撤厘金的抵补及兴办事业的财源。随后,伍廷芳在光绪二十五年(1899)奏请推行印花税,并向各国驻华使臣搜集各国印花税章程,以便参考仿行。辛丑议和之后数年,亦曾数度提议,但均不了了之。直到光绪三十三年(1907),清廷召开禁烟会议,度支部建议以印花税弥补禁烟收入损失,颁订《印花税则》15 条,并拟于次年八月先在直隶实行,印花税的施行正式提上日程。随后,由于天津商会通电反对,清廷宣布改于宣统

---

① 吴承明,《中国的现代化:市场与社会》,北京:生活·读书·新知三联书店,2001 年,第 240—241 页。

② 古城贞吉译,《俄将论中国财政》(东文报译/译东邦学会录),《时务报》,册 14(光绪二十二年十一月十一日,1896 年 12 月 15 日),景本,北京:中华书局,1991 年,册 2,第 931—935 页。此资料承蒙潘光哲教授示知,谨此致谢。

元年(1909)五月施行,但又以各省督抚要求缓办,终清之世未得付诸实施。①

以上为印花税在清末的引介概况,接着再就史料所及说明经过。甲午战败议和,清政府对日赔款数目高达2.315亿两,清廷向外国借款以筹措经费,本息合计6.4亿两。这笔巨额支出顿使清室财政失去平衡,年度赤字从1,300万两逐年增加,此后愈发不能填补。② 为了筹款,陈璧在奏文中提到《马关条约》对中国财政的巨大冲击,建议仿行西洋的"印税"。户部为了筹措财源,先从文武官员的养廉银和俸禄之中撷取120万两,但预估此年岁出款需2,000万两,区区百万两数目根本不足因应;其次又研议开征盐斤与烟酒加抽,估计所得数目也不大;再就过去经常使用的捐输与发商生息办法,又因商民财力有限已不堪役使。总之,清室所能汲取的可用财源,至多只达岁出额的十分之一至十分之二,必须开发立即可用的财源。③

根据陈璧的描述,印花税最先出现于荷兰,继之行于英国,至19世纪已遍行于世界各国。施行此税之法为政府下令民间购买由国家统一印制的印花票,粘贴于各项契券字据,作为纳税凭证。各国明文规定,凡契券或字据不粘印花者皆不具法律效力,官府不但有权议罚,在遇到行政诉讼时,更可不受理未贴印花的案件。此税税率极低,人民为保障权益,理应乐意主动贴用。当时已经实施此税的各国税收额,英、俄、德、法诸国岁征约为一亿至二亿两,日本虽是小国,也有二千余万两的收入。因此,各国开征此税后的收入相当充足,如果中国仿行此税,以国土之广与人口之众,估计初办时可获不下一亿两的收入,不仅可清偿洋债,更可废除弊端百出的厘金和捐纳制度,让国家财政步上正轨,达到"岁筹巨款确有把握"而又"不病商不扰民"的双重目标。④ 陈璧将印花税视为解决晚清财政

---

① "中央研究院"汉籍电子文献,《德宗景皇帝实录(四)》/卷274/《光绪十五年九月》,663-1;《德宗景皇帝实录(四)》/卷277/《光绪十五年十一月》,696-2;"中央研究院"汉籍电子文献,《皇朝经世文新编》/卷一中《通论/自强大计折/盛宣怀》光绪二十二年九月二十六日;郭廷以编:《近代中国史事日志》,台北:正中书局,1963年,第831页;蔼庐:《印花税之理论与实际》(1929年6月4日),江苏省中华民国工商税收史编写组、中国第二历史档案馆编:《中华民国工商税收史料选编》第四辑,南京:南京大学出版社,1994年,第2581页;果鸿孝:《论清末政府在经济上除弊兴利的主要之举》,《中国社会经济史研究》,1991年第3期,第73页。

② 梁义群,《清末新政与财政》,《历史档案》,1990年第1期,第101—102页。

③ 《清御史陈璧请仿行印花税疏》(1896年),《中华民国工商税收史料选编》第四辑,第2596页。

④ 《清御史陈璧请仿行印花税疏》(1896年),《中华民国工商税收史料选编》第四辑,第2596—2597页。

危机的一帖万灵丹，抱以高度的期许，这也正显示晚清士人对于衰弊财政现况的极端失望。清廷因获得外债资助，财政压力顿减，以创立新税将造成商民不安，决定对陈璧提案予以缓议。

除了陈璧以外，盛宣怀也在《自强大计折》中建议仿行印花税，他认为此税若办理得宜，可作为裁撤厘金的替代财源，进而与外国交涉谈判增加关税。一旦交涉成功，估计未来加收的关税，加上新收的印税，二者合计将超过厘金收入的两倍之多，为改良财政的最佳良策。总理衙门回复盛宣怀的提案，除非外国先答应将关税增加到“值百抽十”，让中国先得到补偿，否则不必再提“行印税而裁厘金”之议。①

数年后的义和团运动，辛丑议和赔款金额高达 4.5 亿两，列强要求清廷此次不得借外债，须自筹偿付，清廷以关税、盐税和常关税作为偿债担保，分 39 年还清，债款本息为 9.82 亿两，每年摊付约 2,800 万两。光绪二十八年(1902)，罗掘俱穷的清廷，命令外务部与户部重新讨论搁置数年的印花税筹款建议，着手筹备税务。在此之前，伍廷芳曾在光绪二十五年(1899)建议，由总理衙门咨请清廷出使各国大臣于驻地收集章程，提供研议条例参考依据，逐步在通商口岸试办；两江总督刘坤一和湖广总督张之洞在光绪二十七年(1901)的《会奏变法折》内，也都提到了应采用西法印花税的建议。外务部与户部在呈交清廷的联名奏文中指出，辛丑议和之后，各省奉令筹办赔款，只能就增加原有税目去设法，不论是丁税或是房捐，对小民而言都是骤加租税，恐有激起民怨之虞。此时若能筹办印花税，对民间婚帖文书，以及借券、合同、执照、发票、收条、银票、钞票等与银钱往来的项目收税，收入情况应比房捐或亩捐更佳。②

再一次巨额赔款的压力，让此刻的清廷接受了试用新税的想法。外务部和户部向海关总税务司赫德(Sir Robert Hart)请教税花税执行细则。二部回报，印花税可分为两种开征模式：一是人民到官署办理相关事务时，当堂领票粘贴；

① “中央研究院”汉籍电子文献，《皇朝经世文新编》/卷一中《通论/自强大计折/盛宣怀》光绪二十二年九月二十六日；“中央研究院”汉籍电子文献，《皇朝经世文新编》/卷一中《通论/议覆盛京卿条陈折/总理衙门》。

② 《清外务部户部遵议试行印花税并原拟办法七条疏》(1902 年)，《中华民国工商税收史料选编》第四辑，第 2597—2598 页。

一是人民随时赴官方核准的局所或铺户购买税票，再依规定粘贴。世界各国虽有倡行印花税的先例，中国因民情迥异，仿办之初只能将之视为一项筹款方法，不能期待即有丰厚挹注功效。清廷采纳二部筹议的印花税办法，要求地方大员先从沿江沿海各省试办。①

清廷于1902年要求试办印花税的命令，只有直隶总督袁世凯遵令试办，但不久即停办，其余地方纷纷回报商民不洽，难以推行，反应相当冷淡。户部在光绪二十九年(1903)请示缓办印花税，随即获准，结束初次的尝试。直到光绪三十三年(1907)，印花税再度被提出讨论。这次是由皇帝下令度支部，针对禁烟会议引起洋药和土药税厘两项大宗岁入的减少，必须速筹弥补，加上此时政府兴办各项新政，亦应另辟财源，故要求度支部研拟具体的印花税法规，希望达到“公帑有增而舆情不扰”的任务。②

度支部衔命制定章程，于次年(1908)送到军机处审议。军机处除了修改部分收税范围(例如建议当票免贴印花)外，大体赞成度支部的意见，肯定度支部参考各国拟办的印花税法，立法周妥，完全符合“公帑有增而舆情不扰”的目标。军机处在廷议期间提出，日后执行之时，度支部应该考虑华洋商交易时贴用印花的状况，建议应由外务部照会各国公使，要求洋商遵照中国法令。度支部认为洋商购用印花应不成问题，理由是这项税目属于内政，外国没有抗拒和干预的口实，而且印花税早已是各国通行税则，外人早有贴用习惯，不致阻挠中国仿行此税。外人在华进行交易时，为确保法定权益，理应乐于贴用印花。③

清廷在各中央部会达成协议后，批准度支部研拟的《印花税则》15条及《印花税办事章程》12条，希望透过实施印花税，替补短缺的鸦片烟税。然而，中央通令各省遵行印花税的相关法令，各地回复奏请延缓推行的奏折却相继而至，直

---

① 《清外务部户部遵议试行印花税并原拟办法七条疏》(1902年)，《中华民国工商税收史料选编》第四辑，第2598页。

② 《清度支部奏定研究印花税办法酌拟税则章程折》(1907年)，《中华民国工商税收史料选编》第四辑，第2600页。

③ 《度支部奏遵议印花税办法拟请仍照奏定章程试办折》，商务印书馆编印:《大清新法令》，第六类《财政印花税》，出版地不详，1909年，第38页。

到清朝覆亡之日均未能付诸实施。①

晚清筹办印花税的历程，是先由少数政府官员引介，再由中央部会筹划要求地方试办，进而下令在全国举办，层级一次比一次高，留下西洋税制度的尝试记录。同时，各官员及政府机关的存留奏文，显示晚清朝野对西洋直接税制度的引介动机，仍然是由博采于民以支应政府的实务需求出发，几乎是把此税视作厘金的代用品。

值得注意的是，在晚清引介印花税的过程中，官方不断宣称此税简单易行与商民不扰，显示官府看中它的一项重要理由，是它不必像其他直接税项目，如所得税、财产税或是营业税等，必须建立一套相对完整的税籍资料，才能够取得课税的依据。开征税务的基础条件，首在建立税籍，但这在近代中国却付诸阙如。明初编制黄册及鱼鳞图册作为丁银及田赋的依据以来，清朝入关执政延续前朝的赋税资料，并未作重新调查与统计。加上不论从中央朝廷到地方官府与士绅阶级均视调查税籍为扰民之举，在这种现实情况下，官员自然倾向于在众多税制中，寻找一项毋需新建税籍的税目。这种挑选简单易行税目的官场逻辑，也成为日后推行直接税制度的强大阻碍。

晚清印花税的筹办工作，目的原在求税源的稳定易收，并未讨论涉及税制设

---

① 最近有二位印花税票收藏家饶立新及曾耀辉，对于印花税在清代并未付诸实施提出质疑。饶、曾二人举出的例证是，他们发现一份光绪二十九年(1903)四月山西忻州的买卖房屋契约，在契尾贴用了一枚一千文的印花。根据1902年清外务省及户部议拟的《遵试行印花税并拟办法七条疏》，规定买卖房屋及田地领取印照，注明卖价及完税，将正照交由本人黏于契上，百两以内者照费一两。不过，1903年4月21日户部已奉旨缓试办印花税，山西地区此时为何仍出现贴印花的契约，而且这张印花据其考订是1908年在美国订制的税票。二人的解释是，根据集邮家周今觉在1926年的《邮乘》杂志发表《红印花加盖暂作邮票》中提到，1899年伍廷芳建议开征印花税时，曾在美国定制印花税票一批，面额包括二十文、一百文及一千文三种。待1908年清廷确定试办印花税，在美国订制税票时，或许就把伍廷芳当初印制的税票作为母版而重印。这张贴在1904年契约上的印花税票，有可能是1899年因为筹划试办而订印的税票，那么，在事实上，清末就已经出现贴用印花税票的实例了。二人虽对清代未曾实施印花税的说法提出质疑，然其立论仍持较为保守的态度，只说，若周今觉的说法是真实的，而且清廷在试办时先订制一批税票以备不时之需也是顺理成章的话，即使不是通商大埠的山西省，也有可能在1904年时即贴用印花。以上参见饶立新、曾耀辉，《中国印花税与印花税票》，北京：中国税务出版社，2002年，第17—21页。饶、曾二人的说法若要成立，必须证明伍廷芳在1898年从美国订制印花税票确实曾经推广到不属于试办范围的山西地区，就目前所见史料，似尚未能提供使之完全成立的充分论据。同时，1902年的《遵试行印花税并拟办法七条疏》规定贴用印花的时机，可以是在人民到官署办理相关事务时当堂领票粘贴，也可以是人民随时赴官方核准的局所或铺户购买税票再依规定粘贴，因此，这张契约上的印花税票当然也有可能并不是买卖时当场贴用，而是事后补贴，该印花实际贴用日期亦有可能晚至民国时期。民初政局纷乱，贴用印花的查证手续不佳，时有商民贴用外国印花税票情形。主持该项工作的度支部在1908年的奏议中提到，印花税工作虽已公布税则，因地方官民反对而无从实施。参见《光绪三十四年七月十九日政治官报》，转引自木村增太郎：《支那财政论》，东京：大阪屋号书店，1927年，第418页。

计理念的税负公平性与转嫁可能性等课题。后面这项工作,要等到近代中国因为进行裁厘加税修约与宪政运动之后,对西洋直接税制度才有更进一步的认识。

二、 裁厘修约与宪政运动中关于西洋税政的讨论

晚清朝野引进西洋税制,除了作为日渐增加的赔款压力的因应对策之外,外国提出的裁厘修约要求和国内展开的宪政运动,也对直接税制度的扎根产生推波助澜的作用,其中要者为营业税的观念。

清廷倚为财政重要收入的厘金,积久而成遍地卡局,不仅对华商不利,也对外国货物的营销造成贸易障碍。早在同治十三年(1874),户部即已奏请清廷命令各地督抚酌裁厘卡,核实归并。光绪元年(1875),裁撤厘金之议继续推动,并得到刘坤一、张之洞和盛宣怀等封疆大吏的言论支持。不过,让裁厘行动真正获得实施的契机,并不在于中国官府的研议,而是源自对外交涉的压力。清廷面对外国多次裁厘要求,在光绪二十五年(1899)由总理衙门正式照会英国驻华公使,商议中英修约谈判日期,并派盛宣怀等人出席修改税则委员会。盛宣怀认为,进口关税若可确实执行值百抽五,子口半税再加倍征收,使总税率调整到15%,即可抵补厘金数目,然此议并未被谈判对手采纳。其后,经过义和团运动与辛丑议和,英国于光绪二十七年(1901)十月,再提免厘加税之议,清廷也认为应在传统的地丁钱粮税目之外设法筹款,于是再度开启对外谈判的进程。①

光绪二十七年十二月(1902年1月)间,清廷派南洋大臣刘坤一、湖广总督张之洞与铁路大臣盛宣怀,共同负责与英国专使马凯(Sir James L. Mackay)协商加税免厘的条件。清廷代表对于这次初始谈判,留下一些看来并不愉快的记录。刘坤一认为,英国所提方案只是稍加部分洋税,却处处侵损厘务,目的只在避免全厘。盛宣怀也抱怨,英国代表"不提免厘加税,而处处挤我厘税"。因此,张之洞明白告知英方代表,中国国用入不敷出,又须筹措巨额赔款,此时若无法

---

① "中央研究院"汉籍电子文献,《穆宗毅皇帝实录(七)》/卷370/《同治十三年八月》,903-1;何烈:《厘金制度新探》,台北:"中国学术著作奖助委员会",1972年,第199—215、240—252页;王尔敏:《晚清商约外交》,香港:中文大学出版社,1998年,第137—144页;彭泽益:《十九世纪后半期的中国财政与经济》,北京:人民出版社,1983年,第158—160页;朱英:《晚清经济政策与改革措施》,武汉:华中师范大学出版社,1996年,第42页;总理各国事务衙门发宗人府府丞文,总理各国事务衙门档案,文件号01-14-021-01,《辛丑加税免厘案》。

取得抵补款项,各项厘金势不能免。[①] 中英双方条件与认知差距颇大,谈判遂暂告中止。

到了光绪二十八年(1902)九月,英国籍修订天津条约的机会,派马凯与清廷代表盛宣怀与吕海寰,在上海续订通商行船条约,习称"《马凯条约》"。中英双方协议撤废厘金及其他内地通行税,以增加进口税的附加税 7.5%作为补偿,使得裁厘成功的可能性大增。为了抵补裁撤厘金之后必然出现的岁入锐减问题,英国承诺,未来中国可以对洋货加征关税以及对土货征收一次销场税,作为交换条件。光绪三十四年(1908)十一月,清廷照会英美日暨各国公使,请各国共商加税办法,定期免厘大有一举推行之势。然而,地方督抚习于就地筹饷,各省厘捐章程不一,统合困难。由于厘金收支情形不必向户部造册报销,向被视为督抚权重的财政经济基础,而晚清裁厘加税的活动,也因封疆大吏的反对而未能实现,一直要等到 1930 年才由国民政府公告施行。从晚清至国民政府掌握政权期间,延续了近 30 年的"裁厘加税"问题,不但是近代财政史与外交史的重要焦点,同时也引发与直接税密切相关的各式论述,丰富了中国税政改革史的内容。[②]

在中英《马凯条约》签订之后,立即有评论指出,此约规定现行的海关关税及未来代替厘金的销场税,均由外人掌理,中国利权损失过大。中国依约废除境内厘金税局,虽可开征销场税,但关税及销场税仍归海关外国官吏管理。实施裁厘之后,洋货免除内地通过税,土货之中的对外输出部分可免厘金,其余仍须课以销场税,形成洋货厘金俱免而土货厘金仍存的现象,一旦关税与销场税的税权尽失,只对外人通商有利。然而,中英修约既已完成,为了兼顾履约与保护税权的双重需求,国人建议实行西洋税制中的营业税作为替代方案,一面实行裁厘,同时宣布推行营业税,俾以挽回税权。此时国人所认知的营业税,是指不论经营者

---

① 《总理各国事务衙门收南洋大臣电》《总理各国事务衙门收湖广总督电》,《总理各国事务衙门档案》,文件号 01-14-021-01,《辛丑加税免厘案》;《外务部收铁路盛大臣电》,外务部档案,档号 02-13-029-03,《免厘加税案》。

② 《外务部照会英美日暨各国公使》,外务部档案,档号 02-13-029-01,《免厘加税》;汪敬虞:《威厚阔、李德立与裁厘加税——记八十八年前的一次争论》,《中国社会经济史研究》,1990 年第 4 期,第 76—89、98 页;饭岛涉:《"裁厘加税"问题と清末中国财政——一九〇二年中英マッケイ条约交涉の历史的位置》,《史学杂志》,卷 102 期 11(1993 年 11 月),第 1—32 页;陈锡宝:《南京国民政府裁厘平议》,《安徽师大学报(哲学社会科学报)》,1990 年第 4 期,第 417—424 页。

是华商或是洋商，不论货物品项是洋货或是土货，也不问经营者是行商或是坐贾，只要经营产业而有营利事实，即对每一次的营业行为加以课税。同时，营业税的办法是由国外引进，与各国租税制度契合，外人不便遽然反对，如此一来，既可尽除厘金之害，裁厘所失亦得补偿。①

此次因裁厘加税课题而起的引介营业税评论，可以看到时人对世界租税发展历程的理解，租税体制都先经历过"限于地租"的初始阶段，继而出现关税与消费税，及至工商产业发达，始有营业税及交易税项目，而后随着国民纳税能力增加，才有所得税及各种权利税的设计。衡诸现实，中国因国民纳税能力不足，又因政府调查人民财产方法未尽精确，外国的复杂税法委实难以在中国轻率举办，故中国除了田赋之外只能从工商界取税，而工商税中最普通者即为厘金。以厘金为代表的工商税，是"直接征之商贾之手，实间接取之于一般人民"的间接征税。透过对营业税为直接征税，厘金是间接征税的相关讨论，随即出现"间接税"与"直接税"的指涉称谓，即"厘金为间接税，虽有损于一般贫民生计，而征收甚易，纳税者无反对之虞；营业税既为直接税，必易起纳税者之厌恶心，恐征收较难"。② 大致可以推论，"直接税"一词，是晚清士人征引西方税源论述之后，借用"直税"一词而予以修润之后的语汇。及至民国时期，"直税"与"直接税"二词在各种书刊上都曾出现，二词同指一事。从使用的频率而言，在 1920 年代之后，"直接税"几已取代了"直税"，成为讨论财税学时的一般用语。

清末介绍营业税的文字，也曾连带讨论西洋直接税制度之中最重要的所得税项目，并且指出现代国家的税制设计，经历了由"对物课税"进化成为"对人课税"的发展阶段。西洋的税政经验，以征课土地等税最早出现，征课个人所得税最晚成熟，而在从对物课税进化到对人课税的过渡阶段，则有营业税之类的对特定事务行为的课税，可为中国所取法。日后推展裁厘运动的历程之中，时见论者大量引述西洋租税原则，强调营业税远优于厘金。厘金制度的课税品目遍及百姓日常用品，增加民众负担，遍地关卡阻碍国内贸易，又有中饱留难、未能尽输国

① 《论中国宜免厘创办营业税(录吉林官报)》,《东方杂志》,卷 6 期 2(1909 年 3 月 16 日),第 33—35 页。
② 《论中国宜免厘创办营业税(录吉林官报)》,《东方杂志》,卷 6 期 2(1909 年 3 月 16 日),第 32—38 页。

库之弊。与之相对的营业税部分,国人预估其有丰厚税源,足以抵补裁撤厘金的税收损失,称许其推动税政改革的作用。政府向工商界课税所获财源,可资作为逐步规划向个人课征所得税的基础。① 于是,晚清在因应财政需求之下的税政论述,引介了西洋税制中十分重要的营业税与所得税项目,并且申论西洋孕育直接税制度的环境与条件,国人得以窥知直接税制度发展的历程。

此时清廷并未重视以营业税抵补厘金之拟议,而是规划采用英国在修约时所建议的销场税,认为此税比起其他各税简易可行,不过后来仍因各省督抚反对而作罢。事后,评论指出,英国以倡行裁厘为名,其实背后带有推销洋货的现实利益动机。从现实的财政收入状况来看,估计中国从进出口货物所收到的税收,大约可抵厘金的一半;如果销场税得以付诸实施,再加上此税收入,的确可以抵偿裁厘的损失而有余裕。问题是,裁厘问题除了中外双方交锋的收入增减的评估外,还有中央与地方的税收支配权之争。由于加税之所得均直属于中央,各省封疆大吏骤失厘金巨款,颇不愿见此约付诸实行。因此,即使户部请准筹办税捐,作为建立销场税的基础,地方不愿中央集权,税务亦无从改革。辛丑议和之后,清室曾尝试以"裁厘统捐"方法进行简化厘卡作业,民间也配合出现"裁厘认捐"的声浪,但均未形成全面改革的气候,也未能获得具体成果。②

比裁厘运动稍晚出现的宪政运动,也对西洋税政产生引介的作用。清廷为了救亡图存,推动新政改革,在光绪三十一年(1905)派五大臣出国考察宪政,肯定宪政的价值,有识士绅亦大力鼓吹立宪。至光绪三十四年(1908),清廷开始筹办地方自治,宪政风潮席卷全国。

立宪运动在全国各地热烈进行,其中一项讨论课题就是立宪国家中政府与人民间的权利义务关系。立宪派对于税制设计的意见是,依"环球公例",一旦中国成为立宪国家,透过宪政机关的运作,政府有权征税,国民在善尽负担赋税义务的同时,理应拥有权利知道他们所缴纳的税负用到何处,并且要求监督政府的

---

① 《论中国宜免厘创办营业税(录吉林官报)》,《东方杂志》,卷6期2(1909年3月16日),第39—40页。卜舫济(F. L. Hawks Pott)前曾发表《税敛要例》一文,提到国外开征所得税和遗产税事例,但当时国人并未注意。见《万国公报》,卷67(1894年8月),第14577—14578页。此资料承蒙王树槐教授示知,谨此致谢。

② 高劳:《中国政治通览:财政篇》,《东方杂志》,卷9期7(1913年1月1日),第50页;杨华山:《论晚清"裁厘统捐"与"裁厘认捐"的尝试及夭折》,《中国近代史》,2004年第5期,第44—50页。

财政。这项诉求,已经触及西洋税制设计时的权利义务的核心理念。

立宪运动期间,国人通过对各国税制的介绍,得知西洋税制的众多税目,其印象是"泰西各国无一物而不税,无一事而非税,每遇国有大事,则尤诸税并起,额外加增"。例如,法国在1870年后,创设马税、车税、脚车税、弹子税、印纸税、登录税与俱乐部税等税目,其余各国亦相去不远。西洋各国税务立法包括直接税和间接税,比中国税法更为细密。至此,中国对于直接税制度的理念与实务,可谓灿然大备,对未来的税制改革具有开拓的作用。①

第二节　民初及北洋时期采行直接税制度的尝试

一、民初财政概况与营业税、印花税及所得税的筹办

民国初建,官民各界对于新政权如何建立财政体制,曾展开热切讨论。贾士毅在《东方杂志》上提出建议,将清末引介的两项税目,即所得税与营业税作为国税项目,理由是所得税与营业税均采累进征收,可调剂贫富,二税赋课普及,负担公平,且弹力丰富,故可作为正当中央岁入。然而,此议并未顺利实现。②

袁世凯主政时,实施中央集权的财政政策,1912年下令划分国税与地方税,设立国税厅,中央财政由中央政府直接征收,杜绝地方截留财源。袁氏复于1914年决定恢复清朝的解款制度,与新设专款制度同时并行。从1913年至1915年间,由于袁世凯的威权统治,各省军民长官对于中央命令不敢违抗,解款也不敢截留,财政统一颇有希望,岁计不足亦属轻微。然而,随着袁氏败亡而来的军阀分立,财政状况陷入混乱,北洋时期中央政府以借外债为常事,各省军阀各行其是,特税或赌捐亦列成为明文的税政项目。③ 到了1923年,北洋政府在北京召开宪法会议,制定新宪,指定各省财源,以田赋及契税为省税。同时,为解

① 杨毓辉:《论国家征税之公理》,《东方杂志》,卷5期5(1908年6月23日),第45—46页。
② 贾士毅:《划分国税地方税私议》,《东方杂志》,卷9期6(1912年12月1日),第8页。
③ 罗介夫:《中国财政问题》,上海:太平洋书店,1933年,第27—28页。

决中央财政问题，北洋政府希望从整顿印花税、烟酒税和盐税入手，估计可增加6,000万的岁入。不过，上述会议或计划，事后皆因连年军事混战而未得施行。①至1925年间，担任财政整理会长的颜惠庆谈到中国财政的窘困情形：政府近年来实收额不过700万元，支出行政费5,800万元，军政费7,000万元，计1.28亿元，国库穷乏已至极点，如果放任不顾，必将破产，恐有列国共管之虞。②

从袁世凯主政到北洋政府时期，如何扩充财政收入，一直是个大问题。为因应财政困境，除了多方借款之外，亦曾数度推行直接税制度获取挹注之源，但均遭商民强烈反对，征税工作时举时废。在此期间内勉强得以实施的直接税，包括营业税、印花税与所得税三项税目。

营业税的课征活动始于1914年，财政部以"政费不敷"为由，创设"特种营业执照税"，纳入课税范围的营业种类有13种，包括皮货、绸缎、洋布、洋杂货、药房、煤油、金店银楼、珠宝古玩、旅馆、饭庄酒馆、海菜、洋服、革制品。上述诸税，严格说来，并不能算是对营业行为征课的"营业税"，性质比较近似传统对特殊行业征收的许可税(如牙税和当税)。政府借用营业税的名目，以颁发及管理执照的方式来征课，因各业反对而未获得太多收入。财政部又于次年春天发出电文给各省政府，承诺以各省若认摊公债及推行印花税，若确有大宗税收，则暂时停办此税，作为交换条件。推执行不过数月，财政部至1915年9月，又以"次年政费不敷，须谋抵补之策"为由，下令办理"普通商业牌照税"。这次规定除了贩卖烟酒及牙行铺等已经领有照帖的商家之外，其余各业应一律依其分等缴纳税金。该此项征收工作因时局变动不已，事实上并未能广泛实施。③

印花税部分，其法源基础是1911年10月颁布的《印花税法》13条，随后于1914年12月修订部分内容。接着又在1915年1月公布修正《关于人事证凭贴用印花条例》，并在1920年及1925年两度修改，完成立法程序。实际征收过程之中，印花税也遭到民间的强烈反对。1911年征收印花税的法令才刚颁布，商

① 诸青来:《民元以来之国家财政》，王云五、李圣五编:《中国财政问题》，上海：商务印书馆，1933年，第11页；张英华:《计画财政刍议》，著者自印，1923年，第35页。

② 木村增太郎:《支那財政ノ真相卜其革新策ニ就テ》，东京：启明会事所，1925年，第18—20页。

③ 童蒙正:《中国营业税之研究》，重庆：正中书局，1942年，第215、218页。

民立刻抗争，要求政府先修定税则，裁废旧税，实行免厘之后，方愿缴纳新税；对政府而言，商民的这些主张即是明文抗税。次年情况依旧，民间仍以前税毫未剔除，无法负荷印花税捐为由，抗拒本税的实施。①

财政部面对民间抗争的应付措施，首先是以政府业已规划裁厘为由，抚慰民心，继而宣传此税税率极轻，人民只要贴用印花，其凭证即享有国家法律保护，接着运用行政力量，宣布“印花税早经大总统公布，各省应一律施行”，强令各地推行。② 不论商民愿意与否，印花税在1913年于京师正式举办，当年度收入为5.7万余元。袁世凯主政时期，征收印花税的工作在各地雷厉风行，收入大增，1915年成长为360万余元，1916年间因洪宪帝制后西南各省独立而收入稍减。至北洋政府时期间，每年平均维持在300万元左右的额度，为近代中国政府尝试直接税制的初步成果。③ 不过，北洋政府推展印花税的过程中，由于管理松散，加上军阀把印花税票当作钞票的代用品，经常出现向财政部要求发给印花以充抵军饷，造成严重的滥发情形，印花税票面价值大贬，产生极大流弊。④

北洋政府为推行印花税制度，曾要求侨居中国的外商，在与中国人民贸易时使用的凭证簿折，亦须依法贴足印花。然而，外交部衔命与各国公使反复磋商，却无具体结果。到了1923年之后，外商印花税的交涉陷入停顿，成为悬而未决的涉外税务问题。一些外国使团阻挠其侨民贴用中国印花，有的外商贴用其母国发行的印花，有的则干脆不贴。如此一来，华商因印花税产生加重税负的作用，面对外商或是居于租界的华商竞争时呈现处于劣势。1920年间，上海商界

---

① 蔼庐：《印花税之理论与实际》(1929年6月4日)，《中华民国工商税收史料选编》第四辑，第2581页；《临时工商会议代表胡瑞霖等陈请先裁厘再实行印花税呈》(胡瑞霖等呈，1912年12月5日)，《中华民国工商税收史料选编》第四辑，第2563页；《工商部转送京师商务总会呈请先由外省实行印花税函及财政部复函》，《工商部致财政部函(1913年5月9日)》，《中华民国工商税收史料选编》第四辑，第2565页。

② 《临时工商会议代表胡瑞霖等陈请先裁厘再实行印花税呈》(财政部批，1912年12月11日)《中华民国工商税收史料选编》第四辑，第2564页；《工商部转送京师商务总会呈请先由外省实行印花税函及财政部复函》《财政部复工商部函(1913年5月17日)》，《中华民国工商税收史料选编》第四辑，第2565页。

③ 李鸿球，《论北京政府财政部发行新印税票》(1924年9月1—5日)，《中华民国工商税收史料选编》第四辑，第2570页。

④ 杨汝梅：《民国财政论》，上海：商务印书馆，1927年，第39—40页。杨汝梅描绘北洋时期滥发印花税票的流弊，由于军阀以之作为借款的抵押品，受理银行行号常要求先给税票，然后分期交款，随后即以所得抵押印花贱价出售，将售出之款再以重利借与各机关，其偿还期限极短，声明到期不还，不待通知即可拍卖抵押品，其实借款者自始即无偿还计划。从1919年9月至1923年5月之间，北洋政府财政部共发行税花税票23,205,000元，所能抵借款项却仅有二三百万元，仅及十分之一。日后，这些税票将使国家税收悉数化为乌有。

曾提出呼吁，租界当局不承认中国印花税法，而居于南市的华商却须承担税负，显然极不公平。时论指出，中国各种赋税，除了田赋之外，凡与工商界有关的赋税，均与租界发生关联，若华商坚决主张须待外商奉行中国税制才愿意纳税的话，恐怕没有一项税目能有推行之日。北洋政府无力解决涉外印花税问题，连带也影响到对于国人的征课工作未能全面施行。①

随着印花税开办，民初及北洋政府开始筹备另一项直接税——所得税。在一般评论之中，所得税赢得"国家最良税法"的称誉。普遍的说法是，所得税的征课对象必须是稍有资力者，贫民未达课税标准者可免税，负担者均为社会中流以上人士，能够因应人民纳税力而作调整。② 周学熙担任财政总长时，虽曾以"公平普及、人人平等纳税"的诉求，仿照日本所得税法，于 1914 年 1 月颁布《所得税条例》27 条，又于 1915 年 8 月颁布《所得税第一期施行细则》16 条，但均未能付诸实施，此项税则的规划在袁氏称帝后更成为一纸具文。这项被推崇备至的良税，引入中国时面临缺乏税籍数据，产生税源无从撷取的困境，筹办工作并不顺利。③

1920 年 7 月，北洋政府财政部设置所得税筹备处，于次年 1 月 6 日颁布《所得税条例施行细则》及《所得税分别先后征收税目》，要求全国各地立即开征。财政部估计，全面开征后，可获税额达 500 万元。④ 此次规划开征所得税，从一开始就遭到商民的强烈反对。政府在制定法规之前，从未调查商民的所得数据，也就未建立税籍资料。在不知道该向谁收税的情况下，财政部以财政困难已达极点，势须新辟税源以资挹注为由，卜令各省政府自行估计税额，用分摊及包办的方式来进行征课活动，摆明了完全以收入为开征的首要考虑。9 月中，财政部发

① 国家税务总局主编：《中华民国工商税收史：直接税卷》，北京：中国财政经济出版社，1996 年，第 300—302 页；《六团体致县商会函——为免加印花税及反对所得税事》，《申报》，1920 年 12 月 1 日；晏才杰：《租税论》，北京：新华学社，1922 年，第 723—724 页。

② 《论增税为今日之必要及所得税之优点(录大共和日报)》，《东方杂志》，卷 9 期 1(1912 年 7 月 1 日)，第 45—46 页。

③ 郝庆元：《周学熙与民国初年的税制改革》，《天津社会科学》，1990 年第 1 期，第 67 页；杨必立：《中国所得税史略》，《清华学报》，卷 2 期 2(1925 年 12 月)，第 184—188 页。

④ 杨必立：《中国所得税史略》，《清华学报》，卷 2 期 2，第 188—189 页；国家税务总局主编：《中华民国工商税收史：直接税卷》，第 10 页。北洋政府同时颁布相关法令还包括：《所得税调查及审查委员会议规程》《所得税征收规则》《所得税款储拨章程》及《金库经理所得税款章程》等。

出通令给各省政府，把所得税的预算额定为400万元，要求浙江省至少认领40万元，湖北认领25万元，其他各省依比例认领。财政部下达通令，政府根据调阅“各部院表册”，并且咨询京师总商会，公司、商店与银钱行号的营业盈余在数亿元以上，各地田产收入还尚未计算在内。因此，人民绝对有纳税的能力，只要地方政府妥善筹措，每省各摊30万至40万元，即能完成预算额。①

各地议会及民间商会对北洋政府的估算通令，纷纷发电报反对包办式的所得税，认为此种做法只会把外国良税办成恶税。商民也质疑财政部开征新税的法律基础，具体的理由是《所得税条例》虽在1914年1月颁布，然而当时国会已经解散，此法未经国会通过，不具备法律形式。既然它不具备法律的资格，政府不得以行政命令，强加人民纳税义务，人民也没有必要去奉行未经国会通过的非法新税则。同时，所得税既然是租税的一种，理应在预算案内编定，然而1920年的预算案亦未交国会议决，依法不能只以一纸空文号召全国径行新税。②

财政部为平息商民的反对声浪，一方面宣称所得税并不是新税，而是民国元年“已定未征之税”，堵住法理上的可能漏洞，并且提出此税收入将指定用途，兴办教育与实业，借以争取民众支持。但是，商民根本怀疑北洋政府有专款专用的诚意，纷纷在报端指出，财政部因为所得税不易推行，故以拨充教育经费等堂皇名目作为搪塞，假若日后所得税有巨额收入，政府必定挪用他途。③

各省商民透过商会的活动，展开反对开征新税的宣传，综合其提出的理由，在征税原则上有“非法、不公平、时机未至”三项质疑，而在征税技术上则有“税率不公、用途不确、登记法未行、商业设备未完、难得详细调查”五项弊病。不过，最重要的决定因素则不便于载诸明文，那就是民众对政府普遍的不信任感。一份报道指出，北洋政府创行所得税，众人皆知乃是迫于困乏，聊充杯水之济，但政府

① 《财部催办所得税之通令》，《申报》，1920年9月16日。

② 濯缨：《吾国所得税之沿革制度及其筹办近状》，《银行周报》，卷4期39（1920年10月19日），第56—57页；《顺直省议会反对所得税》，《申报》，1920年11月11日；《总商会会董审查所得税报告》，《申报》，1920年11月1日。

③ 《所得税之励行》，《申报》，1920年11月14日：“全国商界对于征收所得税一案，纷电抗争，闻政府现已通电各省区，声明此举势在必行，无复转圜之余地，原文略云：所得税系查照元年旧案，为已定未征之税，并非新增之税，因教育各费无出，提出国务会议议决改轻条例颁布施行，案经公布，万难变更，仍希劝告各商，以利推行。”商民的反对意见，详见沧水：《所得税与教育经费》，《银行周报》，卷4期39（1920年10月19日），第24—25页。

一再宣称是"为民兴教育,为民兴实业",反令民众感觉政府不以诚信待民。在商民全面抵制的情况下,北洋政府最后只能对所属机关官吏的俸给课征所得税,1921年的税收额为银元10,310.67元。此后的征收工作,因军阀纷战而不时停废,直到国民政府奠都南京,才再度展开所得税的规划工作。①

北洋政府时期筹办所得税成绩不佳,论者指出,政府本身的立论不足以说服民众,开征失败的责任应由无能的政府来承担。② 回顾当年民间提出各种反对开征所得税理由,从未否认所得税是一项公平的良好税制。国人认为它以个人收益多寡而订定累进税率,一方面能适应国家财源需要,一方面又能祛除社会不公平的负担。在民初追求科学的风潮中,所得税被视为公平而进步,其课税基础可以进行科学检验,计算个人从资产或企业所获利益为标准,不能像过去税法幼稚的时代,以粗疏的推定方法进行强制征收。此外,具有社会主义色彩的论述,则推许所得税若施行得当,"可减少资本家的恶势力,减轻其对于无产阶级的压迫",有助于社会安定的作用。③

作为西洋良税代表的所得税无法在民初社会生根,学界的解释有二:一是由于中国生产状况极为幼稚,生活程度低下,不论是人民个别所得或企业余利均为数有限,即使勉强施行,实际得益并无可观,故中国并未具备实施良税的条件。二是中国国民教育不普及,人民对于完粮纳税视为天朘正供的负担,一心只求减轻租税,尚未具备现代国民关心国家财政的认知。④ 这两大要素,第一项是事实,至于第二项人民认知部分,则过于持负面评价,并不公允。近代西方财政与税制的理念,经历清末不断的引介讨论,至民初筹办诸税时,大量出现对现代化租税理念与西洋税制发展历程的论述,可见民初政权将财政理念下达于民间的努力已初见成果。

---

① 《反对所得税》,《申报》,1920年11月20日;杨必立:《中国所得税史略》,《清华学报》,卷2期2,第189页。

② 胡善恒:《赋税论》(上海:商务印书馆,1935年),439;晏才杰,《租税论》(北京:新华学社,1922年),第236页。

③ 马影疏:《中国之财政与金融》,《东方杂志》,卷23期21(1926年11月25日),第9页;贾士毅:《财政与国民经济(上)》,《银行周报》,卷11期16(1927年5月3日),第10页;士浩:《所得税施行之必要及其应注意之点》,《银行周报》,卷4期39(1920年10月19日),第35页。

④ 戴铭礼:《中国所得税施行之一瞥》,《申报》,1924年5月11日;沧水:《银行周报》,卷4期39,《所得税与教育经费》,第3页。

二、民国初年对现代租税理念与直接税制度的理解

民初对于租税理念的讨论，首先是要求政府须抛弃传统时代以政府需求为服务目标的财政观念，代之而起的是以现代国家视人民需求为主体。财政部必须审视国民对赋税的负担能力，而不能只是引述他国统计资料，即径言本国租税负担比较起来并不算太重之类的评语。学界认为，依据公平良税的原则，国家课税的标准不在人民拥有的收入高低，而在人民所余的多寡，能力大者纳税多，能力小者纳税少。此时，直接税正是能够达到这种要求的良好税制。①

上述直接税为良税的观点，源于第一次世界大战结束之后，各国财政局势的急遽变迁。西欧诸国因财政穷迫，求收入于有真实负担力的有产阶级，直接税比例大增，从战前间接税约占十分之七的情势，在战后则变成间接税四成、直接税六成。国人目睹欧战后西洋推行直接税制度的良好成效，热切期许它也能为困敝的中国财政注入活力，纷纷为文批评政府税政不公，一般平民苛税繁重，但不农不商的富翁反而不纳一税，呼吁政府应实施直接税中的所得税、遗产税、利息税、房屋税等税目，不仅裨益财政，更可进而平均人民负担。②

直接税制度进入20世纪后，西洋世界又出现新的税则，国人迅即引述，深化税制的论述。当时在南方领导革命的孙中山相当重视这项变化，在民生主义第一讲中将直接税称之为“直接征税”，称许这是在20世纪以后进化出来的社会经济方法，用累进税率来征课资本家的所得税和遗产税。实行这种税法，可以使国家财源的大部分直接从资本家取得。欧美各国近来实行直接征税，增加财源，政府厚增财力，进行社会事业的改良工作。③ 国民政府完成北伐大业之后，以尊奉总理遗训为号召，孙中山对实行直接税的主张，成为日后进行税制改革的政策依据。

---

① 《国民纳税之自觉问题》，《银行周报》，卷6期13(1922年4月11日)，第4页；影疏：《中国财政之根本问题》，《东方杂志》，卷21期3(1924年2月10日)，第25页。

② 杨汝梅：《论世界财政改造之新思潮与吾国财政》，《银行周报》，卷7期35(1923年9月11日)，第8页；尹文敬：《我国财政困难之原因及其整理之方法》，《东方杂志》，卷21期17(1924年9月10日)，第33页。

③ 张果为：《直接税制之研究》，《绪论》第2页。

第三节　国民政府推广直接税制度的活动

一、 裁厘加税与营业税的筹办

清末民初悬而未决的裁厘问题，在国民政府奠都南京之后，终于有了突破与解决。民国政局纷扰，厘金是军阀的给养大宗，自不愿放弃此项重要财源。然而，在列强提出“裁厘加税”以及关税修约的诱因下，北洋政府在1923年举行关税会议，决定裁废厘金。当时，财政部主张办理产销税作为裁厘后的抵补办法，各省商会则主张办所得及营业两税。不过，此这次协商终仍因军阀混战，以致无疾而终。①

北伐期间，国民政府同样也发表裁厘的财政改革主张，获得工商界的支持，于1928年6月20日至7月10日，连续召开全国经济会议及第一次全国财政会议，决定裁厘的具体步骤，也就是提出裁撤国内通过税(即厘金)，改办特种消费税的议案。参与会议的各界代表均同意，为了要与各国交涉关税自主，前提是必须裁撤厘金。厘金病国病民，势在必废，但须预先筹划抵补的方法，以免功败垂成。由全国经济会议提出自办特种消费税，被视作是过渡时期的代用品，值得推广，不过，此税应以奢侈品为限。几经筹议之后的结论是，各省抵补之法，最先以举办产销税，继令开办营业税，中央则决议办所得税作为抵补。②

裁厘的可行性，等到中原大战结束，蒋中正获得胜利，地方实力派势力大为削弱，取得了实施的环境。财政部召集苏、浙、闽、皖、赣五省裁厘会议，并于

① 侯厚培:《营业税问题》，上海：大东书局，1931年，第61页。

② 《裁撤国内通过税改办特种消费税案》，收入全国经济会议秘书处编，《全国经济会议专刊》，台北：学海出版社影印出版，1972年，第38—40页;《建议政府克期裁撤通过税改办特种消费税案》，同前书，第159—165页;虞宝棠:《国民政府与民国经济》，上海：华东师范大学出版社，1998年，第24—28页。《整理财政大纲案(审查修正报告)》，“审查报告一”，全国财政会议秘书处编:《全国财政会议汇编》，台北：文海出版社影印出版，1987年，第16页;蔼庐:《整理税制观(下)》，《银行周报》，卷11期32(1927年8月23日)，第1页;戴铭礼:《厘金及其裁撤问题》，《银行周报》，卷12期29(1928年7月31日)，第6—7页;费文星:《中国直接税概要》，上海：世界书局，1947年，第2页。

1930年12月14日宣布，自12月31日起全国一律废除厘金，并决定开办特种消费税与营业税作为抵补税源。1931年4月，政府因舆论批评特种消费税有成为厘金之虞，而下令停办，改办卷烟、水泥、火柴等五种统税，同时准许地方筹办营业税。由于统税兴办成功，课税范围逐渐推广至十余种之多。于是，国府的裁厘活动，在中央以统税自筹抵补，在各省则征收营业税以济不足，清末主张以营业税作为裁厘抵补的主张，在此时付诸实现。①

国府授权地方办理营业税时，曾引起不小的反对声浪。批评重点是营业税以商号为开征单位，并依据资本额营业额或纯益额为标准，商家立即感受到加税负担。加上各地财政部门均有权调整营业税税率，将使此税负担有随时增加的可能。② 由日后的发展情势看来，民间确实承受了税外加税的负担。例如，1928年裁厘会议之时，已有举办营业税即应同时取消牙税的决议，但是，裁厘之后，各省的做法是一面举办营业税，一面仍持续征收牙税，并未宣布任何善后办法。为此，平、津两市商民提出反对或请缓办的诉求，在未获允许的情况下，商民退而求其次，北平商会提出“包办”建议，希望以定额支付的方式，尽量减少官府的行政骚扰。③

同时，由于各地普遍发生洋商拒缴营业税的事件，相形之下，华商因为必须照章纳税，营运成本大为增加，引发民众强烈不满。根据报道，各地租界均抗拒中国政府征收营业税的措施。以上海租界为例，英美公共租界工部局开会讨论纳税问题，未及实行即爆发“一·二八”事变。停战之后，又以地方元气未复为由，要求暂缓征收营业税。上海市政府从1933年开始进行租界征收手续的交涉，外商则根据洋泾浜章程，中国政府在租界范围内，依约只能征收国税，其余地

---

① 蔼庐:《裁厘后举办特种消费税之商榷》,《银行周报》,卷13期4(1929年1月22日),第1页;《裁厘后新税之进行》,《银行周报》,卷15期2(1931年1月27日),第29页;陈震异:《裁厘抵补问题(中)》,《银行周报》,卷15期6(1931年2月24日),第20页;马寅初:《财政学与中国财政》,第259页。

②《营业税与牙税(录六月十四日天津大公报)》,《国闻周报》,卷8期24(1931年6月22日),第3页;荆州:《全国财政会议之成果》,《新中华》,卷2期12(1934年6月25日),第14页。

③《营业税与牙税(录六月十四日天津大公报)》,《国闻周报》,卷8期24(1931年6月22日),第4页。民间会将施行营业税与废除牙税相提并论,实因二税的性质相近,同为对商家营业收入的征课。关于此点,在《整理财政当先改革税法说(录新闻报)》,《东方杂志》,卷8期11(1912年5月1日),第6—7页曾有论述,可供参考:“营业税者,以营业之纯收益而税之也。前清时代,无所谓营业税,惟牙行有税,恶其争利也,营业有税,以其息厚也。自庚子以后,政务渐繁,入不敷出,于是乎有铺捐,稍合营业税之性质。”

方税一律免纳，营业税的性质是地方税，自然不得在租界征收。由于租界纳税问题一直无法突破，毗邻的华界亦持观望。天津市的情况是，自开征营业税以来，洋商从未遵章纳税；在租界内的华商偶有缴税者，然为数寥寥，且大都是有其特别原因，如总店设在华界而分店在租界。汉口租界因外商不愿缴纳营业税，群起向英国领事要求对外交部交涉。因此，征及租界与洋商问题终未得解决。至1934年11月间，广州商会扬言，如果当地外商不遵照条例缴纳营业税，华人亦将抵制抗缴。广州外商则宣称，营业税是一种“不当征课”，始终拒绝缴纳，当地营业税局只好呈报粤省财政厅，报告缴纳营业税的公告虽几经延期，外人遵章缴税者仍寥寥无几，却又无法可施。[①] 舆论认为，工商界各业拥护国府推行营业税时，是以“华洋平等，华租一律”为先决条件。然而，在强大外力的干扰之下，营业税的推广工作备受艰难，是可以想见的事。

二、 所得税的筹办与开征

第一次全国财政会议有关裁厘抵补课题的过程中，除讨论营业税外，同时也提出开办所得税的建议，拟订《所得税条例草案》与《所得税施行细则草案》。国府着眼于所得税在西方国家有大量收入，具有重要税政地位，财政部跃跃欲试，希望规划筹办所得税。财政部为进一步筹办所得税，1929年修订所得税草案，同时聘请美国财政金融专家甘末尔(E. W. Kemmerer)担任顾问，审视中国推展所得税的环境。[②]

甘末尔来华考察中国的财政金融环境与赋税条件，向国府提出说帖，认为中国并不适合实施所得税。中国缺乏实施财政改革的必要条件，主要问题在于财务行政不健全，除了关务、盐务外，中国税务行政向无效率可言，且监督失常，从未有一套公认的程序法规与差强人意的征税标准。纳税者缴纳之后，也不知道其税款是否为维持各种公共事业的费用，甚至一般执政者亦未必确实了解税政

---

① 朱炳南、严仁赓：《中国之营业税》，《社会科学杂志》，卷6期3(1936年9月)，第396—398页；《广州外商拒缴营业税》，《银行周报》，卷18期46(1934年11月27日)，第3—4页。

② 杨必立：《中国所得税史略》，《清华学报》，卷2期2，第190页；国家税务总局主编：《中华民国工商税收史：直接税卷》，第16页；崔敬伯：《大战后各国国家财政的新趋势》，《国闻周报》，卷7期30(1930年8月4日)，第1页。

意义。因此，今日中国政府若欲于财政建设收入方面求发展，应慎重从事于现有税源的改进，不宜轻易另辟新途。他建议国府，如果真有需要为裁厘找寻抵补之道，不如举办货物的出厂税较为可行。在当前现实条件下，中国无法实行所得税制度，等到其他各国适于所得税的条件在中国出现之后，则中国当然可以实行所得税，不过在实施之初，仍须采取局部及试验的方式。①

甘末尔发表了中国不具备实施所得税的意见之后，获得国内学界的普遍赞同。学界对于实施所得税问题而提出的各项学理上的主要阐述，可举朱偰的论点为例。他认为所得税的产生，必须有众多社会经济的条件加以配合，首先是发展成熟的资本主义经济组织，其次是强有力的严密的官厅组织，同时还必须注意不能违背租税普遍的原则。然而，上述欧美各国得以成功推行所得税的前提，在中国皆未具备，1921 年试行所得税失败即为中国不宜立即推行该税的明证。②也有意见指出，中国是否能彻底实行所得税，关键在于中国能否实现工业化。中国为小农经济体制，毫无工业化国家运用机械大量生产的条件，无法扩充产值，不可能有大宗所得与储蓄，也不会有巨额所得税可供政府课征。即使勉强开办所得税，能够获得多少收入也值得怀疑。以贫困的社会情形看来，恐怕百分之八十以上的人口因毫无纯收入，不具备纳税能力。③ 国府衡量现实的限制后，筹办所得税以补裁厘损失之议遂暂告中止。

国府搁下推动直接税的改革行程表，然而，此时日本加紧侵华脚步，1931 年发动九一八事变掠取东北，对中国的财政产生巨大冲击。财政部估计，海外贸易的关税收入因东北海关沦陷，每年遽减 2 亿元，这个数目是岁入总额的十分之三，财政急遽恶化。④ 内忧外患交织的 1930 年代中国，直接税受到财经部门的重视，主要原因是国府认定直接税是未来进入战争时期最有希望的财源。1930 年代初，报端时见中国财政困难与必须妥善开源节流的报道。从 1935 年开始，财政部重提拟办新税俾改良中国财政问题，展开遗产税与所得税等各项税目的

① 《甘末尔设计委员会税收政策意见书》，《国闻周报》，卷 7 期 42(1930 年 10 月 27 日)，第 1—2 页。

② 朱偰：《中国今日征收所得税问题》，《东方杂志》，卷 32 期 11(1935 年 6 月 1 日)，第 7—9 页。

③ 崔敬伯：《现代税制类型之检讨》，北平：国立北平研究院经济研究会印行，1936 年，第 3—4 页；腾霞：《地方所得税制之参考(上)》，《国闻周报》，卷 8 期 11，第 1 页。

④ 唐孝刚：《非常时期之财政》，上海：中华书局，1937 年，第 72 页。

评估与讨论。①

国府为进一步解决财政窘迫的困境，于1934年5月21日召开第二次全国财政会议。这次会议提出改革税制的诉求，主张废除苛捐杂税及减轻田赋附加税，接下来划清赋税系统，朝向建立以直接税为基础的赋税制度，树立健全税务行政体制。会议在规划税制改革时，再次提出实施所得税，沉寂五年的直接税制度，才又受到国人的重视与讨论，并在会议结束之后，成为国府实施税制改革的准则。② 财政部长孔祥熙指派赋税司司长高秉坊与整理地方捐税委员会委员梁敬錞等人，负责筹办所得税事宜，1935年5月13日提出《所得税暂行条例》草案，7月21日颁布。③

财政部颁布《所得税暂行条例》之后，1936年7月1日设立所得税筹备处，同年10月1日开征所得税。开办之初，学界认为这是政府应付日本侵略的前置准备。崔敬伯指出，中国创议所得税已经足足有20年之久，此时因关税遽减，加上国府想要建造未来战时财政的健全基础，所得税于是立即排入议程，迅速实施。④ 杨荫溥认为，冀东伪组织成立，华北走私猖獗，关税收入损失甚巨，国府为弥补财政税收短缺，不得不另筹新税。曾经参与第一次财政会议的财政学者李权时也同意杨荫溥的看法，他评论国府在1936年度总预算案内列了所得税收入500万元，“理由即在于补救自冀东伪组织成立后，华北走私日益猖獗，大量流失的关税及其他税收”⑤。

为了避免备战的字眼引起日本的注意，财政部在公开的报告极力铺陈，此时实行税制革新，是因所得税税率公允，可平衡贫富负担，加上税源普及，可支拄国

① 朱偰:《中国今日征收所得税问题》,《东方杂志》,卷32期11,第5页。

② 第二次全国财政会议通过的理财目标如下:“一、划清赋税之系统,使各级政府赋税之划分、配置及分类,确立健全完善之制度。二、改革税制,必先整理旧税,以废除苛扰,减轻负担为原则,以期民力少舒,培养税源。三、改革税制当以创办良税为主要工作,俾奠定以直接税为基础之赋税制度,以适应近代税制演进之趋势。四、树立健全之税务行政制度,以期改革税制工作得以顺利完成,而维良好税制于永远。”

③ 高秉坊:《近年来我国税制之改革》,《财政评论》,卷2期2(1939年8月),第11—12页。

④ 《施行所得税》,《银行周报》,卷20期28(1936年7月21日),27;崔敬伯:《中国财政之划时代的展开》,《国闻周报》,卷14期19(1937年1月1日),第5页。

⑤ 杨荫溥、王逢壬:《所得税纳税须知》,上海:经济书局,1936年,第19页;李权时:《中国施行所得税问题》,《经济学季刊》,卷7期3(1936年),第184页。

库收入，目的在达到平衡贫富与整理财源的双重作用。[①] 由前述评论可知，国人认为所得税的筹办，绝不只是台面上的单纯理财手段而已，真正的动力是日本加快侵华脚步，令国府不得不为未来的财政备战预作准备。即使中国落后的现实环境尚未达到适合实施所得税的条件，亦无从顾及了。

舆论纷纷指出，1930 年代世界各国均竞逐于军事与财政的规划，第二次世界大战的爆发只是时间迟早问题。身为次殖民地的中国是列强争夺的对象，势难幸免卷入战争旋涡的危险，身为弱国的中国应该及早预作准备。中国财政收入素以间接税为大宗，现行税率均已达最高标准，为了因应未来需求，开办直接税势所必行。对于开办何种新税，各方也提出一些可能税目。例如，对娱乐事业(如戏剧表演)征收享乐税(或称“救国捐”)，对拥有不动产的资产阶级征收房屋捐，及对工商业者征收战争盈利或超额盈利税，也有人主张开征临时财产税。[②] 这些可能的新税目，若以符合世界潮流为择取标准，只有所得税和遗产税最为可行，使直接税制度的推展成为战时财政的先决条件。其中，所得税不但可作为困窘财政的主要出路，更可提供未来的备战基础。[③]

所得税在备战阴影下筹办，法规设计以增加收入为原则，规划的课征对象以容易掌握的农民、商人、公务人员及公立学校教职员为对象，相形之下，部分享有高利润者则逍遥法外，因而被批评为有违所得税的公平与普遍原则。[④] 税负不

---

① 国家税务总局主编：《中华民国工商税收史：直接税卷》，第 20 页。

② 刘树东：《所得税之研究》，《东方杂志》，卷 33 期 13(1936 年 7 月 11)，第 71 页；朱偰：《中国战时财政之出路》，《东方杂志》，卷 33 期 7(1936 年 4 月 1 日)，第 32 页；朱偰：《中国战时财政的一个切实方案》，《东方杂志》，卷 34 期 1(1937 年 1 月 1 日)，第 74 页。关于临时财产税方面，战时许多学者如马寅初、伍启元等人对此主张甚力，但在抗战期间均未实施。其定义在唐孝刚《非常时期之财政》有详细说明：“临时财产税系国家为应付非常支出，临时所征课于人民财产的租税。所谓财产，系指每一经济单位，个人或法人，在某一特定时间内，所有有形财产的总称，其范围至广：举凡一切不动产、动产、消费财、使用财等，均包括在内，负担的力量较厚，而税源亦甚确实。”针对学界如马寅初等主张，对发战时财者征收具有资本税性质的临时财产税看法，财政部认为并不实际，因为施行临时财产税至少有三大困难：“一、我国素乏财产调查统计，一旦着手征收，查征与估值两事即大感困难。二、我国田税行之已久，地价调查虽尚缺乏完备统计，但已初具规模，对其征收临时财产税，或可尚觉较易着手。若动产则素无统计，调查稽征匪易。因此，被征者恐怕将大部分为不动产，而动产则多漏网，其不普遍，不公平明矣。三、我国租界林立，治外法权尚在，大宗资金匿留，对其征收无从着手，且内地资金亦可以租界为逃逋之薮。我国尚有不少资金留存外国，更无从征收。”详见凌舒模：《关于临时财产税之研讨》，重庆：财政部直接税处经济研究室，1941 年，第 34 页。

③ 张稼琴：《遗产税制度之研究》，《新中华》，卷 4 期 17(1936 年 9 月 10 日)，第 25 页；子明：《征收所得税问题》，《银行周报》，卷 20 期 27(1936 年 7 月 14 日)，第 8 页。

④ 朱偰：《所得税暂行条例草案之批评及其修正意见》，《东方杂志》，卷 33 期 13(1936 年 7 月 1 日)，第 48 页。

公问题除了发生在不同职业者身上外，更有中外之别，这与先前实施营业税的状况极为类似。国府虽对外公开宣示，将透过外交手续，请各国驻华使节转令一体遵行，要求在华外人一律照征所得税，但在租界与治外法权庇护之下，很难课及外侨。评论立即提出，所得税若不能征及外侨，连租界内的国人也很难要求纳税，当局必须进行外交折冲，才能建立良税基础。[①] 外人征税问题，使所得税的实施与外国势力的掣肘互相牵绊。外交部与各国驻华使馆进行交涉，在1935年度中，计有151个外侨单位向国府报缴所得税，包括英、美、法、苏、德、比、日等国，但这并不具普遍性，大部分外侨仍持观望态度。财政部曾制定《推进外侨纳税方案》，规划先对无领事裁判权及无约国的侨民积极催缴，然而直到全面抗战爆发前夕均未能解决。[②]

三、遗产税的拟议与印花税的征收

1915年间，北洋政府时期即曾倡办遗产税，时任财政次长的章宗元举行财政讨论会议时，研拟《遗产税征收条例草案》12条，为本税最初的法源。章氏主张，中国无时不有争夺继承财产的案件发生，若政府在受理时即开征遗产税，可获不少收入，可以提供国家政费支用，是一项具有开源作用的良税。为适应中国国情，政府只须征课无子者的继承行为，自然继承者则应予免除。此议后因军阀割据，政令不行，议订条例亦未实施。[③]

国府奠都南京后，因有“节制私人资本”的总理遗教，相当重视遗产税的地位与作用。贾士毅在第一次全国财政会议中提出《实施所得税遗产税计划案》，洋洋洒洒地在提案中写道：

> 按先总理民生主义第一讲谓，社会之所以有进化，是由于社会上大多数的经济利益相调和，经济利益相调和就是为大多数谋利益，大多数有利

---

① 高秉坊:《筹办所得税之步骤及对中外商人之殷望》，收录财政部编印:《现在实行的所得税》，南京：1936年9月)，第32页;《工商业请缓办所得税》,《银行周报》，卷20期29(1936年7月28日)，第1—2页。

② 国家税务总局主编:《中华民国工商税收史：直接税卷》，第36页。

③ 朱偰:《中国租税问题》(南京：商务印书馆，1935年)，第659—660页;吴兆莘,《中国税制史》，上海：商务印书馆，1937年，第247—251页;国家税务总局主编:《中华民国工商税收史：直接税卷》，第215—216页。

> 益，社会才有进步。又谓，多征资本家的所得税遗产税，发达全国的运输和交通事业，以及改良工人的生活和工厂的工作，社会便极有进化，大多数便得享幸福。窃意所得税与遗产税，均依累进法征收，确有调和社会经济之可能性，故东西列强早公认为世界最良好之税，以其均平而不偏，普遍而不隘，我国果仿而行之，适合先总理节制资本之精义，微特裨益财政也。①

贾氏的提案以总理遗教作为后盾，自然获得大会的通过。国府随即规划筹备开征遗产税的工作，学界也适时出现大批讨论遗产税的论著。

国人颇期望政府立即开征遗产税，提供各项开办业务的经费。例如，1928年南京举行的全国教育会议，与会代表主张除了原有编列的教育专款之外，未来实施的遗产及所得税应作为教育专税，借以平均国民对教育上的负担。② 1930年代出现关于遗产税的论述中，有的从社会公平的角度出发，认为遗产税是“保证赋税平等与实现纳税能力原则的惟一工具”；有的则以财政收入着眼，以遗产税是近代西洋新税源之中，除了所得税之外的第二大税源，称许其为岁收大宗。西方各国征收遗产税的情况相当良好，国人也乐观评估，中国一旦实施遗产税，不但可立即获得巨额岁入，长久实施之后，国家还能够掌握社会上大批的产业，实现资本社会化的计划。③ 也有人认为，遗产税的征税行政作业，因为需要缴纳遗产税的人民占中国全体国民的少数，中国又以土地为主要的遗产项目，容易调查，征收经费也不多，故此税征收作业在理论上应较他国容易，也比所得税来得简单易行，建议政府尽早实施。④

由各界言论看来，国人对遗产税可说是相当寄予厚望的。但是，这股乐观情

---

① 贾士毅：《实施所得税遗产税计划案》，《全国财政会议汇编》，《审查报告一》，第48—49页。

② 李权时：《各国遗产税史要》，上海：世界书局，1930年，第115页。

③ 腾霞：《遗产税在列强财政中之地位》，《国闻周报》，卷8期2(1931年1月5日)，第1页；张景璞：《中国今日征收遗产税问题》，《东方杂志》，卷33期14(1936年7月16日)，第46页；沈星若：《由经济上观测遗产税的效果》，《东方杂志》，卷24期24(1927年12月25日)，第35页。

④ 童蒙正：《关于我国征收遗产税之意见》，《东方杂志》，卷33期13(1936年7月1日)，第73页；沈立人：《遗产之会计及课题》，上海：商学书局，1934年，第141页。

绪,在甘末尔来华论定"中国现在不宜实行遗产税"后顿形消散。甘末尔认为,西方国家的财产继承方式与中国不同:西欧各国征收遗产税的理由是,个人因继承而骤增产业;中国则多为家族继承制,产业以堂号承继使用,故某人对财产的依赖程度,或是对财产的管理使用,并未因其亲逝世而产生变动,也就缺乏课税的依据。[①] 国府接受甘末尔意见,暂停规划遗产税的活动,直到抗战时期才提出讨论。

国府掌政期间,对于北洋政府时期已经顺利开办的另一项直接税印花税,因为课税的项目明确,加上印花税的课征成本极低,主要是印刷费及定期检查的支出,符合所谓的租税经济原则,故仍然维持其"国税"的地位,继续推广实施。

在国府召集第一次全国财政会议期间,朝野各界对印花税的讨论,仅限于如何改进征收技术及加强中央掌握税收权力。同时,鉴于北洋时期中央政府浮滥增发印花税票,各省亦自行印制印花以筹取税源的现象,要求加强整顿。[②] 会后,国府在1928年8月4日由中央政治会议第119次会议议决《国民政府财政部印花税暂行条例》9条,统核各省各自为政的印花税,于是年11月以财政部名义通令各省继续开征印花税。其后,国府召开第二次财政会议,又决议提拨四成印花税收入给地方政府,作为废除苛捐杂税的补助款。国府先后在1935年及1936年两次修正法规,命令地方不得招商包征或勒征印花税,试图矫正过去摊派之风。[③] 国府虽将本税的部分收入转给地方,但此税的位阶仍然是"国税"而不是地方税,其开征作法基本上亦延续北洋时期的法规模式,并没有作太大幅度的修改。[④]

---

① 《甘末尔设计委员会税收政策意见书》,《国闻周报》,卷7期42(1930年10月27日),第2—3页。

② 《审查印花税案报告书》,《全国财政会议汇编》,《审查报告一》,第85—90页。

③ 蔼庐:《印花税之理论与实际》(1929年6月4日),《税收史料选编(四)》,第2581—2583页;鲍亦荣:《近六十年来我国租税制度》,台北:大同书局,1970年,第11页。

④ 朱偰:《中国租税问题》(《中国财政问题第三编》,第581—582页)中特别对于印花税的"国税"地位详加阐明:"何廉李锐合着财政学二八一页谓,最近财政会议(二十三年五月)议决,将此税划归各省政府,以作为废除苛税杂捐之补助,现已见诸实行。自兹以后,印花税改为省税矣。按全国财政会议,不过议决将中央印花税收入,提拨四成,以补助地方废除苛捐杂税后之不足,并非将印花税划归地方,故二十四年度总预算,乃列印花税为国税,何廉李锐二君之说实误。"

第四节　直接税的推展与外交环境的限制

一、 近代租税理念与实施直接税必要性的讨论

直接税制度的推展，为国人带来对西洋近代租税理念的讨论。首先，由甘末尔的意见中，国人理解西洋租税设计理念，赋税目的在谋公共利益，绝非政府于人民财产之强取苛求。欲使人民了解此一赋税观念，政府必须公款专用于公共事业，如学校、公众卫生、道路及对于盗匪与其他不法行为的抑制，不可用于内战及公众无关事务，或是冗员俸给。缴税者方面逐渐了解赋税的正当意义，征税者方面则应逐渐养成行政上的效力程序与标准。因此，税政之适当与否，端赖于税收制度的设计及运用。政府在谋收入之时，亦应衡量纳税者的负担程度，否则徒使国家财源枯竭。①

透过租税理念的认知，也就是"租税是近代国家对个人的一种经济负担"的看法，国人据此进一步讨论何为理想租税体制。理论上，租税制度是纳税义务人牺牲个人利益，换取公众利益，故纳税标准应以纳税人的经济负担而定，方为公平。中国税制在进行理想租税体制的改革期间，势必要参考欧美成例与各国经验，传统的消费税或土地税无法达到公平要求，新出现的所得税以个人经济负担能力为标准，实为最合宜租税代表。②

抗战前夕，国民政府极力倡导国家财政的困境，以及为了因应国家需求而必须开办直接税的必要性。1935 年初，开源节流已成为报端讨论财政问题时常见的标题，财政部拟办的新税，有交易税、遗产税、所得税，其中以所得税最为重要。国府在 1936 年试办所得税，即以世界各国税政均以所得税为重要收入，决心举办此税以解决困窘财政。舆论认为，国府在抗战前夕致力推行直接税，固然期待

① 《甘末尔设计委员会税收政策意见书》，《国闻周报》，卷 7 期 42(1930 年 10 月 27 日)，第 1 页。

② 朱偰：《中国今日征收所得税问题》，《东方杂志》，卷 32 期 11，第 7 页；腾霞：《地方所得税制之参考(上)》，《国闻周报》，卷 8 期 11，第 1 页。

其承担战时税源的使命，更应重视建立公平税制，使国民赋税得到公平分摊，同时配合实施累进课税，矫正失衡的财富分配现状。①

学界检讨现行税制的缺失，认为中国税制向来注重间接税，晚清以来关税及盐税成为岁入大宗，传统直接税的重要项目只有田赋。这样的税制设计，在平时已经不能应付政府需要，未来一旦发生战事，沿江沿海势必沦为战区，此三税收落入敌手，以关税为主体的税制不但无法应急，收入反会剧烈缩减。为因应一触即发的战时财政需求，根据欧战的经验，各国岁入除了公债外，均在租税上增加收入，方法不外提高旧税和筹办新税，前者以英国的所得税为代表，后者则以战争盈利税或超额盈利税最为重要。中国自 1930 年代以来，军政费用有增无减，若不能以增发公债为开源之道，只有增加税率或是另征新税。此时，直接税适足以提供战时财政所需，形成从间接税迈向直接税的新体制。②

朝野均有推展直接税以应战需的共识，除应战要求之外，还有另一项重大的税政改革目标，即凭借直接税的征收活动，将政府与民众紧密结合起来。财政学者认为，以所得税为代表的直接税素为现代西方国家的基本税制，租税负担由国人平均承受，这是人民有责任支持政府来保护其自身与财产安全的具体表现。就政府立场看来，推行所得税可以促进人民与政府之间的联系，辅助民治主义；就国际关系角度而言，现代世界各国竞争空前激烈，唯有推行所得税制，方足以应国家需要而争存于世界。③ 如此一来，实施直接税的作用并不仅限于财政收入而已，它还具备将传统中国进化成为现代国家体制的影响力。

关于直接税对形塑现代国家体制的巨大作用，财政学家李权时在 1936 年国

---

① 朱偰：《中国今日征收所得税问题》，《东方杂志》，卷 32 期 11，第 5 期；子明：《征收所得税问题》，《银行周报》，卷 20 期 27，第 8 页；崔敬伯：《施行所得税问题》，《国闻周报》，卷 13 期 23(1936 年 6 月 15 日)，第 4—5 页。

② 唐庆增：《吾国施行遗产税问题(录二十二年十二月二十二日上海时事新报)》，《新中华》，卷 2 期 2(1934 年 1 月 25 日)，第 85 页；麦健曾：《新订所得税条例评议》，《国闻周报》，卷 12 期 27(1935 年 7 月 15 日)，第 11 页；朱偰：《中国战时财政之出路》，《东方杂志》，卷 33 期 7(1936 年 4 月 1 日)，第 32 页；张稺琴：《遗产税制度之研究》，《新中华》，卷 4 期 17(1936 年 9 月 10 日)，第 25 页；马寅初：《财政学与中国财政》，第 276 页；崔敬伯：《中国财政之划时代的展开》，《国闻周报》，卷 14 期 1(1937 年 1 月 1 日)，第 5 页；朱偰：《中国战时财政的一个切实方案》，《东方杂志》，卷 34 期 1(1937 年 1 月 1 日)，第 73 页；崔敬伯：《从间接税到直接税——税制改革之批判与展望》，《国闻周报》，卷 14 期 25(1937 年 6 月 28 日)，第 9 页。

③ L. E. Tsao(曹励恒)，“The Income Tax And Its Introduction Into China，” *Information Bulletin*，Volume II，No. 5，Oct.，1936，p. 74；刘振东，《为所得税问题敬告国人》，《银行周报》，卷 20 期 28(1936 年 7 月 21 日)，第 5 页。

府宣布开征所得税时,发表的一篇评论可作为代表。李权时认为,国府推动直接税改革,人民因纳税的切身利害关系,必群起而问政,于是民权主义可以获得实现。直接税盛行之后,人民以能力大小为纳税标准,负担公平,贫富悬殊现象得以稍苏,资本得以节制,则民生主义得以部分实现。如果直接税能够以认真公平而有效率的态度来办理,逃税者必少,税收必将超过关、盐、统三项间接税的收入总数,供应国家各种建设及防御经费,民族主义逐渐抬头,中国自此可跻身近代国家之列。① 因此,战前中国的报刊杂志在评述直接税制度时,不时出现依据世界历史先例,凡是进步的国家,均逐渐放弃以间接税为中心的征税政策,采取以直接税为中心的征税政策,作为论述的结论。"从间接税到直接税"的发展模式,亦成为当时广为倡导的一贯主张。② 取得如此高度肯定地位的直接税,顺理成章在国民政府的税制改革上扮演决定性的角色。

二、 外交环境对直接税的限制与租税主权的争取

国民政府虽然有心推展直接税制度,在清代形成的不平等条约的束缚下,必须与外国势力进行交涉。此项交涉成败与否,不仅攸关直接税是否能够顺利于全国境内推行,更是现代国家执行完整租税主权的表征,故不论朝野均极重视此关键问题。

涉外税务的课题,在1930年实施裁厘改税时广受讨论,当时的焦点是要求洋商依法缴纳营业税。在治外法权未收回的现实环境中,外人公司及洋行不在中国政府注册,中国政府无法要求征课税捐。营业税正式开征以后,洋商纷纷拒绝缴纳,这个打击令稍后开办的所得税也面临相同的挑战。民间批评国府:租界与在华外国银行成为中国富者托庇之处,逃避应有纳税义务,政府若不努力交涉,贸然开征的结果是富者逃避纳税义务,同时促成资金外流,国家发展更为不利。③

---

① 李权时:《中国施行所得税问题》,《经济学季刊》,卷7期3,第183页。

② 崔敬伯:《从间接税到直接税(续)——税制改革之批判与展望》,《国闻周报》,卷14期26(1937年7月5日),第13页。

③ 腾霞:《地方所得税制之参考(下)》,《国闻周报》,卷8期12,第6页;《征收所得税问题》,《银行周报》,卷20期28(1936年7月21日),第23页;崔敬伯:《施行所得税问题》,《国闻周报》,卷13期23,第8页。

国人对于华洋不平等的纳税待遇大声疾呼改善，部分在华外人也承认，外国人因为拥有治外法权的保护而得以免纳许多税捐，对于那些必须立即缴付地方税和附加税的中国人来说是极为不利的事情。① 国外报道指出，《所得税暂行条例》公布后，外侨对于国府要求旅华外人纳税的问题，引起不少论辩。外侨在华享有根据不平等条约的特殊权益，涉及治外法权与国际关系，中国报端虽有外侨愿自动遵守中国法令纳税的传闻，外侨方面却公开否认，中国政府须由法规与外交协商不断努力，以求解决问题。②

面对洋商继拒缴营业税后，又拒缴所得税的局势，学界援引英美各国实施所得税时，其境内外国人士亦须纳税的先例，要求政府向外国交涉。依据各国通例，外侨皆应纳所得税，学理方面亦承认租税应取属地主义而不采属人主义，外侨纳税原无问题；但在中国因为租界和所谓领事裁判权，使新式租税的援引出现若干障碍。英美各国，无论公司或是个人，只要所得是发生在其国内，不论其身分是本国人、外侨、居留民或非居留民，均须缴纳所得税，外商公司当然也在课征之列。中国实施所得税能否成功的关键，即在于租税主权是否能够充分行使于领土以内，也就是视外侨是否缴纳所得税，作为判准。财政部虽已表示将秉持最大决心及坚决意志，行使完整的租税主权，但各国未予正面响应。英美等国抱持观望态度，不予回复，法国则表示不肯纳税，仅有少数国家，如挪威、瑞典、荷兰表示认可。③

此一问题的症结点在于国民政府是否能在被视为非领土的租界地区行使其租税主权(Steuerhoheit)。所谓租税主权，是财政主权(Finanzhoheit)的一部分，意指某一公共团体(包括国家或社团)拥有可以独立处理财政，不受外力牵制的最高主权，包括从立法到征收的权限，也就是有权颁布租税法令、依法征收租税，

① H. G. W. Woodhead, C. B. E., *Extraterritoriality in China, the Case Against Abolition* (Reprinted from *Peking & Tientsin Times*, September & October, 1929), p. 41. 此份小册子收录于 Arthur N. Young Papers (Hoover Institution Library and Archives, Stanford University), Box 108, Folder "Nationalist China-General".

② 《中国征收所得税问题》，《国闻周报》，卷 13 期 37(1936 年 9 月 21 日)，第 1 页。

③ 陈德容：《所得税暂行条例总则之研究》，《银行周报》，卷 20 期 36(1936 年 9 月 15 日)，第 9 页；朱偰：《外侨与所得税》，《东方杂志》，卷 33 期 22(1936 年 11 月 16 日)，第 25 日。

以及自由支配税收。①

抗战前夕，各通商大埠租界仍存的现实情境下，中国显然并未具备足以顺利行使租税主权的条件。因此，与直接税相关的各项税目，从印花税、营业税到所得税，实施历程均受到外力的强烈掣肘，政府虽然努力进行交涉，租税主权的争取总是以失败告终。此一困境，随着抗战的战局演变，中国因为加入第二次世界大战的联盟，在1940年代陆续解除外国势力对租税主权的束缚，直接税的发展亦在战争过程迈向另一阶段。

小结

清末财政拮据，官方开始有引入西洋直接税制度之议，首先为国人认知者为印花税。为因应马关条约的赔款需求，由部分官员奏请试办开征印花税，并搜集各国印花税章程作为规划依据。接踵而来的庚子赔款压力，促使中央部门着手筹划法规，同时要求地方试办。清廷由于预估禁烟后造成的财政收入锐减问题，对之高度重视而下令在全国举办，由此可见晚清试行西洋税制度的记录。与此同时发展的裁厘修约与立宪运动，则让学界不但引介了西洋税制度中十分重要的营业税与所得税项目，同时也申论孕育西洋直接税制度的客观环境与现实条件限制，国人从而窥知直接税制度发展的历程。于是，直接税制度的实务与理念开始正式进入中国，但适值辛亥革命，清室覆亡，直接税制度各案均未及付诸实施。

民国成立后，军阀割据纷扰，北洋政府数度筹划开征清末已引入的印花税与所得税，虽因民间反对，征收工作时举时废，西洋的直接税制度已在中国立足生根。民初筹办直接税的过程，也导入对现代化租税理念与西洋直接税制度发展的论述，呼吁政府应该具备现代国家中视人民需求为主体的租税理念，愈发充实财政与税制理念的理论基础。

---

① 朱偰：《外侨与所得税》，《东方杂志》，卷33期22，第25页。

国民政府奠都南京，筹划国家建设，除了延续北洋政府时期的税务开征成果外，更提倡以直接税为主体的赋税结构改革，其中包括征收个人薪资、利息、财产收入的所得税，以公司行号营收为对象的营业税和印花税，以及以社会正义为诉求的遗产税。在推动直接税制度改革期间，虽有甘末尔及其他官员与民间学者指出中国国情与西方不同，认为现实环境并未具备征收直接税的条件，但受到日本渐步加深的侵华压力，国府不得不及早为未来的战时财政作准备，陆续开办各项直接税制度。

全面抗战爆发前夕，舆论认为直接税的推展提供了建立战时财政的先决条件，透过直接税制度的实施，政府将与民众紧密结合，迈向现代化国家之列。为因应国家需求，无论如何均必须开办直接税，成为实施税制改革的基础。不过，国民政府虽有心推展直接税制度，却受限于条约束缚，无法在被外国视为禁脔的租界地区行使租税主权，令直接税的实施饱受外力的掣肘。

由此观之，近代中国由西方引介及推行直接税制度的动力与历程，实与外国施加的军事与经济侵略有密不可分的关联性。中国的财政体系，就在中外互动的影响下，由片断而全面，不断地加以调整与因应。从清末至国民政府主政时期，直接税发展成为政府推动赋税改革的主轴，初始的动机是为了广辟税源；接着，主政者利用直接税具备进步的理论色彩，提供其引入现代化的税制公平的宣传理念，并且试图运用税制改革的方式，将政府与松散的个人加以结合起来，为传统中国开创出现代租税国家的局面。

第二章　战时直接税的发展与限制(1937—1949)

第一节　抗战时期的税政规划与开拓税源的努力

一、抗战时期的税政规划

第一章已叙述自清末至民国时期,先后引介各项直接税制度的情形。本章将说明,让直接税得到迅速成长的发展关键,源于国民政府为抵御日本发动侵华战事,对财政引发巨大冲击,遂令直接税成为政府尝试纾缓财政压力的对象。

直接税制度在内忧外患交织的1930年代中国,受到财经主政者的重视,并在抗战时期获得巨幅成长的空间,首要原因是国府认为直接税可以筹措未来财源,成为战时财政的先决条件。1934年召开的第二次全国财政会议,国府提出实行直接税制度为主轴的税政改革计划。1937年初,中国已有对日应战的心理准备。国府为应战局之需,预作战时财政规划,在战争尚未发生前的准备时期,以改良税制作为确立战时租税政策基础。此项工作重点包括进行以直接税为中心的税制改革,整理国内公债以巩固信用,以及改善财务行政、统一币制和调整金融结构等要目。其中,关于战时租税政策的具体作法,包括推行所得税、土地增值税和遗产税。所得税方面,原先国府颁布的《所得税暂行条例》,课税对象仅包括营利所得、薪给报酬所得、证券存款所得三项,逐渐扩大将地主农业所得、城市房主租赁所得及国外所得均须纳入征收之列,缔造普遍纳税的环境。此外,提高奢侈性质的消费税或筵席捐,将一部分税收解归国库,以及提高印花税、邮费等项目,也是可以考虑的做法。① 从这些规划看来,国人在战争前夕对直接税制度寄予相当的厚望。

全面抗战爆发之后,为凝聚全国对于战时政策的共识,中国国民党于1938年3月召开临时全国代表大会。其中,关于战时财政的因应措施,决议必须"推行战时税制",具体内容包括:提高所得税税率及开征范围、即刻举办遗产税、筹备开征战时利得税。②

此时直接税制度尚处于草创阶段,税收额度极低,无法立即承担现实战费需要,使得国府仍须同时加强以货物交易为目标的间接税,作为主要理财手段。1938年,全面抗战爆发后的10个月内,财政部的主要租税措施,集中于扩大转口税的征收范围,加征统税和烟酒税,提高一倍印花税的税率和扩充课税范围。其中,转口税即国内关税或货物通过税,其性质与厘金相类似。至于直接税部分,税收虽稍有成长,成果并不明显。基本上,直接税尚未取得如同宣传上或理论上所应有的重视与地位。③

作为国府交战对手的日本,立即注意到国府进行的直接税活动。1938年底,日方的一份报告指出,中国当局企图统一与整理中央与地方的收支事务,达到缓和财政危机的作用。国府的计划是以增税来增加财政收入,但是,原规划对固有的关税、盐税及统税为主体的税制作大幅变更,以及加强所得税和财产税等直接税源的征课,二者均有困难,无法期待能有显著的效果。于是,国府决定增加开征印花税税率与课税范围,预定在1939年开始征收遗产税,同时对于运到香港的货物征收统税,在内地各省征收战时利得税,以弥补日本军占领地域内统

① 朱偰:《中国战时财政的一个切实方案》,《东方杂志》,卷34期1(1937年1月1日),第72—73页;马寅初:《财政学与中国财政》,第276页。

② 中国国民党中央执行委员会训练委员会编印:《中国战时经济问题》,重庆:1943年,第50页。

③ 伍启元:《非常时期的中国财政》,《中日战争与中国经济》,长沙:商务印书馆,1940年,第53页;伍启元:《抗战以来的财政和今后应有的方策》,《中日战争与中国经济》,第63—64页。

税收入的损失。①

上述这份来自敌方的报告，已经相当完整地勾勒出国府运用直接税来因应战局的全盘规划。国府日后也正是依据此一进程，逐步落实调整税政的工作。在抗战前期执行税制改革的阶段，国府先后于1938年7月27日公布《非常时期过分利得税条例》，同年10月6日公布《遗产税条例》，以及在1939年12月20日公布《遗产税暂行条例施行细则》。1940年6月1日，财政部正式成立直接税处专职机关，除原有的所得税与利得税外，又接办印花税，同年7月1日开办遗产税，直接税处统辖所得、利得、遗产、印花四税的开征业务。1941年3月，中国国民党第五届八中全会议决"扩大直接税体系"，同年10月召开九中全会，决议"本普遍及公平之原则，推进并扩充直接税，以充实国税之主要体系"，自1942年起重行划分中央与地方财政收支系统，将原属于地方税系统的营业税重新划归中央，交由直接税处负责经办征收业务。1943年初，国府决定加办财产租赁与出卖所得税，同时将直接税处升格为直接税署，直到抗战结束。据此，国府在抗战时期所推动的直接税项目，包括所得、利得、营业、遗产、印花五项税目。② 开战之初的计划，此时全部照章施行。

二、关于直接税开拓战时税源的讨论与期许

抗战时期，国府取得财政收入的主要手段是所谓的"银行垫款"。根据不完全的统计数字，1937—1945年，银行垫款平均占岁入的75%以上，租税收入只占15%左右。③ 战时公债募集在高喊"有钱出钱"的口号之下，效果也未见起色，无

---

① 同盟通信社经济局编印：《蒋经济の退路》，东京：1938年11月，第90—91页。

② 当直接税署成立之后，主事者曾发表宣言，说明这项税制的推展，是在抗战前后经由国民政府历次的相关决议案而作出决策，包括：废除苛捐杂税减税田赋附加以救济农村案（1934年2月四届四中全会）、创办所得税以改革税制案（1936年5月行政院会议）、创办过分利得税以遏制战时暴利案（1938年7月一届参政会）、创办遗产税以继续改革税制案（1936年2月行政院会议）、改订财政收支系统以划分国家及自治财政案（1941年5月五届八中全会）。见中央银行档案，档号396/1905，《直接税的生长（1943年）》。至于各项相关税务发展概述，可参见以下诸书：徐日清：《直接税实务概要》，上海：中国文化服务社，1948年，第2—3页；邹宗伊：《我国之战时财政》，收入章伯锋、庄建平主编：《抗日战争》第五卷，成都：四川大学出版社，1997年，第112—113页。

③ 侯坤宏：《抗战时期的中央财政与地方财政》，台北："国史馆"，2000年，第262—263页。

法承担战费需求。[1] 这样大有问题的财政结构，其必然结果是增加发行通货，造成物价上涨的困境。国府对于上述的战时财政缺陷并非毫无所知，他们在战前已不断尝试调整中国的财政体质，最主要的工具即是推动直接税制度，冀望以现代化的税制增加税收，达成建设国家目的。透过在战时改革租税制度，建立直接税结构，除了增加财政收入外，更具有奠定战后中国新租税制度基础的重大意义。

从对于战时国府快速推动直接税活动的评论看来，众议肯定运用租税作为调整战时财政的正当性与必要性，这一点可说是普遍共识，但是透过租税而能够对于战时财政提供多大的挹注，则呈现两极化的看法。一方认为，承担税负者总是会设法抗避国家义务，或求缓征，或求减免，地方豪强甚至以抗法为荣，这是人性自利的问题。因此，政府在战时征收租税是一件困难的任务，至少比起募集公债或是增发钞票来得困难。另一方则反驳前说，政府在平时加税被人视为虐政，但在战争时期，国民会因抵御外侮而拥戴政府，征税会比平时来得容易，无论提高旧税或是举办新税，均较平时容易推动，正是改革税制的良机。[2]

大后方学界在抗战期间发表许多关于直接税制度与对开拓税源作用的论著，为国府推动税制改革提供了理论基础。简要而言，主要的立论集中于分析西洋各国推行直接税制度之后，不但产生税收激增的效应，更具有促进改良税制的作用。根据西方各国先例，战时政府适应战争需要，拥有比较大的财政改革权力。直接税要缴的所得税，其发展过程就是伴随着战争而促成。例如，英国实施所得税始于拿破仑战争时代，美国则是因南北战争补充财政而实行，法国所得税是因 1914 年大战爆发而列入租税体系。战争为各国政府将其行政力量深入民间社会创造了条件，进而更在直接税制度之上展现初步的成果。第一次世界大

---

① 吴一心:《中国之抗战》,上海: 中华书局,1948 年,第 17 页。关于战时公债的成效,试举翁文灏的记载为例,他在 1941 年 3 月 15 日的日记上提到:“孔说,我国发行公债不过 4,754,000,000 元,每人负担不过 11 元,日本国发行公债已 8,829,420,000 元,每人负担已达 400 余元”,由此可见一斑。见史丽克整理:《翁文灏日记选(1941年)》,中国社会科学院近代史研究所近代史数据编辑部编:《近代史数据》总 104 号,北京: 中国社会科学出版社,2002 年,第 130 页。

② 崔敬伯:《税人与税政》,《财政评论》,卷 2 期 3(1939 年 9 月),第 9—19 页;金天锡:《战时财政的新改革》,《东方杂志》,卷 41 期 18(1945 年 9 月 30 日),第 7 页。

战期间，交战各国筹措战费，英国着重租税，在战时提高所得税与战时利得税，得以化解通货膨胀的压力，反观德国和法国则专赖公债，结果战后陷于恶性通货膨胀，由之可见租税政策在战时财政的重要性。除了外国的现成经验作为立论依据之外，现实环境上，战时海疆受到日军封锁，向为财政支柱的间接税如关、盐、统各税，绝大部分出于沿海大埠，税收大量流失。于是，国人寄望国府实施直接税，发挥筹措税源的作用。而在众多税目中，以直接税项目的所得税最有希望。①

舆论指出，租税手段在战时财政的作用，不只是开拓税源，还可以回收政府增加发行的货币，减缓通货膨胀压力。同时，租税又与公债政策互相配合，发行公债后仰赖租税偿本付息以维持信用，否则公债只是充当银行的发行准备，很容易诱致通货膨胀危机。不过，增税虽是战时最理想的筹款方法，其运用亦有其限制，主要有两方面：一是租税受到时间限制，不能适应紧急要求，无论是提高旧税税率或创设新税，均须经过相当长的时间后，增收的收入始能流入国库；二是受到国民所得限制，不能作无限制的增加。② 由此观之，国人对于租税在战时中国的地位与作用，在心理层面充满期望，面对现实环境的制约时，却又不得不大打折扣。直接税制度在战争时期的推展历程，也在学理及现实间的冲击下缓步进行。

三、 直接税在战时财政上的作用与限制

作为战时国会的国民参政会，在抗战初期曾经批评国府规划财政支出时，缺

---

① 张白衣：《世界主要国家租税制度概观》，《财政评论》，卷2期2，第125页；崔敬伯：《税人与税政》，《财政评论》，卷2期3，第21页；蔡次薛：《我国战时税制的改进》，《东方杂志》，卷38期17(1941年8月30日)，第28页；韩亮仙：《中国经济动员论》，重庆：青年书店，1939年，第184页；姚企文：《战时所得税(2)》，《银行周报》，卷22期46(1938年11月22日)，第1页；姚企文，《战时所得税(5)》，《银行周报》，卷22期49(1938年12月13日)，第5页；钟淦恩：《我国现行间接税制之检讨》，《财政评论》，卷2期2(1939年8月)，第29—32页；钟淦恩：《我国现行直接税之检讨》，《财政评论》，卷2期3(1939年9月)，第99页；朱偰：《所得税发达史》，重庆：正中书局，1939年，第2页。

② 粟寄沧：《论战时租税政策》、《中国战时经济问题研究》，桂林：中新印务股份有限公司出版部，1942年，第129页；张白衣：《世界主要国家租税制度概观》，《财政评论》，卷2期2(1939年8月)，第125页；崔敬伯：《税人与税政》，《财政评论》，卷2期3，第21页；蔡次薛：《我国战时税制的改进》，《东方杂志》，卷38期17，第28页；高汉锹：《战时财政与统制经济》，长沙：商务印书馆，1938年，第188—192页。

乏通盘计划。各部院会竞争支出预算,不断追加预算,虽然部分支出项目是出于抗战的特殊需要,但就财政学理而论则颇不健全,只能评以“头痛医头,脚痛医脚”。① 抗战期间,由于陆续取得英美各国的贷款,财政吃紧现象稍得纾缓,然而,租税占岁入的比重却不断减低,1940 年至 1941 年间更下降到 10%以下。国府意识到此种不正常的情况,必须设法增加税收,着手改善。1940 年初,国府规划在年度内增加一倍的税收额度。② 增税之道,除了开征战时消费税外,就是增加各项直接税的项目,或是调整税率。具体的作法,包括提高一成印花税税率,扩充所得税的施行范围(除原有的过去的第一种营利事业所得、第二种俸给报酬所得、第三种证券存款所得之外,增加财产租借所得税及财产移转所得税二项),以及提高战时利得税的税率。1943 年间,国府希望这些改良能够一举增加数倍收入。③

战时陆续开办的各项直接税制度,对于短绌的财政究竟能够提供多大的挹注?一份出于 1938 年底的评论,就所得税、遗产税及过分利得税三项加以评估,认为并不能寄予太高的期望。所得税税源来自于国民生产所得者甚微,在工商业受到战事摧折之际,提高税率不为事实所许,必须设法扩充纳税单位才能增加收入,故所得税在短期内无法取代间接税在财政上的地位。此时遗产税尚未开征,此税被视为是一种“税收根本难以确定”的税种,不但无法成为战时财政的主要税目,在平时财政也未必具有重要性。至于在第一次世界大战期间,英美各国财政上占重要地位的过分利得税,政府抱予相当大的期望,但以实际环境与大后方工商业经济发展的落后程度,亦不能奢望此税能够有类似国外先例一样的出色表现。总之,所得税、遗产税及过分利得税,在短时间内陆续开办,税制虽呈现朝向直接税发展的趋势,然而税收恐怕不会有太大的贡献。④

从抗战时期直接税历年的收入统计数字(参见附录一)看来,上述预测被证实是正确的。平均算来,直接税在抗战时期对于筹措财源的比重,只占2.42%,

---

① 《国民参政会第一届第四次大会对于政府施政报告之决议文(1939 年 9 月)》,国民参政会史料编纂委员会编:《国民参政会史料》,台北:国民参政会在台历届参政联谊会,1962 年 11 月,第 132 页。

② 《顾孟余、钱昌照来电(1940 年 2 月 22 日)》,T. V. Soong Papers (Hoover Institution Library and Archives, Stanford University), Box 42, Folder 4 “Telegrams Incoming (1940 - 1941)”.

③ 在南京日本大使馆情报部编印,《重庆政权ノ财政金融》1943 年,第 11、13、17、63 页。

④ 姚企文:《战时所得税(5)》,《银行周报》,卷 22 期 49,第 7—10 页。

即使是负担最大的 1943 年,也只不过是 6.54%,这个数目对于需款孔急的政府而言,根本是杯水车薪,无足轻重。

1943 年,负责兴办新税的直接税署,为了强调直接税对战时财政的作用,对外宣传直接税收入占战时税收的比重逐年增加,从 1938 年仅为 5.2%,1939 年为 6.6%,1940 年遽增为 28.4%,1941 年为 24.8%,1942 年为 39.4%,1943 年更高达 51.3%。上述数据,是把田赋扣除之后的数字,实有夸大之嫌。同时,直接税署宣称,在 1938 年国府发行第一次国防公债时,所得税即承担部分的担保责任;至 1943 年,直接税的预算占国税收入总额的四分之一,稍补沿海口岸锐减的关税损失。因此,国府的直接税改革,的确已经达到利用合理税制,在战时加重税率,控制普遍税源的目标。①

在外在宣传自信十足文字的另外一面,从直接税署的一份内部开会记录看来,他们自己也很清楚直接税的重要性其实相当微弱。高秉坊在 1940 年对部属提及,"中央编审预算的时候,还有人给我们核减岁入数字。这一方面表示一般人对于本税怕收不到那么多,另一方面表示,对于改革税制的热心,还不十分重"②。由此观之,国民政府对利用直接税开拓财源实不具信心。

至抗战后期,日益加剧的财政压力,让国府不得不尝试增加直接税的比重。1941 年,最高国防会议通过提高直接税各项税目的预算额度,所得税增加 5,000 万,遗产税增加 1,000 万,营业税从 2 亿增加至 4 亿元。③ 此后,直接税逐年增加,至 1944 年时,直接税已占国税收入第二位,仅次于田赋。④ 这样的成果,让高秉坊在此年的业务会议报告上一扫 1940 年的阴霾,赞扬"直接税虽然是新税,但是创办不及三年光景,即能担负得了募债的基金",并且由于"历年超收,今日已能担负战费,分任全国战时总支出的十分之一"⑤。对于上述官方宣传,民间

① 高秉坊:《直接税问题》,重庆:中央训练团党政高级训练班印,1943 年,第 8 页;高秉坊:《中国直接税的成长》,重庆:财政部直接税处经济研究室,1943 年,第 7 页。

②《三十年第四届业务会议——抄自纪念周训话二则(1941 年 12 月 29 日)》,纯愚:《新税历程》(无出版资料封面题戊子年七一节,应为 1948 年),第 20 页。

③《三十年第四届业务会议——抄自纪念周训话二则(1941 年 12 月 29 日)》,第 20 页。

④ 程起陆:《直接税与人事管理(1944 年 9 月 1 日)》,直接税署编:《直接税夏令业务讲习会记实》,重庆:直接税服务社,1944 年,第 39 页。

⑤《三十三年第三次讲习会讲词——代开第七届业务会议(1944 年 12 月 25 日)》,《新税历程》,第 42 页。

并不以为然，认为直接税的收入在抗战期间虽然屡有增加，如1941年的收入比1936年时增加27倍，但税收总额仅占岁入的5.8%，可见得战时租税仍以间接税为主要税源，而进步的直接税反而微不足道。[①]

直接税收入偏低的情况，从国府在抗战前夕推动直接税改革以来，经历了抗战时期，甚至延伸到抗战结束的复员阶段。其间虽然因为加入印花税和营业税等征课工商业者的税目，让税收成绩颇见成长，然而国民政府主政期间，直接税的收入一直偏低，却是不争的事实(参见附录二：国民政府时期所得税、利得税、遗产税、印花税和营业税五大税目的开征成绩统计)。直接税的税收额占税源比重一直无法超越间接税，而且时见实际税收的数目远不及预算的数字，在在让此项税制改革，仍然停留在大声疾呼的宣传口号阶段。

尽管直接税收入额度极低，曾任国府财政顾问的杨格(Arthur N. Young)，在抗战结束之后不久，仍然肯定此税具有一定的贡献。理由是即使在繁荣时期，任何政府想要开辟新的税源，都是相当困难之事，中国政府在战时领土缩小及生产力降低的情况下，却仍能设法使税收逐渐增加，实属不易。[②] 杨格的说法，指出评定税政得失时，必须以环境限制作为必要的衡量标准。直接税在财政上的作用深受条件的限制，未能有出色的表现；然而，战时大量出现围绕此税而发的言论，证明了它除了拥有实质收入之外，也具有财政学上的可能作用，故能受到国人的重视与讨论，进而奠定在近代中国税政史上的地位。

第二节　税政改良与税制利弊的讨论

一、国府运用直接税改良税政的诉求

直接税受到国人的注目，固然是具有承担开辟战时税源的使命，然而更受重

---

① 姜庆湘：《中国战时济教程》，出版地不详：科学书店，1943年，第99页。

② Arthur N. Young原著，刘镇泉译，《中国经济建设之路》，上海：商务印书馆，1947年，第25页。

视的任务是,它代表着建立公平税制的尝试。国府强调直接税制度具有开创合理税制的作用,经由广泛实施直接税,将可顺利解决传统赋税负担不公的现象,成为国府争取民众支持进行税政改革的重要依据。

孔祥熙在抗战初期即透过倡导所得税的优点,说明推行直接税与其在战时财政上的改革税制作用。在孔祥熙的描述中,所得税具备了财政学理上的所有良税的四项特质:第一项是“负担公平”,根据民众负担能力,以累进方式调剂负担,主要税源来自征收富有资力者,可以减轻社会上贫富悬殊情形,使国家和社会都得到利益,符合赋税公平的原则。第二项是“纳税普及”,除少数特殊情形,依法得以免税外,人民凡是收入达到纳税标准者,一律照章尽纳税的义务。第三项是“富有弹性”,平时不妨降低税率,培养人民富力,若国家遭遇灾变,随时可以提高税率,支应国家紧急费用。第四项是“收入确实”,所得税的来源都是很确定及很容易估计出来,对财政收支十分便利。由于当时所得税是直接税的唯一代表,孔祥熙也据此类推,确信直接税制度具备了赋税制度所有的优点。1944 年底,孔祥熙在其辞去财政部长时的政绩交代比较表中,更提出“因直接税体系之扩大,而我国税收之中心,遂由间接而入于直接税,此实税制上之一大进步”的说法,全面肯定直接税在战时税务上的地位。①

国府陆续开办直接税业务,台面上的理由是中国税制因间接税收入遽减,故逐步倾向于直接税。负责实际执行直接税业务的高秉坊,以“新税、新人、新精神”为口号,勠力推动以所得税为重心的直接税税务。由于其税务人员的晋用,严格执行公开考试制度,力求提升素质,并实施征收与经收分立的作法,外在形式上确实展现与传统税务不同的面貌,舆论普遍支持其提出“世界租税制度已然形成渐由间接税中心主义递嬗至直接税中心主义”的趋势,进而勾勒中国的变革蓝图。②

① 孔祥熙:《所得税问题》,杨汝梅:《国民政府财政概况论》,上海:中华书局,1938 年,第 452 页;《孔任政绩交代比较表叙言(1944 年 11 月 26 日)》,刘师舜编著:《邹琳先生之生平:自北伐至抗战胜利服务之第一手数据》,第 112 页。

② 蔡次薛:《我国举办遗产税之意义及其立法精神》,《东方杂志》,卷 35 期 24(1938 年 12 月 16 日),第 13 页;姚企文:《战时所得税(5)》,《银行周报》,卷 22 期 49,第 7 页;朱偰:《所得税发达史》,第 2 页;张白衣:《世界主要国家租税制度概观》,《财政评论》,卷 2 期 2,第 125 页;高秉坊:《近年来我国税制之改革》,《财政评论》,卷 2 期 2(1939 年 8 月),第 20 页;蔡次薛:《我国战时税制的改进》,《东方杂志》,卷 38 期 17(1941 年 8 月 30 日),第 29 页;高秉坊:《当前直接税问题》,《经济汇报》,卷 6 期 7(1942 年 10 月),第 24 页。

进入1940年代后,直接税制度的体系已大致确定,高秉坊十分得意地宣称:“近年来我国税制改革,由创办直接税而至于体系之完成,实最富有积极进取之精神。于二十七年发行国防公债时,指定所得税为还本付息之担保基金,虽属创办伊始之新税,实已肩负抗战建国之重要使命。”他认为,直接税体系既然已经完成,在抗战结束后,只要中国的经济繁荣,建设事业发达,直接税就具有承担中国财政的骨干作用。那么,战前占据中国税收大宗的关、盐、统税三税的地位,会在战后被直接税取代其骨干的地位。①

高氏提出上述乐观的评估,有很大的成分是站在其机关本位来发言的。直接税在抗战期间占税收收入的比重,虽颇有大幅成长,却受限于后方经济条件不足,以致无法取代长期备受倚重的间接税。因此,大后方学界在支持国府推动由“间接税至直接税”的改革过程中,也不忘透过分析间接税的利弊,提出不应撤废间接税,而是应该使直接税与间接税各负其责,展开关于直接税与间接税的利弊与其相互关系的讨论。

二、有关直接税与间接税的利弊讨论

民国时期推动直接税改革的历程中,众多评论以间接税是不公平的恶税,无法因应财政需要而作相应的成长,强调实施直接税的合理性与正当性。一旦国府具有举办直接税的决心,全面实行只是时间早晚而已。② 抗战前夕,关于直接税与间接税二者性质优劣的讨论,曾任财政部所得税筹备委员会特邀研究员的崔敬伯曾有细致分析。崔氏指出,一般认为直接税都是良税,间接税都是恶税,因而推论,只推行间接税而不能实施直接税者,概属落后国家,能够废止间接税而推行直接税者,概属进步国家。从间接税到直接税乃是一种进步,反之则为退步。上述概念只凭印象立论,未必符合事实。直接税与间接税的区别,只在其课税方法不同,二者本质均是赋税。赋税是一种以公共目的为理由,取自个人私有财产或所得的强制分担。事实上,固然有许多间接税确属恶税,许多直接税确属

① 高秉坊:《近年来中央税制之改革与动向》,《财政评论》,卷2期2(1939年8月),第35—40页。

② 陈德容:《所得税暂行条例总则之研究》,《银行周报》,卷20期36,第7页;盛斯谋:《非常时期之我国所得税》,《东方杂志》,卷36期2(1939年1月16日),第31页。

良税，但是也有部分直接税并非良税而属于恶税，同时也有一些间接税不但没有坏影响，反而具有好影响。直接税并非如习见所言那般地，有百利而无一害，它不是良税的例证颇多；就算它是良税，在某些情形下仍有不良之点。相对而言，间接税也不尽属于恶税，不可一概而论。崔敬伯也提醒税务执行者，若因陋就简而迁就事实，直接税绝对无法收到应有良效，反而会产生比间接税还要坏的恶果。这是自清末以来，在一片挞伐间接税的论著之中，首见肯定间接税亦有其作用的评论。[①]

崔敬伯的论著发表之后不到一个月，抗日战争随即爆发。在国府推展直接税制度的抗战时期，陆续出现许多基于实际层面，分析直接税与间接税问题的报道。例如，高汉锹在开战之初的1938年出版战时财政的专著，提出战时国府应该多收直接税，但不能因此忽视间接税。他提出五项理由：第一，间接税可以普遍对大量物品赋课，收入甚多且富弹性，适合战时经济概况。第二，间接税征收手续简易，而直接税初办时调查困难，颇适于战时敏捷的要求。第三，战争对全国人民都有密切关系，全民皆应承担相当战费，而间接税就是课于大众者。第四，间接税在当前世界各国经常岁入仍占重要地位，为国库收入计，亦不能完全放弃。第五，战时过于加重直接税，结果将发生资本外流与逃漏走私。[②] 值得注意的是，高汉锹不同意一般论著所云的间接税一定具有"不富弹力"及"负担不公"的缺点，反而指出直接税有调查与征收不易的困难；若加强开征直接税，反而会加大逃漏税的现象，政府不见得能够得到比过去间接税更丰厚的收入。上述说法，非常符合实际的状况。

在崔敬伯和高汉锹等人的论著发表之后，稍微扭转了以往普遍非难间接税而称颂直接税的失衡现象。学术著作也开始质疑将赋税分为间接税与直接税二类，根本不合实际，批评习见对此二税不正确的刻板印象。例如，李权时提出，法理上所谓的直接税或是间接税，在现实环境中时被推翻。素有直接税代表的所得税，在上海实施时，有不少机关商号应员工之请而增发津贴，作为课税弥补，明

① 崔敬伯：《从间接税到直接税——税制改革之批判与展望》，《国闻周报》，卷14期25，第1—12页。
② 高汉锹：《战时财政与统制经济》，长沙：商务印书馆，1938年，第206页。

显即是转嫁行为。李权时因此主张,应该废用直接税一词,以免造成学理与事实的混淆。担任国民参政会参政员的刘不同,分析二税的利弊得失,认为一般说法将租税分成直接与间接二类实在太过简单。至于二者利弊,直接税与间接税都是人民支付给政府,只不过直接税的强制性较为明显。问题的症结点在于纳税人的心理感受,导致人民宁可负担苛重的间接税,也不愿负担较轻的直接税。①

再就直接税与间接税在战时税政所扮演的角色而言,由于间接税收入比重仍高,评论指出,中国在战时租税改革,虽有从间接税朝向直接税发展的政策,在短期内仍不应偏废间接税。政府应该一方面发展直接税,使其逐渐成为税制重心,另一方面保持间接税,使其税收不但不致减少而可继续增加,补助战时财政的需要。因此,直接税应视社会经济发展的程度,与间接税互相配合。在经济繁荣、人民富裕的国家,租税制度可以着眼于直接税,而在经济衰退、人民贫困的社会,则以间接税为主比较适当。具体而言,直接税可以使税额恰与纳税能力相称,间接税可以使租税负担普遍行于社会各阶层,人人均对国家尽其纳税义务。②

上述意见,基本上再度回到近代中国引介直接税的最初认知。作为西方税制的直接税,其发展历程与资本主义生产模式关系密切,因此,民国时期的论著均提出,中国若要施行直接税,必须具备资本主义已经发展的环境,方具成长空间,这也正是国府奠都南京初期,聘请甘末尔来华考察后,不得不放弃实施直接税改革的理由。抗战时期的中国,是否已经具备经济繁荣的条件?答案是否定的。中国推动直接税改革的历程,有相当大的动力是源于抵御外侮而来的财政需求,中国并未进入工商发展的现代化社会,自然无法得到充裕的直接税税源。在先天不足的条件与环境之下,国府在战时中国发展直接税的成果,虽然可以看到因政治力量的支持而带来的明显成长,但同时也由于经济社会的贫乏,呈现发展上的重重限制。

① 李权时:《税制新论》,《财政评论》,卷 2 期 2(1939 年 8 月),第 5—6 页;刘不同:《直接税与间接税论》,《财政评论》,卷 4 期 3(1940 年 9 月),第 121—129 页。

② 朱偰:《战时租税亟应改进刍议》,《东方杂志》,卷 37 期 20(1940 年 10 月 16 日),第 1 页;马寅初:《财政学与中国财政》,第 149 页。

第三节　战时直接税的税政批评与税政变化

一、舆论对税政的批评

从全面抗战爆发直到战争结束后的复员时期，国府持续推动初见成效的直接税事务，普遍得到舆论界的支持。然而，国府在战时的税务措施，由于必须因应战争情势的现实需求，执行时往往不得不只求多征速缴，经常出现无视公平税制学理的做法。从抗战晚期至国共内战时期，报章舆论中触目可见对于直接税税政的严厉批评，相较于国府在抗战前夕开办新税时的欢迎拥戴与热切期许，直有判若天壤之感。

抗日战事初起，国府撤退后方，工商界在抗日御侮的爱国风潮之下，全力配合财政部推展的税务活动。1939 年底，武汉撤退，财政部命令各普遍征收工商业界的营利事业所得税，在"商人踊跃报缴，征收人员奋力稽征"的情形下，报缴工作进行得十分顺利。结果当年度的税收数目突破 3,000 万元的预算数目，且超收数额达 200 万元之多。国人踊跃纳税表现，自是得到主持税政机关的大加赞扬，但与此同时，民间即诉请政府不应以税额增加为满足，还须注意改善现有税制的缺失，让税务设计更为合理。例如，会计师潘序伦等人在 1939 年间出版《所得税原理及实务》一书即指出，国府在应战压力下仓促开办所得税，现行法规中有不少缺失。其中最重要的是，国府为求快速取得税收，采取"分类所得税"的课税方法。依此规定，若国人无薪资、营利或是利息所得，则不必纳税，此将丧失大批可用税源，如农业收入、租赁所得，或是买卖期货、外汇等金融商品所得。这些项目所得额相当高，国府现因调查不易而未将之纳入课税项目，于是拥有重大所得者未必缴纳税捐，相当不合理，无法发挥所得税理念中最为重要的公平特质。①

① 张保福：《中国所得税论》，上海：正中书局，1947 年，第 35 页；潘序伦、李文杰：《所得税原理及实务》，长沙：商务印书馆，1939 年，第 311—312、320 页。

在抗战后期,大后方各界普遍税负繁重,各地执行开征事务的直接税分局为达到预定的税额,普遍采取查账与告密的方式进行开征,备受批评为苛扰之举。对于民间的批评,直接税主政者亦有所闻。高秉坊在主持1943年的直接税处业务会议中,提及外界批评的声浪,当时民意机关已把过去直接税誉为“君子税”,改为又苛又扰的负面评价。①

同时,论者也批评,中国开办直接税以来,税收数字年有增加,加重纳税义务人负担,但国库并未得到相当的裨益,原因是其征税费用比间接税来得高。这项进步税制,在中国反而成为最不经济的税制。② 上述对于直接税的种种批评,在反映出税制改革理想受到现实环境条件的强烈制约,使税政成效受到质疑,甚至失去原有的支持群众。

二、 简化稽征的税政变化

抗战时期,中国各地的地方税务在保障岁收的考虑之下,不时出现非法勒税和包税的弊端。国府为体察民情,在1943年曾由国民参政会进行实地视察,参政会在报告中提及“人民绝不怨税率之高,而实不堪非法勒税之苦”。国府明知勒税与包征招致民怨,为取得税收而亦别无他法可施。③

“包税”一直被视为是一种落后的财政手段,但在保证税收的压力之下,到了1944年6月以后,连一向标榜是进步合理税制代表的所得税和过分利得税,也放弃“直接征课”做法,而在“简化稽征”的名目掩护之下,采取了类似包税法的措施(简化税征的内容详见第六章说明)。简言之,国府在抗战末期推行简化稽征做法,原是为了筹措不断暴涨战费的权宜措施,工商界人士认为,只要公会摊派认缴固定税款,即可免除税吏如狼似虎的查账麻烦,是值得额手称庆的大事。相对而言,学界则认为此事宣告国府已经完全放弃其在1930年代推动财政兴革时的税政理想。不过,此时税政主政者并未完全承认已经放弃直接税的理念,战争

① 《卅二年第六届业务会议(1943年12月22日)》,《新税历程》,第37页。

② 马寅初:《财政学与中国财政》,第151页。

③ 《建议会长检讨管制物价方法予以改善并加强意见书同时报告大会请公鉴》,国民参政会经济动员策进会秘书处编印:《国民参政会经济动员策进会工作报告》,出版地不详,1943年,第4页。

结束后的复员时期，政府重新在收复地区继续推动直接税活动。

1946年间，国府首先在上海等大城市征课直接税。然而，复员伊始，各地纷以历经战乱破坏，工商残破，要求减免税负，直接税的收入极为有限。1947年初，经过短暂的停战阶段，国共内战又一触即发，社会与经济情势动荡不安。财政部认为，欲安定金融必须增加税收，而增加税收的最直接与有效之法是直接税，国府于是决定在各重要城市恢复以查账方式进行征课。查账征课的决议一出，立刻引起上海商界及参议会的反对，要求改采抗战末期实施过的简化稽征法，以取代查账法。同年6月30日，直接税署邀请工商界及学术界代表参加座谈会，听取各方对于简化稽征或是查账计税的意见。学界大多认为简化稽征已迹近摊派，如果公会组织健全，执行公允，尚可推行，但许多商人没有参加公会组织，简化稽征法即无法推行。不过，也有意见认为，由于各同业公会对于各会员营业情形比较清楚，实施简化稽征要比查账来得公平。①

经过商讨之后，国府最后仍决定在上海市等地继续实施简化稽征法。部分抱持税政改革理想的人士，对国府的决定大失所望，在期刊报纸上批评复员以来的直接税纷乱情况。论者指出，所得税是工商界的重担，不但有所得者负担重税，连亏损者也要承担重税，随处可见查账人员和税吏贪污的苛扰报道。检讨直接税的发展过程，中国在制定直接税各项法规时，缺乏现成经验可资参考，必须借镜欧美税法成例，包括关于登记、申报、调查和计算的相关规定，手续复杂，表格繁多，一般人民很难了解，结果皇皇法令形同具文，侧重理想而不切实际。而且，财政体系的进步，不能只靠改良财政本身，而是需要配合工商业经济社会的发展，故财政进步的关键不在财政本身，而在于经济条件。②

1948年中，王云五接替俞鸿钧担任财政部长，宣布以“开源节流”为理财政策，“开源”指新开岁入来源及“整顿税收”，而“整顿税收”即为提高税率。财政部对国府提出报告，估计此年下半年关税将为70万亿，而直接税为30万亿。一般

---

① 秦庆钧：《直接税与安定金融》，财政部广东区直接税局广州分局数据室编印，《广州直接税月报》，期2(1947年2月28日)，第5页；《直接税署所得税座谈会纪录》(1947年6月30日)，《中华民国工商税收史料选编》，第四辑，第1557—1561页。

② 夏高波：《我国所得税法往何处去？中篇》，《公信会计月刊》，卷11期5(1947年11月15日)，第104—105页；马寅初：《财政学与中国财政》，第148、161页。

认为,提高关税和货物税将直接影响物价,加速通货膨胀,但提高直接税的税率则无此顾虑。然而,财政部也自承,缺乏足以妥善执行此税的行政组织和训练有素的官员,以致执行成效大打折扣。[①]

至1948年7月21日,政府为因应内战紧张情势,调整财政税务机关,将直接税署与掌理货物出厂税的税务署合并,成立国税署。直接税的实质征税活动虽仍持续进行,但是"直接税"一词自此步下历史舞台。国府此时整并二税务机关,希望透过抗战时期因征收所得税与利得税,累积的税籍资料作为基础,再配合各地工厂驻厂人员的验货抽查,掌握工商界的实际营业和营利情形,以达到"收税快而征税多"的目标。[②] 税收以多而快为准则,当然是希望其能够实时提供政府的燃眉所需,而欲达此目的,除与工商界团体进行协商之外,别无他途可循,此时已无法坚持所谓的税制理想。国府历时20年的直接税改革,最后屈服于战乱环境的现实制约。

小结

为改善传统中国的财政体系,国府在全面抗战爆发前夕尝试推动直接税制度,冀望以现代化的税制增加税收,达成建设国家之目的。全面抗战爆发后,东南半壁富庶地区沦陷,政府丧失关税、盐税和统税的财源大宗,开发税源成为当务之急,直接税受到政府高度重视,陆续开办包括所得、利得、营业、遗产、印花等五项直接税项目。

国府在推展各项直接税制度时,从现实面力言当时财政收入以间接税为大宗,为因应国家需求,必须开办直接税。相对而言,学界肯定直接税对筹措战时税源的角色,并且强调直接税制度具有开创合理公平的改良税制的作用;经由直

---

① 《F. Chang函宋子文(1948年6月28日)》,T. V. Soong Papers, Box 36, Folder 2 (Declassified material), "Chang, F., 1948".

② 《财政部长王云五在立法院第二会期第一次秘密会议上关于预算平衡问题的报告》(1948年9月10日),中国第二历史档案馆编:《中华民国档案资料汇编》第五辑第三编《财政经济(一)》,南京:江苏古籍出版社,2000年,第421页。

接税制度的广泛实施,将可顺利解决传统赋税负担不公的现象,因而支持国府推动直接税改革,形成“由间接税至直接税”的发展趋势。

抗战初期,在各方受御侮建国的激励下而引发许多关于直接税的丰富论述,证明了清末以来推动40年的直接税制度理念,至此已为人民所广泛接受。国府骤失沿海充沛税源的情境之下,直接税占战时财政收入的比重虽有成长,然而却始终受限于大后方经济条件贫乏,仍然无法取代间接税的地位;此使得学界在支持国府推动直接税改革过程中,提出不应偏废间接税,由直接税与间接税各负其责的看法,展开对于直接税与间接税的利弊与其相互关系的论述。近代中国推动直接税改革的历程,有相当大的动力是源于应付外侮的财政需求,中国当时并未进入工商发展的现代化社会,自然无法得到充裕的直接税税源。在战时经济社会的环境影响之下,国府发展直接税受到重重限制,无法提供财政太多的实质帮助。

由于抗战时期至国共内战时期庞大经费需索的压力,直接税成为满足财政收入的一项手段,但稽征方式被批评苛扰,令它失去学理方面的拥护者。社会舆论从初办时的热烈拥护,转向为主张租税制度须与国家的经济条件与社会环境相配合,方不致因陈义过高而遭到失败的命运。由是观之,直接税制度对于税制改革所发挥的实质作用相当有限;然而,战时国府透过直接税制度以达到扩大税基的目标,仍是中国近代租税发展史上不容忽视的一项事实。

第二部

裁厘运动与税政改革

第三章　民初财政与裁厘加税运动

第一节　民国初建时的财政规划

一、 政局变迁与财政规划

民国初建时期的财政规划情况及税政改革历程，与政局的稳定与否密切相关。从1912年清廷易鼎至1928年东北易帜，只有袁世凯掌政时政局相对安定，财政部根据“划税设厅”政策的指导，在各省设置国税厅，统一财政权，企图将清代由地方解款的模式，逐渐改变成为中央直接征税的近代财政体系。[①] 同时，袁世凯时期主持财政者如熊希龄及周学熙二人，亟思透过整理税制，走出财政的新格局。在1913年出炉的《国家税与地方税法》草案中，以中央集权为骨干，虽被时人曾以其有碍地方自治发达而表达反对的意见，而且该项草案也因袁世凯解散国会而未获通过，但1913年的预算编制业已以此为准则。[②] 袁氏帝制活动失败身亡，民国进入军阀各立山头的北洋政府时期，政权纷扰不安，影响所及，作为

---

① 金子肇：《袁世凯政权の地方财政机构改革》，《历史学研究》，号723(1999年5月)，第1—16页。

② 《各省财政概况鸟瞰》，申报年鉴社编印，《第二次申报年鉴》，上海：申报馆，1934年，G23。

国家施政基础的财政体系，由于决策者的快速更迭，始终无法形成一套可资依循的制度，整理税制的主张成为空想。

政局动荡之中，仍然有一些政府官员试图为新的政权规划可资长治的财政体系，周学熙及熊希龄即是其中要角。熊希龄及周学熙二人在袁世凯主政期间，轮流担任财政总长，负责规划财政，然而，在袁的强势统治之下，财政总长能够发挥的空间，事实上受到极大限制。1912 年 9 月，周学熙出席临时参议院报告整理财政方针，被视为是政权转移之后首度的政策宣示，但周在次年 5 月间，即因大借款案而辞职，政策未及付诸实施。1913 年 9 月 11 日，熊希龄组阁并兼任财政总长，任内勤于议事，发布各项政策、方针与条例，亦因无法落实，遭时人讥称为“条例内阁”。[①] 不过，从民国初年提出的理财言论，仍然则呈现出对于清代旧制的检讨，以及对新政权的期许，在某种程度上，可以说是代表了部分政府菁英对于国家财政的理想，而这些理想，日后在国民政府主政之后亦被多所取用。为阐明近代中国主政者在财政理念上的延续及变化，在此仍有叙述的必要。

1912 年初，周学熙以财政首长身分出席临时参议院，并提出施政报告。他主张划分国家与地方税源，国家税的标准是“税源普及于全国，或有国际之关系，而性质确实可靠，能得巨额之收入者”；相对而言，地方税则是“税源多囿于一定之区域，不含有国际之关系，其性质虽亦确实，而收入额比较的稍少者”[②]。参议院会议召开期间，各地议员竞相提出议案，交付讨论及议决后，提出法案，形成政府的施政目标。政权更迭之后，秉持清末社会革命理想者颇不乏人，部分具有革命色彩的地方军政大员，为了表达其对利益攸关的财源问题的关心，也纷纷向国务院递送咨函。一时之间，代表不同立场的言论众相纷陈，会后国务院汇整这些具有革新气象的建言，编集为《各方条陈整理财政吏政等意见书》，以提供研拟政策时的参考之用。

这些记录大多集中于如何改良税制和筹集税收的实务层次，即一方面开创直接税，一方面设法裁厘加税，为其主要讨论焦点。主事部会及一般国人均深切

① 贾士毅:《民国财政史》上册，上海：商务印书馆，1917 年，第 134—180 页；贾士毅，《民国初年的几任财政总长》，台北：传记文学出版社，1985 年版，第 14—15 页。

② 贾士毅:《民国财政史》上册，第 140—142 页。

了解，裁厘加税必须国际交涉，外交折冲旷日废时，不一定能够为财政困窘迫在眉睫的中国带来立即加税的挹注，故务实的做法还是要借调整国内的税政项目，以达到增加岁入的目标。

以吉林都督陈昭常提出的意见书，说明国人在民国初建时期所能设想的各种国内新税目。选取此份意见书的原因，在于他的意见是众多陈议之中铺陈得最清楚，所提方案也是看来最具有可行性者。陈昭常指出，民国草创，库储如洗，国家建设千头万绪，为尽速取得巨款以应新政，许多军政要员承袭前清经验而有举借外债的主张，但借债可暂不可常，根本之计仍须整理财政。接着，他反驳一般人认为中国已经民穷财尽，纵然整理财政亦无济于事的论调，理由是中国人民固然普遍贫困，却仍有部分的富人拥有雄厚纳税实力而未被课征，若能采用使富者负担重而贫者负担轻的税收政策，不但可使国库增加巨额收入，同时可达到调和贫富悬殊的作用，如此方符合共和体制之下，全国人民享受同等权利，亦承担公平义务的时代精神。

陈昭常根据西方税制先例，列举了九种可能的新税目，包括：戒奢税（如宴筵税、马车税、珠玉器皿税）、去毒税（如酒税、烟税、吗啡税）、警惰税（如俱乐部税）、玩物税（如骨牌税、球台击税）、征富税（如财产税、资本利息税、遗产税）、意外利益税（如德国和英国的地价差增税）、独占产业税（对经营铁路、矿山、森林、电报、电话、电灯、电车、自来水者课征）、经持人道税（对使用婢仆者课征）、恩及禽兽税（如畜犬税、养莺税）。他主张在这些税目实施累进税率，使大部分租税归于巨富者负担以调剂盈虚。上述新税目，无一不是针对富有赀财者而设，特别是直接定名为“征富税”者，其税目意蕴时提出显示，此税是直接对于坐拥丰厚财产资本而具有纳税实力者进行征课。陈氏强调，这些对富者征税的内容与一般间接税不同，在世界各国早已实施，符合世界税政潮流，适用国家理财之需。① 当然，从事后的结果看来，陈昭常的建议并未获用性，民初政府以借外债为财政支柱，整理国内税务亦成为空言。

---

① 《国务院交财政部文（交字第26号，1912年9月18日）》，财政部档案（南京），档号1027/42，《各方条陈整理财政吏政等意见书（四）》。

从1912年底至1913年11月间，中国经历了国会选举、宋教仁被刺案、大借款案、二次革命、袁世凯当选总统、国会制定宪法、袁世凯解散国民党，以及国会最终因不足法定人数而无形消散等重大政治事件。在这一年间，财政及税务亦因政局动荡而难有作为，这可以从1913年10月份的工作报告之中略知梗概。财政部的这份报告分为两大部分：一是裁厘加税问题的工作进度，一是订定国家新税制。在裁厘加税部分，外交部根据财政部税务司提出的意见，把裁厘加税与修改税则（要求实施值百抽五的税率），划分成为独立进行的两件事，提议先修改税则，后再进行裁厘加税交涉。国外舆论对于裁厘加税问题并没有太大的反对声浪，但此事须经过外交协商，进行相当迟滞。在订定国家税制部分，财政部将国务院交办的十余种新税目起草税法，送交国会，建议选择“无弊而易办”者先行筹办，待国会议决之后即可推行，其中要目如通行税、营业税和宅用地税。① 两大理财要政，依然停留于纸上作业阶段，尚未能有具体成效可言。

1915年周学熙再度担任财政总长，主持制订《整理财政总计划书》，厘订财政制度，学界公认，嗣后国民政府进行的税政体制改革理念均源于此。② 然而，此时袁世凯的帝制活动汇聚了世界的目光，国内军政人员相继卷进赞成帝制或捍卫共和的政治斗争，国家施政的相关议题，在帝制风暴之下相形失色。至1916年4月，周学熙以辞职表示反对帝制，宏大的整理财政计划延宕了12年之后，才由南京国民政府逐步付诸实施。因此，要说明贯穿整个民国时期的税政改革理念，势必要从周学熙的整理财政计划开始。

二、 周学熙的整理财政计划与税政理念

1915年，财政部在周学熙主持之下，先后提出《整理财政各项法规意见书》及《整理财政总计划书》。③ 其中，《整理财政各项法规意见书》偏向于学理上的

① 《财政部赋税司1913年10月分工作报告摘要》，江苏省中华民国工商税收史编写组、中国第二历史档案馆编：《中华民国工商税收史料选编》第一辑《综合类》，南京：南京大学出版社，1996年，第1659页。

② 胡光麃：《周学熙一生的业绩》，贾士毅：《民国初年的几任财政总长》，第118页；郝庆元：《周学熙与民国初年的税制改革》，《天津社会科学》，1990年第1期，第67页。

③ 财政部档案（南京），档号1027(2)/15，《财政部关于整理财政各项法规意见书》；财政部档案（南京），档号1027(2)/14，《整理财政总计划书》。

阐释,《整理财政总计划书》则是实际的税务项目。现即根据此二份文书,整理其中与租税制度相关的部分内容,借以说明周学熙的税政理念。

周学熙在《整理财政各项法规意见书》中首先指出,传统中国租税体制有“素鲜专章,名目纷繁”之弊,现在民国建立,为求一新气象,应摒除积习,依据国情,统合租税组织,务使人民负担咸得其平而又有益于国。周氏总结清末租税理念的论述,将纷繁的租税名目有系统地统合组织起来,提出税制大体上可分为直接税与间接税两大类,同时还有行为税可以作为两大税类的补充。直接税是对人民财产的收入与承继的赋课,负担偏于富者;间接税是对人民财产消费的赋课,普及于齐民;行为税则是在人民财政转移时赋课,可补直接税、间接税之不足,大半为富者所负担。三种租税征收标准及纳税主体不同,应该在三者并行之中,根据轻重缓急适当运用,才能达到普及租税负担的作用与良好的财政效果。

周氏认为,从历史演进与外国经验看来,中国应兼重间接税与直接税。世界各国因国用浩繁,往往因间接税征收手续方便,不断增加税目与税率以益国库收入,间接税的收入占国家岁入的比例极大,但是先进国家理财家均认为,间接税负担及于一般平民,国家税额愈增则小民负担愈重。为了达到税负均衡目标,各国逐渐运用增收直接税,例如所得税、财产税、遗产税等作为补助,推行渐广,并以行为税介于二者之间为之调剂。世界潮流既以直接税与间接税相辅而行,中国亦应兼重间接税与直接税。

落实在执行层面上,周氏根据对国外税制的了解,提出世界各国的直接税项目以所得税及收益税(包括田赋、家产、宅地、营业、利息所得等税)两项最为重要,二者均取自人民收入,税源稳定。其次为财产税、遗产税及特许税,这三项为特定时期取得的税目,税源不稳定。中国如欲从外国借取税务经验,首先应了解各国税政实施现况与效果,再作评估。例如,同样实行直接税制度,英国主要实施者为所得税,普鲁士以收益税与财产税为主,至于法国、俄国、奥地利、意大利及日本等国,则以收益税为主。

对于各国税政概况,周氏评断:所得税系对人赋课,收益税系对物赋课。就税政理念上,所得税固然优于收益税,然仍须视国情而定。推行所得税成绩最好的英国与德国等国,均是人民富力充盈,征收机关完备,故能行之无弊,俄国则尚未能施行;至于奥地利、意大利和日本等国则以收益税为大宗,近时渐采所得税,但尚未有明显的成效可言。其次，周氏分析世界各国的间接税现况，认为此项税目不应过多，否则将有碍民生，此以而在国内备受批评的厘金正是其中为害至大者。最后，周氏再就行为税方面，说明此项税目可以分为不动产移转税、动产移转税、土地增价税数种，其征收方法有印花、登录、交易所建筑地等税目类税目在运用上具有直接税和间接税的补助性质，纳税范围不宜过广，赋课税率不宜过高，以免发生阻碍交易之弊。

历述世界各国税政概况之后，周学熙指出，传统中国的直接税以田赋为主，间接税以盐款为主；清代中叶以后，关税、厘金及各种消费税相继增加，至民国建立时财政已形成间接税收入超过直接税两倍之多的现象。周氏主张，政府将来改革租税制度时，应分别从四个方向来进行改革。首先，中国现行的税制设计，间接税过重而又普及于一般消费品，人民负担税额与能力不成比例，贫者过重，富者反轻，有失租税公平原则。今后应整理间接税税目，去除中饱，酌加直接税比例，期使税则平均。其次，直接税负担只限于地主收入，房主与资本家均无赋课，与各国先例不合。当工商渐次发达，应筹划增设家屋税、营业税及利息税，以免错失重大财源。所得税因行政机关尚未成立，一时难以推广，且若同时征课田赋与所得税，恐过于烦苛，不妨采用奥地利与意大利等国先例，以“特种所得税”项目来征课官吏、议员、医生、律师、教员、店员、工人等职业所得，再求渐次推广。遗产税在西欧各国为收入大宗，中国巨富较少，即有遗产又采诸子均分制度，难以骤增税额，只要施行而不扰民，可望稍资挹注。再次，间接税之中，关税部分税目品类过滥，税率过轻，不但无法畅旺收入，亦无法保护本国产业。盐税几经整理之后，成绩颇着，虽非良税，因人民纳税习惯已成，不妨沿用。至于货物税、正杂各税及正杂各捐这三项目，各省税则不同，税制极为混乱，应该缩小征税范围，制定统一征收方法，以求逐步废除现行厘金制度。最后，在行为税部分，契税为不动产移转税，印花税为动产移转税，契税因税率重而施行时久，收额甚多，印花税甫经创设，责成各省认额包收，收额尚微。动产移转税税率甚轻，不动产移转税税率甚重，应酌增其率以剂其平。

周学熙提出上述四项改革税制要点之后，乐观地评估，只要渐次实施，要达到税政革新目标并非难事。他将改革税制要点送交国务院，国务院支持周氏的理念，研拟各项税目筹办原则，包括筹办所得税及遗产税，整顿印花税。其中，所得税以办理一般所得税为目标，以符公平原则；遗产税采取最轻累进法，以利推行，谋求可观收入；整顿印花税方面，则以此税仿办未久，商民尚多隐漏，故须参酌各省情形，于重要都市设立印花税专处，督促实行贴用，令商绅倡导税法，辅以巡警检查，以期畅旺。然而，上述税政改革的筹划原则，不久也随着周学熙的去职而束诸高阁。

三、 北洋时期的财政困境

民国肇始，租税多承清制，1912 年 11 月公布国家税及地方税草案，准备推行国家地方两税划分的体制，然因议会风波迭起，法案终难成立。1915 年间，中央政府将清代实施的解款制度与原先规划的国地两税划分制度，折衷设计为“专款制度”，规定以印花税、烟酒牌照税、烟酒税（附加税）、验契税、契税（附加税）等税目为中央专款，地方政府征收此税之后必须解交中央政府。1923 年 12 月间虽曾公布宪法，在宪法 23 条及 25 条规定统一全国税制，厘清国家税与地方税界限，取消中央专款名称，旋因政变而未及实施，整个北洋政府时期依然袭用解款旧习。①

北洋时期由于各地军阀割据，地方形成财政独立之势。政变连年不绝，中央号令不行，而政府更迭的主要原因即是出于财政困窘。以 1919 年为例，政府预算从各省取得列名于“中央专款”项目下的收入额为 4,700 万元，但因各省截留，实收印花税 200 万元和烟酒税 600 万元，合计 800 万元，只达到六分之一强的目标。最稳定的中央财源是关余，每月所得约 150 万元，然而政费即需 250 万元，时见寅吃卯粮窘状，欠发政府官员薪俸的现象更是层出不穷。中央政府财政不安，在位者不时深惧国家有破产之虞，民间社会则自由发展，金融界出现滥设银行钱号机构的不健全情势。有识者明言，若未能妥善处理，将来有演变成大恐慌之趋势。②

1923 年间，财政整理委员会会长颜惠庆和财政总长王克敏，先后对于国家财政困境提出解决方策。此年 8 月，颜惠庆在北京召开财政整理委员会，筹议整理内外

① 中国租税研究会印行，《中国租税史略》（无出版资料），第 9 页。

② 东洋协会特别调查部报告第二辑，《紊乱せる支那の财政と现状债务整理问题》（1931 年），第 3 页；西川喜一：《支那经济综揽（2）：财政金融と关税制度》，上海：日本堂书店，1922 年发行，1925 年三版，第 5、51 页；东方通信社调查部：《支那财政难の现状》，东京：东方通信社，1922 年，第 9 页。

债并清算本息,引起国内外债权人的注意。委员会提出首先须整理债务,对内外债务及岁出定出应急办法;其次求收支平衡,明定中央与地方的收支范围;再次是区别国税及地方税,视将来需要再作根本整理。根据上述理念,是年 12 月 10 日,王克敏在国务院召集各省代表 20 余人,举行全国财政会议,决议四项整理财政的具体办法:一是整理债务,变短期为长期,变高利为低利;二是尽速召开关税特别会议,实现二分五厘附加税征收;三是整理关余,估计每年约可增收 2,000 万元;四是明定中央与地方的收入支出。上述决议,最终仍因政府不具备执行能力,成为决而未行的空想。①

到了 1925 年,北洋政府的财政日益吃紧,中央估计所需政务费用每月约 260 万元,军费约 140 万元,而最稳定的税源只有崇文门的税收,每月不过 20 万元,远远不敷需求。担任审计院顾问一职的宝道(G. Padoux),在 9 月 12 日发表《整理无抵押债务兼筹国家行政经费意见书》,主张中国政府为增加国费,应该凭借举行关税特别会议,实施二分五厘附加税;同时整理印花税,如能对在华洋人开征此税,估计洋人数目 20 万,每人每年以 2 元至 3 元为度,再对国人的贴用情况加以改良扩张,则印花税收入每年可达 300 万。中国应以关税附加税和印花税的收入,在两年内处理严重的国债问题,以免国家破产。②

北洋政府的执政者对于旷日废时的税政改革,并无太高的兴趣。为及时汲取财政收入,将税政目标转向于进行可能快速获得成效的裁厘加税活动,试图借裁厘加税案的进展,改善财政入不敷出的困境。

第二节 民初政权对裁厘加税案的筹议

一、民国初年裁厘加税案的筹议

清末的裁厘加税之议,在民国成立后屡受关注,其原始动机在于利用调整税

---

① 曾镕浦:《财政整理会经过情形报告书》,出版地不详,1929 年,第 1 页;外务省情报部:《支那情报》,第八辑,财政整理问题(1924 年 3 月 15 日)。

② 三菱合资会社资料课:《支那の财政整理に关する意见书》,1925 年,第 3、7、9、30 页。

制的契机，达到增加税收目的，之后的发展则受到民族主义的激励，逐步成为争取关税自主的活动。

辛亥革命不久，南京临时政府的工商部在宋教仁的主持之下，召开工商会议，各地代表纷纷发言提出运用裁厘加税为手段，以改善国内的工商环境。会议之中检讨清代无法实行加税免厘的因素，主要是中国的海关岁入必须抵偿庚子赔款及外债，地方各省均仰赖厘金为行政费用命脉，遍地厘局税吏均因攸关自身利益而全力抗争。当然，最重要的关键，仍然在于如何弥补裁厘之后随即出现的岁入损失。

根据清末的统计数字，厘金岁入约为 4,300 万两，占全国岁入额的七分之一，大多由各省自收自用。若遽然裁撤，却无相当收入可资支应，地方政府骤失巨款，势必以行政困难为由而群起反对。再者，厘金亦为抵偿对外赔款的保证之一，列国为保债权，亦势必要求抵偿款项。至于如何取得足以与厘金相当的抵偿款项，与列强进行增加海关税率的交涉当然是最直接的方法。据估计，在保留子口税制的状况之下，只要将进口税项每个项目均增加千分之一的税率，每年即可增加 4,000 万两的收入，几乎与厘金的 4,300 万之数相埒。由于对外交涉加税问题，事实上并不容易办到，于是又有代替方案提出，即设法调整海关征税手续。依照协议关税税率，中国海关可对洋货课征 5%的关税，不过，长期以来，并非所有货物均以最高税率来开征，若能调整海关税则，提高税率，估计关税岁入可增加一倍，即使不必加税亦已不啻加税。

参与会议的代表认为，增加关税与调整海关税则二事均须与外国进行交涉。民国虽已成立，尚未取得各国承认，条约能否修改，实无把握，只能作为未来增加收入的参考。除了在岁入大宗的关税项下设法之外，亦应规划国内税制，开拓税源。其中要者，如素有“最为均匀贫富之极良税法”美誉的所得税，以及对工商业者课征营业税，二者之中又以营业税最有希望。营业税须以营业额为标准，中国对工商业者的调查虽然极不精确，此时可以暂用人口比例来估计营业额，以全国人口 4 亿人计算，假定每人日用所需与国内工商界营业额有关系者平均为 20 两，则国内工商界营业额应不少于 80 亿两，税率订为千分之五，每年可得 4,000

万元,也与抵补厘金之数相差无几。①

对于工商会议提出的国内开办所得税或营业税的建议,财政部在 1913 年间征询各省财政厅的看法。地方政府的反应是,在民力困乏的情境下,所得税并无课税空间,应以开办商业税性质的营业税为宜。地方也认为工商会议所提依营业额为开征标准并不实际,因为官府绝对没有充足人力来进行调查工作,不如采取传统商税中的登记营业执照的办法较为实际。综合来自地方的意见,无论将来是否能实行加税,向为收入大宗的厘金一旦裁废,若不预筹抵补,必定骤失巨额财源。如果能够举办普通商业税,视营业额大小,定为上、中、下三等九则,注册给照,按期纳税,规定不纳税者不准开设。以全国 1,700 余县,每县以 500 户,每户每年分摊税额以 24 元计算,所得即超过 2,000 万元,若调查精确,更不止此数。商人只要在领照后,每年缴交固定税额,即可免除局卡盘查留难,必定欣然接受。征收标准可以根据货物出入与资本多寡,依照比例课税,手工业得免其税,趸集大宗货物者得酌增,烟酒牙当原有牌照税者另订办法。如此一来,即使在短期之内无法进行修改关税税则交涉,即可达到"商人担负可轻、货物价值可平、人民生计可裕、国家岁入可增"的四大目标。② 此一建议得到财政部的认可,积极规划预订于 1914 年付诸实施。

财政部为筹划进行裁厘加税事务,设置"改良关税委员会"。这个委员会赞同前一年召开的工商会议的结论,认为若欲裁厘,必须先妥善筹划抵补,并以本国货物的出厂税与销场税为宜。这两个税目是否能够抵免厘金的收入,必须事先切实调查,否则流于空言而终难实行。清末各省征收厘金的数额及征收方法均不同,为做好调查工作,财政部行文各省政府,要求查报境内厘金的种类、项目、局卡、定章;同时,工商部也行文各省政府,要求调查省内出产物品种类和出产价值,列表详报。透过财政及经济的双重考察,比较裁厘前后的盈亏状况,再来考虑如何改良税政。

政府除了设法取得国内可资抵补的税源项目外,还要继续加强进行与列强

---

① 《工商部函外交部,(地字第 4868 号,1912 年 5 月 21 日)》,外交部档案,档号 03-19-024-01-006,《去年工商会议提议实行免厘加税一案函送核办由》。

② 财政部档案(南京),档号 1027/102,《河南财政厅长关于拟举商业税为裁厘之抵补意见书》。

交涉加税的努力。改良关税委员会指出，自辛丑议和以来，海关在进口洋货及出口土货的程序，实行子口单三联单办法。实施之后，洋货进口纳一正税，运入内地再纳半税，总计纳税 7.5%，土货出洋也比照纳税 7.5%的方案办理，之后豁免一切厘捐。如此一来，列强取得免厘的实质好处，对于原先在 1902 年《马凯条约》所规划的裁厘加税，自后即绝口不提，采取延宕政策，清政府对此一转变亦莫可奈何。在辛亥革命政权转移之后，趁着世界各国已经承认民国政府的契机，建议应该由外交部立即向各国驻京各使重行提议修约事宜。①

对于中国官民讨论修改关税条约，以其所增收入作为裁厘基础，列国对于条约的认知是，如果中国政府能够全行废止厘金，可得其同意增加税率，最大限度为 12.5%。换言之，中国政府必须先勉力废厘，才能提议修约。②

1914 年初，财政部向国务院提出裁厘加税的咨文。主张“欲获加税之利，必以裁厘为先决问题”，政府在政权初立之时，若能率先裁厘，在政治上将产生五大利益：

> 一、现因经济不安，银根奇紧，百货停销，若能尽裁厘卡，蠲免国货出口之厘金，俾减轻成本，奖励输出，可借以吸收外资，疏通国内金融。
>
> 二、厘卡既裁，则洋货营销内地无留难之苦，依条约规定，吾国即可对进口洋货征收在现行值百抽五正税外，再加抽百分之七点五，总计为值百抽十二五(12.5%)，并以海关进口增加的税收抵补厘金的损失，绰有余裕，减轻本国商民长久以来的沉重负担。
>
> 三、厘金具有通过税性质，足以遏抑国内产业发达，我国厘卡重征土货，阻其销路，实为恶税之尤，今毅然废止，则全国生产事业可期发达。
>
> 四、吾国租税向无系统，时见缘物起例，遇事加征，税目繁多，税负愈失公平之旨，厘金即为其中着例。若能于此时废除通过税恶税，推行良税，可使完备的租税系统就此成立。

① 财政部档案(南京)，档号 1027(2)/40，《关税改良委员会办事细则附提供免厘税意见书(1913 年)》。

②《国务院译件(1913 年 10 月 31 日，地字第 11770 号)》，外交部档案，档号 03－46－021－03，《国务院译报——论中国财政与税则诸问题》。

五、吾国内地因层层设卡，处处抽厘，造成交通不便，市场萧条，若能裁撤厘卡，则各地货物自由运输，僻陋商场亦可变更为繁盛之域。①

国务院决议采纳财政部的提案，下令各省试办开征土货出厂税及销场税，作为未来进行裁厘的准备。

中央政府下令开办出厂税及销场税之后，率先实施改革者为江苏省的苏属部分地区。江苏省在清末征收厘金的情形是，以沪宁铁路为主轴，将全路划分为9区，每区征收1.5％货价的税率，货品若经过全路须纳13.5％的厘金额。实施改革之后，废除九区制度，税率减低为值百抽二，一分抽于产地，一分抽于销地。由其他省份入境的货物，规定其第一道税纳于首卡，第二道税纳于目的地；若目的地在外省，则第二道纳于出省时的末卡；至若货物之产销两地皆不在苏省，则向进省及出省时的两个厘卡纳税，共计二道。不过，这项新法并不适用于宁属地区。②

江苏省试办取代厘金的出厂税及销场税，具有相当浓厚的政治及外交宣传意义，目的在彰显中国政府不仅具有决心，也有具体办法来执行裁撤厘金的困难任务。但是，两税收入合计税收额不到原厘金收入额的六分之一，让江苏省政府不得不向中央政府反映，省务已陷于停顿，希望能够恢复厘金旧制。中央政府批驳江苏省政府的要求，理由是厘金短绌的原因很多，最主要者是过去为货物遇卡抽厘，现在仅征产销税一道，厘课减为八成。如果为了增加收入，又将苏属产销税恢复厘金制度，不但失信于商民，更让外人借为口实，愈发不能收到加税之数。③ 从中央政府顾虑外人得到不允加税的口实这一点看来，可以说，民初江苏省的裁厘工作是裁给外国人看的。中央政府希望地方勉为其难暂时应付，等到列强面对中国确有业已实行裁厘的事实，必须履行其增加关税的承诺，政府即可

---

①《财政部咨请国务院会议加税裁厘文》，财政部档案（南京），档号1027(2)/252，《关于裁厘加税文件(1914—1925年)》。

②《中国之厘金弊制》(《申报》，1922年3月26日及4月2日连载)，江苏省中华民国工商税收史编写组、中国第二历史档案馆编:《中华民国工商税收史料选编》，第三辑，南京：南京大学出版社，1996年，第83页。

③《整理赋税拟增约数原册所列各项》(1914年6、7月间)，《中华民国工商税收史料选编》，第一辑，第586页;《贾士毅致吴廷燮函》(1914年7月30日)，《中华民国工商税收史料选编》，第一辑，第586—587页。

由关税获取大量财政挹注，再用以补充地方财源。裁厘加税一举成功，也就能够为改朝换代后的新中国奠定良好的财政基础。

中央政府的裁厘加税打算，由于内政动荡，迟迟不见列强给予正面的响应。地方政府无法忍耐长期的税源短缺困境，纷纷回复厘金旧制。不过，各地政府在重行厘金体制时均稍作调整，借以宣示改革前清厘金制度弊端。例如，江苏省在抽收厘金时，仍然维持其在捐票上加盖"产地""销场"等字样的作法，名义上只收两次，但实际上货物通过各地厘卡时则频见征收。① 又如，福建省亦在此次的改革风潮中裁撤厘金，改为商捐，随即于1914年3月重新恢复厘金制度，但规定复活之后的厘金必须加以三项革新措施，包括：

一，重新厘定百货价值，理由是现行厘金课税标准，仍然沿袭前清咸同旧制，数十年前物价低贱，应依据商情，调查货物价格后重新厘订，税收方能畅旺。

二，采用商包办法，商人承办后饬缴保证金及遵办书，如征收不足，即以其保证金抵补。

三，简化征收手续，节省征收经费。②

嗣后，各省纷纷取法此次福建省的厘金规划，成为民国厘金制度的通则。

中央政府希望地方政府配合裁厘，达到向外国要求谈判加税的企图，在未获国际响应及地方配合之下，仍旧回到原点。同时，民间商会团体也纷纷上书，要求政府应勠力对外交涉，而不只是对内要求。地方上的意见主张，政府应以向列强交涉为正途，致力于修改海关进口税与减轻土货出口税，若一味对国内征收赋税作为裁厘抵补，只会加重国内工商界的负担。财政部认为民间的诉求过于一厢情愿，全未考虑到免厘加税关系国际交涉，在相关国家未能赞同的现实条件之下，不能增加关税，即不能减免厘金，事势相因，无法片面解决。③ 究竟是应该先进行国内裁厘活动，或者是先进行国际加税交涉，官民各有立场，双方也都明白这是一个互为因果的两难命题。1915年8月间，中华国货维持会在其致财政总

---

① 《工商部函外交部(地字第4868号，1912年5月21日)》，外交部档案，档号03-19-024-01-006，《去年工商会议提议实行免厘加税一案函送核办由》。

② 《许世英关于整顿税收呈(1915年5月23日)》，《中华民国工商税收史料选编》，第一辑，第600—601页。

③ 《财政部咨财政部(元字第8437号，1914年6月25日)》，外交部档案，档号03-19-035-02-001，《商会联合呈请免厘加税办法各节现难实行将来不无可采》。

长的呈文中说:“以条约言,裁厘为加税之前提;以收入言,加税实裁厘之张本”,适切指出两者的关系。①

就官方立场而言,先在国内办裁厘,增强对外交涉的谈判筹码,日后在进行外交协商时,可以据理力争应有的权益。官方与民间的立场歧异,最后是在袁大总统的裁示之下,决定先在国内推动裁厘改革,之后再进行外交谈判加税的先后次序。袁世凯赞同官方意见,于 1915 年 12 月 16 日下令各省考察厘金现况,依次裁厘。袁世凯在令文提到《前清抽收厘金本非良税,原议海关加税之后即实行裁厘,惟因各国商议加税尚难一致,不得不暂仍旧制,俾济急需。》明言国际交涉有现实困难,故裁示先办裁厘后办加税的进程。②

为执行既定政策,财政部随即在 1916 年 2 月通令各省财政厅,将各类厘金改办统捐,具体办法是在一省之内的货物,只要在一处抽捐和查验之后,即可畅行无阻。然而,各省政府不愿遵行财政部的饬令,如江苏、安徽、贵州、奉天、山东、黑龙江等省均先后回复,要求暂缓议办,加上不久后中国政局进入袁氏帝制与反帝制军事活动的非常状态,裁厘改革随之无形停顿。③

二、 北洋政府时期推动裁厘加税案的历程

1916 年的下半年,由于袁氏帝制活动所引起的军事动荡情势暂时告一段落,黎元洪大总统任命段祺瑞组阁,国内政局粗告稳定,段内阁于是在年底开始推动裁厘加税活动。

首先,中央政府要求各省调查当地的厘金现况,呈报其评估实施裁厘时可能引发的问题。陆续送回的文案,显示各省各有不同现实状况。江苏省的报告提出宁属厘金应仿照先前苏属办法,一律改为货物产销税,但在实施之前必须筹划两项课题:一是改办之后势将出现地方财政亏损,故应改定税率预筹抵补;二是改厘为税后,运远商人税负减轻,运近者反觉税负增重,应设法使商民负担达到

① 《中华国货维持会呈财政总长(条字第 31 号,1915 年 8 月 31 日)》,财政部档案(南京),档号 1027/42,《各方条陈整理财政吏政等意见书(一)》。

② 《大总统关于考察各省厘税令(1915 年 12 月 16 日)》,《中华民国工商税收史料选编》,第一辑,第 602 页。

③ 周大钧、蔡培:《豫省调查员财政总报告(1916 年 11 月 7 日)》,财政部档案(南京),档号 1050/128,《豫省调查员财政总报告》。

平均。河南省财政厅回复财政部，已经研拟出改革厘金方案，不论是输出或输入，一律按照时价抽2.5%。此外，一些个别省份亦表示，在此之前已经有部分原为厘金的货物品类已经改办统捐，例如安徽的茶叶，浙江的丝茧及布匹等项，故提案参照先例，将其他各项货物亦改为统捐。①

当中国各省进行厘金事务的调查报告之时，第一次世界大战战局方酣，英、美、法等协约国家为争取中国加入战局，于1917年初屡次向段祺瑞等政府要员表示，中国可以参与未来战争结束后的国际和会，争取中国的应有权益。国内为参战问题而有赞成和反对两派，总统黎元洪反对，总理段祺瑞赞成，两方争执，至5月23日引发了黎元洪免除段祺瑞职务的政争，随即在6月30日出现张勋拥溥仪复辟事件，至7月12日以段祺瑞重掌政权告一段落。段祺瑞向协约国提出停付庚款与修订税则的要求，各国表示接受。中国政府在8月14日对德、奥等国宣战，各协约国为履行承诺，9月8日向中国政府送交一份联合照会，声明同意延付庚款五年、停付德奥赔款及修订进口税则。中国政府在获得列强同意修订税则的表示之后，在上海成立"修改进口税则委员会"，从1918年1月5日到12月20日，与14个国家先后展开谈判。此次修订海关进口税则，限定在修改进口税则中的从量税部分，要求切实值百抽五的明文规定。1919年1月18日，巴黎和会召开，适值新修税则议订完毕，中国代表把握此绝佳良机，于5月7日向大会提交七项"希望条件说帖"。其中第七项即为"关税自主权"，要求与会各国同意中国应该拥有改定海关税则的权利。然而，此案后因各国以中国问题不在和会权限之内为由而拒绝讨论，未获任何实质结果。②

1910年代发生俄国革命及第一次世界大战，新生的苏维埃政权在革命之后对中国释出平等友好的讯息，再加上第一次大战结束后，参与巴黎和会争取主权的外交挫败，国人深受国际局势的刺激，不断向北洋政府呼吁，尽速向列强提出

① 姚东彦：《江苏厘金特别调查报告(1916年11月8日)》，财政部档案(南京)，档号1050/127，《江苏厘金特别调查报告(1916年)》；周大钧、蔡培：《豫省调查员财政总报告(1916年11月7日)》，财政部档案(南京)，档号1050/128，《豫省调查员财政总报告》。

② 李景铭编：《修改税则始末记》，北京：经济学会，1919年，第1页；黄逸平、虞宝棠：《北洋政府时期经济》，上海：上海社会科学院出版社，1995年，第89—91页；虞宝棠：《国民政府与民国经济》，上海：华东师范大学出版社，1998年，第44—45页。

关税自主外交谈判的诉求。1920年2月初，财政总长李思浩提出，关税自主案交涉不易，此时可先争取裁厘加税。根据前清订立的《马凯条约》所载加税办法，先将洋货进口税一部分增至值百抽五，再加一倍半之数，抵补裁厘及各项税捐损失。由于上次依例修改海关进口税则的时候，因欧战而未及讨论，现欧战告终，货物价格已有变动，当时参与协约各国公使曾经允诺，在战争结束两年后再行修改，中国此时应把握时机，请各国先修正税则，以期公允。政府在进行协商之时，可由财政部会同税务处，核估海关按约加税后所得增加之确数，作为指拨各省弥补裁厘损失之用。各省指拨分配的数目，应依最近三年该区所收厘金平均数为准。①

随后，外交部根据财政部的提案，先向各国驻北京使团领袖英国大使朱尔典(Sir John N. Jordan)探询加税的可能性。朱尔典回答，各国在上海召开商会的联合会时，曾经主张按约加征进口税，但各国同时也表示必须取得中国政府的保证，防止将来内地又再出现其他直接或间接向货物抽税的办法；而且明白表示，如果中国政府无法让各国有满意的裁厘成果，即不必奢望能有加税的可能性。朱尔典同时也提醒北洋政府，此时南北政局对立，“欲图抽税之统一，须先谋政治之统一”。北洋政府2月27日对各国驻华公使发出照会，裁厘加税仍应进行，不会因中国政局而有改变，中国内部政治虽有纷争，但对外问题向来一致，况裁厘加税系国家大计，深信南北各省必能一致办理。②

1920年3月，财政部发表文告，内容是各省厘税情形征收复杂，政府虽然筹议改革，终因事关各省军政费用，在未获确实抵补之前，未便贸然从事。国人原冀望借参与欧战的契机，带来关税自主的希望，现已证实仍须回到先办裁厘的老路。财政部提出裁厘的进程，首先是指示税务处，核估海关在按照条约加税后所得的增加数目，再要求各省根据最近三年该区所收厘金及行货税捐平均数目，由财政部核计后，分配各省提拨弥补裁厘损失的数目。财政部完成上述提拨规划，

---

① 《财政部咨外交部(1920年2月10日，收文列字第1819号)》，外交部档案，档号03-24-016-01，《筹议加税裁厘案(一)》。

② 《外交部照会英朱使(1920年2月23日)》《外交部照会驻华各使(1920年2月27日)》，外交部档案，档号03-24-016-01，《筹议加税裁厘案(一)》；《财政部致税务处农商部咨》(1920年3月2日)，《中华民国工商税收史料选编》，第一辑，第603页。

随即召集各省财政厅及津、沪、粤各大商埠商会代表，讨论各省应提拨分配的数目，并且将决议通知各省长官办理，完成裁厘作业。同时，财政部也行文外交部，提到1919年修改海关进口税则时，外国使团虽未在正式议程中讨论此案，但当时曾经允诺可于战事告终两年之后再行修改，现在已到届期修约之时，应该事先筹备。财政部为了避免外交部以加税交涉必须先有裁厘成果，方能进行协商为词，坐视其独自承担艰难改革任务，在咨文中指出裁厘必须在加税问题出现端倪后，各省方能集议与举办裁厘事务。裁厘、加税二事牵连，财政及外交若不彼此支持，终将难以成事。①

此次财政部的裁厘活动，中外各界均给予肯定的评论，国外的评论且认为颇有成功的希望。财政部令甫下，3月5日《申报》发表评论，肯定政府对裁厘加税的努力，但摆在眼前的问题是：此次财政部计划，在裁厘之后相应而来的加税收入，究竟够不够抵补裁厘损失？《申报》认为，若只依据《马凯条约》的加税办法，洋货进口税先如实征收5%的税率，再加一倍半之数，即总税额为12.5%，这笔收入还不足以抵裁厘亏损，仍须各国政府赞助，再作筹划弥补之法。接着，《申报》又在3月15日引述《大陆报》的评论，认为在未来实施层面上，中国不应自我设限于《马凯条约》的12.5%规范，而是应该力争关税自主权。②

相对于中国的论述指出加税所得不敷裁厘损失的论调，国外媒体如《密勒氏评论报》则认为并不如国人所言严重，其实不难解决。财政部的计划要点是，先调查各省所收厘金数目，以便决定中央由增收关税中拨款补偿之数，此举一旦实行，各省既不减少收入，中央收入可较从前为多，双方皆可满意。《密勒氏评论报》为证实其说为是，引述调查资料，指出各省厘金调查数目为3,925万余元，再加上与厘金性质相仿的各种通过税，如“铁路货税”“土产税”和“常关税”，总数约为5,646万余元。至于相对的各项抵补损失收入资料方面，估计海关每年平均进口税和出口税的收入，举办裁厘加税之后，约可获得5,100万两，已经相当接

① 《财政部致税务处农商部咨(1920年3月2日)》《财政部致外交部咨(1920年3月9日)》，《中华民国工商税收史料选编》，第一辑，第603—604页。

② 《关于裁厘加税之声明》，《申报》，1920年3月5日；《大陆报之中国裁厘加税观》，《申报》，1920年3月15日。

近裁厘的捐失额度。如果政府能再修正海关进口税则,又可再增收700万两,折合为1,000万元,更足以补偿有余。①

此次财政部推动透过统计全国厘金收入,由各省分摊经费的裁厘计划,最终仍因军阀混战而不了了之。然而,此次裁厘行动所做的调查工作,却为日后进行裁厘相关事宜,提供了翔实的参考资料。不论是在1925年召开的关税特别会议,或是国民政府北伐完成之后实施统税或营业税的革新,均从这次的调查资料中撷取制定政策的素材。根据此次各地调查的结果,把国人对于"遍地厘卡"的笼统概念,化为全国各省有735处的正式厘金征收局的具体数字,让当时及后来主持裁厘者有案可稽。当然,这个数目并不包括分局及性质相类的稽征局在内,至于"山岭水崖几全为卡员持筹之地",则成为加强论述的形容词。② 同时,这次动员各省军政人员参与裁厘行动,除了调查当地的厘金现况之外,几乎无一例外的是,他们均会提出相应的配套改革措施,补充财政部当初极为单纯而显得不尽周延的构想。

简单地说,财政部的计划冀望于未来的加税收入,地方则认为其为画饼,完全不切实际,理应当回归到如何改革厘金制度,以符合国家与地方的财政需求。由地方观点所提出的改革方案,大致可分为三项:第一项是"寓征于运",此法是裁减厘卡后,按照货物运费抽收若干作为抵补。此案在1913年由国务会议通过,拟在国有铁路试办,再推及国内各路及各运输业,所拟税率为火车客票及运费的2%至15%,后考虑到中国交通事业尚未十分发达,恐收效不佳而暂告中止。此案虽未全面实施,1914年曾在江苏省东南部沪宁路试办,所运货物只须纳产销税二分,其他各站均不征收,成效颇佳。财政部认为,依此例办理,货物自汉口由京汉铁路运至北京,横越三省,其间厘卡数以百计,只须纳税三分半,民间

---

① 《美报论中国裁厘问题》,《申报》,1920年3月20日。

② 各省厘金征收局的统计数目为:直隶15、奉天34、黑龙江31、吉林27、甘肃43、新疆11、山西42、山东10、河南32、江苏58、安徽42、陕西30、浙江42、湖南34、四川20、福建45、广东29、广西30、贵州44、江西47、湖北25、云南44,合计为735。参见《中国之厘金弊制》(《申报》,1922年3月26日及4月2日连载),第82页。甚至到了1928年的国民政府时期,这个统计数目仍被人引述,参见陆仰渊、方庆秋主编:《民国社会经济史》,北京:中国经济出版社,1991年,第274页中引用了1928年《中国年鉴》574的资料,以为在国府统治初期,全国共有735个厘金卡局,其实这是1920年的数据。

自当乐从，故裁厘若自铁道运输上着手，最为简便。第二项是“根据条约裁厘后，以增加关税补偿所失”，中外政府对于裁厘加税问题，为应先裁厘或先加税而争论不休。外国主张非待厘金废除则税不能加，中国政府则谓非先有抵补之税不能裁厘。论者即指，若裁厘加税得以同时并举，政府即可在交涉时要求各国履行加税事项，新税率应于两个月后发生效力，厘金问题即可获解决。第三项是“抽收出产税或销场税，或产销税，以代厘金”。以上改革办法，第一项寓征于运，收运输税者，因中国路政不发达，抽收运税颇多窒碍，只可作为特定地区的权宜之计。第二及第三项办法可以相互补充，在废除厘金后以销场税取而代之，此法可以在财政较受中央直接管辖的各省试行，俟有成效，再推行其他各省。如此一来，裁厘后的损失，即使不能由所加关税中完全取偿，则再以销场税收入作为补充，即足以抵偿。①

财政部及各省地方的议案，经过1921年年底召开的华盛顿会议，中国代表顾维钧提出关税自主案失利的淬试，证明全不可行。因为就中国立场看来是“无碍税权”的产销税，外国的理解则是此税已是关税之外的重复征课。1922年间，财政部再度向列强提出裁厘加税案。《申报》指出，各国对于加税的认知是，裁厘之后的加税所得，并不是提供中国政府可以自行运用的财政收入，而是应予指定使用范围的基金，如以此税款作为整理外债、中央必要政费，以及兴办教育公益事业的经费。以上各端，在在显示对外进行交涉的复杂与棘手程度。②

除了外交的困难之外，财政部发现在裁厘之后，中央政府所得相对有限，于是对于裁厘大业的热情顿时大减，暂缓推动步伐。反倒是地方政府认为，如果实施局部裁厘，即可换取当地外国商家承诺，在其省境内提高税额的给付，故在利益驱使之下，出现各省自行裁厘之举。1924年中，财政部为了地方时有自行裁厘的举动，上签呈给大总统曹锟，要求地方政府约束下属。这份签呈历述，近年来时闻各地财政厅与公共团体，或以提倡商业为请，或以维持公益为词，动请豁免税厘，而各官厅有时径行核准，有时与外商订立合同，自定豁免税厘条款，长此

① 《中国之厘金弊制》(《申报》，1922年3月26日及4月2日连载)，第88—90页。

② 《财政部关于免厘加税之提案》，《申报》，1922年9月8日；《财政部关于免厘加税之提案(续)》，《申报》，1922年9月9日。

以往,有导致税务分歧的流弊。曹锟赞同财政部所持的统核财政立场,颁布总统令,宣示各项税课关系到国家正供收支,依法应由财政部专事钩稽,以统一事权,故嗣后各机关凡是关于免税免厘事项,均须由财政部斟酌情形,提交国务会议核定。这项总统令的讯息,适足以反映出裁厘案进行至此,中央政府已经无力主导的事实。①

第三节　关税特别会议与裁厘加税案的推动

一、北洋政府时期的理财与直接税理念

1920年代,北洋政府的财政人员在除了勠力于推动裁厘加税之外,亦不乏发表理财言论者。在军阀混战、政权快速更迭而朝不保夕的现实环境之下,奢言财政改革,并不具有政策的指标作用,毋宁说它是衰颓政权的无病呻吟。不过,这些财政规划的纸上作业,倒不失为一个用来观察"当时国人认为中国应该具有何种形态的财政体系"的良好视角。

1922年初,担任财政总长的张弧在北京法政专门学校发表演讲,席间大力推介直接税,认为国人习于行之久远的间接税恶税(如厘金、盐税及牙税当税)而无力废止,却对明知其为良税的直接税新税(如印花税、所得税、营业税、登录税、遗产税)保守迟疑,始终未能实行或扩充。民国建政以来,由于国用浩繁,往往增加间接税的税目与税率,以图增加国家收入,然此项负担多及于一般平民,虽然普及,但并不公平。国家税额愈增,小民负担愈重,于是先进国家渐谋增加直接税以代之,故主张应以直接税改革中国租税的弊害,作为民国理财者"应负改良之责任"。② 不过,张弧担任财政总长的时间很短,无法让他的直接税改革理念

① 《大总统关于统一京外各机关免税免厘事权令(1924年8月9日)》,《中华民国工商税收史料选编》,第一辑,第424页。

② "北京法政专门学校讲演稿"(1922年2月24日),财政部档案(南京),档号1027/860,《关于租税问题之讲稿》。

得到实施的机会。

引述世界财政理念作为改革立论者，当然不是政府财政人员的专利，更是学者擅长的领域。财政学家杨汝梅在1923年发表一篇长文，详述世界各国的财政状况及理财原则，并且与中央政府主导的直接税论述相互应和，可将之视为本时期内的学界普遍共识。杨汝梅认为，合宜的租税制度能供给国家政费，更具有调剂社会不平均的剩余价值，作用不容偏废。过去俄国在共产革命时，曾因偏重官业主义而废除租税制度，不久之后又改行新经济政策，租税制度再度复活。因此，租税制度应将旧法之不合时宜者斟酌改革，以应时代要求。在第一次世界大战之后，欧美各国租税制度发生重大变化，各国战后财政穷迫，势必向具有负担能力的有产阶级谋求收入，于是直接税大增，而间接税占其岁入比率，从战前的十分之七下降到战后的十分之四，变化不可谓不大。欧美各国的直接税名目繁多，其中所得税乃是政府计算个人纯所得作为课税标准，使税制从推估粗疏而精密详实，已渐取得税制中坚的地位。①

当然，学理上的论述，仍有待现实中的检验。早在1920年7月，财政部设置所得税筹备处，筹划开征所得税，立即引起民间的反对，提出若要开征所得税，须先裁撤厘金作为先决条件。直到1922年1月6日，北洋政府颁布《所得税条例施行细则》及《所得税分别先后征收税目》两项文件，下令开征所得税，民间再度抗议厘金未废又征所得税，各地活动不断，政府不得不停止开征作业。②

经过1922年下半年的直奉战争及延续至次年的派系竞逐，1923年12月10日，财政总长王克敏为国家经费支绌问题，紧急召开临时财政会议，会中竟未讨论迩来公认为完善税法的直接税。王克敏说明财政艰窘的情况，中央政府由于各省长期扣留协款，无从筹措军政费用，只有举债度日，累计至1922年底，所欠

① 杨汝梅：《论世界财政改造之新思潮与吾国财政》，《银行周报》，卷7期35（1923年9月11日），第69页。根据杨汝梅的描述，此时“各国所增之直接税，在英国则有追加所得税、超过利润税、法人利润税；在法意则统一所得税、公司重要职员税、战时利益税、财产增价税、直接奢侈税；在德国则有超过所得税、所有税、新资本收益税、遗产总额税、新奢侈税；在美国则有新所得税、法人超过利润税、特别营业准许税、直接奢侈税、使用幼年税等名目。此等税目，亦有仅系暂时施行者，然论其性质，则均为直接税”。

② 《学生总会反对所得税函》，《申报》，1921年4月13日；《国民承认所得税当要求以裁厘为交换条件》，《申报》，1920年10月6日。

内外债款已达20余亿元。整理财政办法不外清理债务、促成关税会议使二五附加税可以实现、整理盐余及划清中央与地方收支等四项。①

王克敏召开临时财政会议之前,财政部先在1923年8月成立财政整理委员会,进行理财工作的规划。王克敏在此次会议中所提理财办法,就是委员会的共同结论。这四项办法,除了第二项借由关税会议,得到增加关税的收入外,其余如第一项的整理债务及第三项整理盐余,以中央无力的现实条件,只能继续维持现状。至于第四项划分中央与地方收支,更须与地方军政大员协商,弱势的中央欲与强势的地方争夺资源,结果不言而喻。这次临时财政会议只召开了一天就草草了事,舆论批评其迹近于"儿戏",并且提出建议:如果中央政府具有自信而又有魄力,应该召集各省督军或省长来京开会,根据宪法规定,划分中央与地方收入,应留地方者归地方使用,应解中央者归中央支配,中央不得提用地方之款,地方亦不得截留中央之税,待基础稳固之后,中央始以量入为出而制定预算,各省应奉行中央预算规范,不得有违法行动。②

王克敏任内无从解决的财政问题,至其下台之际,财政困境依旧存在。到了1924年4月,颜惠庆接下这个烫手山芋,提出一份呈文,说明财政难题,指陈中国财政紊乱已达极点,中央政府无力管辖诸省,前清旧制的专款与民初新制的解款均完全停止缴交中央,政军费用却日益膨胀,国民负担有增无减。在民穷财尽的现实之下,完全不可能再由国内榨取财源,唯一的希望即为对外交涉增加关税之举。③

二、关税特别会议与裁厘加税案的交涉

1924年年底,北洋政权经历两次直奉大战之后,各方军阀共推段祺瑞为临

① 《1923年北京政府临时财政会议上王克敏讲话(1923年12月10日)》,《中华民国工商税收史料选编》,第一辑,第982、985页。

② 《财政部函财政整理会(1924年3月17日)》,财政部档案(南京),档号1002/1079,《财政整理会收存财政部及税务处联系办理经费问题之函件》;《晨报》社论,《儿戏之财政会议》(1923年12月11日),《中华民国工商税收史料选编》,第一辑下册,第3322—3323页。

③ 《颜惠庆关于财政整理问题致府院呈》(1924年4月16日),《中华民国工商税收史料选编》,第一辑,第613页。

时执政，政局暂告稳定。段祺瑞上台后，重提1918年的裁厘旧案，为即将召开的关税特别会议作事先的准备工作。段祺瑞命令临时执政政府中的“财政善后委员会”，在编制内成立“裁厘筹备分股委员会”，并由中央及各省政府指派委员，担任分区的规划作业，具体方案与实施步骤包括下列五项要目。

首先，各省厘金数目在1917年之后的册报不够详细，应该拟具最近三年度厘税通表，内容包括名称、性质、税率、比较额、实收额、平均收数、征收方法、征收经费、局卡所在地、征收人员数等项，务求精确统计，作为筹划抵补的根据。第二，现行厘局征收各税，属于通过税者固多，亦有不少属于非通过税者，在调查时必须清楚判断通过税与非通过税的性质，作为日后裁留的标准。第三，历年各省征收厘税的表册，大多未划定裁留标准，亦未剔除征收经费，仅可作为参考。现应在前述两项作业完毕后，搜集完整资料，由中央政府派出通达计政人员，组织调查团分赴各省区稽核，核定应裁或应留的厘金实数的标准。第四，事实上不太可能让全国同时裁撤厘金及相关的国内通过税，故应分先后而限期两年内办理。其优先标准可分为三项：一是依省区通塞为序，先裁沿江、沿海及京汉、津浦等干路所经地方，次裁边徼省份；二是依税项性质为序，先裁厘金、统捐、常关，次裁类似厘金及替代厘金；三是依局卡地位为顺序，商端口附近者先裁，内地局卡次之。最后，为确保厘金实裁后能够获得抵补，以免地方因收入减少而使厘金死灰复燃，政府应一面推行营业税及国内消费税，一面交涉关税附加税，如果新税收入不足相抵，则由海关附加税来弥补。①

“财政善后委员会”运作不久，1925年5月30日发生五卅惨案，国人民族情绪高涨，高呼废除不平等条约，南方的革命政府趁势北伐，推展反帝国主义与反军阀运动。列强为维持在华既得权益，认为必须帮助北京政府的财政，安定中国政局。北洋政府掌握良机，在段祺瑞主导之下，从10月26日到次年7月3日，召开关税特别会议，以争取关税自主权为目标，再度提出裁厘加税的主张。

财政部在参与关税特别会议之前，曾以裁厘损失即使获得加税抵补仍恐不

---

①《财政部及财政善后委员会会呈筹备裁厘进行办法致北京政府执政呈(初稿)》,《中华民国工商税收史料选编》,第三辑,第1689页。

足为由，向各地商会试探增加印花、所得、出产、销场四项税目的可能性，各地商会纷纷均回复“国内多事，商业萧条，借饷派捐，民困已深”，纷纷表示反对政府加税。财政部在无法获得民间支持于国内加税的情况之下，提出过去海关关册所列的货价多为平均数目，与实际价格差距颇大，政府因估算缺乏实际凭据，大为吃亏，此次关税特别会议即将召开，政府应在进行谈判时，以增加关税至12.5%作为裁撤厘金交换条件。政府除了充抵裁厘损失外，应以财政量入为考虑，所增之税不限于裁厘之增损，而应用于维持政府收支。①

1925年10月26日，关税特别会议开议，中国代表提出应同时整理外债，但各国因利害不同而无共识，会议焦点仍集中于裁厘加税案。随后，王正廷代表中国政府提出关税自主案，长期悬而未决的裁厘加税，正式在会议桌上与列强进行讨论。中国的提案内容主要有四项：一是参与关税会议各国向中国政府提出正式声明，尊重中国的关税自主权，并且承认解除现行条约中关于关税的一切束缚。二是中国政府应允将在1929年1月1日之前，同时实行裁撤厘金与国定税则条例。三是在国定税则条例未实施之前，中国海关税则应依照现行之值百抽五的税率之外，再依货品类别加征值百抽五至值百抽三十的临时附加税。此项附加税应在会议达成共识、各国签订条约之日起三个月内开始征收。四是自签约日起，有关于关税自主权及裁厘问题之协商结果立即生效。同时，中国提出增加关税以“三三三一”的运用政策，即关税增加之三分之一为厘金抵补，三分之一为偿还内外债基金，三分之一为建设经费，十分之一为补助重要行政之费用。②由此可知，中国政府颇思利用此次难得的机会，以谈判关税来改良财政。

关于关税自主权及裁厘进程的实质讨论，在10月30日及11月3日，先后召开两次关税自主委员会，以及分别在11月6日、13日及14日召开过渡办法委员会。原先，与会各国强调关税自主问题不是孤立事件，如英、美等国认为须废除厘金后订立新约，再议关税自主权问题，日本则以订立协议税率为条件。中国

---

① 财政部档案(南京)，档号1027(2)/13，《财政部关于整理财政计划说帖》；《财部新拟普通营业税草案》，《申报》，1925年10月14日；戴蔼庐：《关税特别会议史》，北京：银行月刊社印行，1925年，第115—118页。

② 曾镕浦：《财政整理会经过情形报告书》，出版地不详，1929年，第1—12页；《关税特别会议议事录》，《近代中国史料丛刊第16辑》，台北：文海出版社，1968年，第58页。关于临时附加税部分，中国提出普通品加征5%、乙种奢侈品加征20%、甲种奢侈品(即烟酒)加征30%的方案。

则强调，裁撤厘金为中国内政，与关税自主不应混为一谈。因此，除非各国先承认中国要求的关税自主原则，否则中国不愿再继续参与会议。在经过数次会议之后，大会决定设置委员会，汇整中、日、英、美等国的议案，并推五名委员[中国王正廷、日本日置益、美国史陶恩（Silas Steawn）、英国马克类（Sir Ronald Macleay），及荷兰欧登科（W. J. Oudendjik）]为起草委员，决议先解决关税自主及裁厘问题，至于附加税问题则暂行缓议。①

此时，中国代表认为已经与各国代表取得裁厘共识，于 1925 年 11 月 15 日正式向国人宣布，将在 1929 年 1 月 1 日之前完全结束厘金恶税。中国代表在会议同时提出裁厘说帖，主要内容有两项：第一项是关于裁厘步骤及裁厘日期的规划，预订从 1925 年 12 月起，各省政府在六个月以内编造表册，由中央政府派遣调查专员前往各省考察，并筹措一笔抵偿一年厘金的款项，估计在 1928 年 2 月底，裁厘计划可以完全实行。第二项是关于具体的抵偿厘金措施，估计各省厘金每年总额约为白银 7,000 万元，中央政府在裁厘之后，按照各省裁厘后不敷之数分汇各省。初期先由增收的关税附加税项目下划出一部分作为抵偿，后期即为关税自主时期，由关税项下筹拨。依照上述两项规划，即可解决裁厘后的抵偿问题，地方财政也不致受损，即可完成裁厘事务。②

关于裁厘的具体步骤，于稍后数日的 11 月 21 日召开厘金专门委员会，讨论由中国代表提出的十条原则，主要的裁厘与抵补的相关内容集中在第六条到第九条。第六条规定，政府应依据各种国内税捐的统计调查作为标准，将裁厘损失的预算定出抵补方法，斟酌内外状况，以同时或分期实行裁撤。第七条规定，未来增加的关税附加税收入，应该先抵补中央及各省因裁撤国内通过税的损失，但若在实施关税附加税之前即已裁撤厘金，或是附加税收的预期收入不足以抵补时，政府可以发行公债作为补充。第八条规定，中央政府必须提供各省裁厘的抵补金额，直到新收税额足以抵补各省损失为止。第九条规定，裁厘及抵补码额如

① 姜文求：《关税特别会议之研究》，台北：台湾师范大学历史研究所硕士论文，1990 年，第 86—87 页。

② 《关税特别会议上中国代表裁厘宣言》（1925 年 11 月 15 日），《中华民国工商税收史料选编》，第三辑，第 1984 页。

果不足，政府应召集财政善后会议加以协议与决定。[①] 根据上述条款，中央政府将完全负责地方上因为裁厘而造成的财源损失，换取地方支持裁厘的活动，日后国民政府取代北洋政府处理裁厘问题时，也承继这套做法为其指导原则。

对于上述的会议结果，国际上的反应是，过去列强利用条约规定的税率而束缚中国商务，又利用治外法权在中国享有政治优越权，由于此两种障碍，中国自然不能进步。关税会议开幕时，列强原本坚持中国必先裁厘，作为关税自主条件，因中国舆论一致坚决反对，总算同意中国应享有关税自主，并且同时裁厘。但列强也预留伏笔，将来在实施时，如果有任何一国因细故不肯无条件给予中国关税自主，该约便不能生效。[②]

不须等到国外列强对付中国，使关税特别会议的协商成果失效，在 1925 年 12 月至 1926 年 1 月间，爆发了孙传芳、冯玉祥、张作霖、吴佩孚等军阀派系的相互混战，关税特别会议暂停正式会议，改为非正式会议，中国代表于内战期间仍然继续与会。但自段祺瑞的临时政府垮台，1926 年 4 月 19 日之后召开的非正式会议之中，即不再有中国代表出席。至 7 月 3 日，十二国代表宣布暂停开会，静俟中国代表能出席时再继续会议。此时，广州的国民政府命令国民革命军开始北伐。国府认为北洋政府希冀由重开关税会议，获取对抗革命军的军饷，于 7 月 14 日由外交部向各国驻广州领事提出抗议，后又在 8 月 3 日发表反对重开关税会议的宣言，指责北洋政府只顾二五附加税的微薄小利，漠视关税自主的大利。[③] 参与关税会议的各国，面对北京政权无人，关税会议无从达成正式协议，亦无从签订正式条约的结果，也只能坐待日后代表中国的国民政府，成为其再度谈判时的对手。

---

① 《我国代表在关税特别会议上提出的裁厘办法》(1925 年 11 月 21 日)，《中华民国工商税收史料选编》，第三辑，第 1685 页。

② 《外交部收驻美施公使(肇基)电(11 月 21 日发，11 月 23 日到，外 23 号)》《外交部收驻美施公使(肇基)电(11 月 23 日发，11 月 25 日到，外 26 号)》，外交部档案，档号 03-25-024-01，《各方对关会之意见案》。

③ 姜文求：《关税特别会议之研究》，第 107—113 页。

小结

民国时期的财政规划及税政改革，与政局演变密切相关。在北洋政权掌政期间，虽有周学熙等人规划整理税制，一方面开创直接税，一方面设法裁厘加税，然而由于政局纷扰不安，整理税制的主张遂成为空想。同时，执政者为汲取财政收入，莫无不致力进行裁厘加税的活动，利用调整税制的契机，达到增加税收目的，随后则又受到世界民族主义潮流的激励，逐步发展成为争取关税自主的活动。

北洋政府持续推动各种取代厘金的替代方案，冀望以中国业已实行裁厘的事实，取得列强履行其增加关税的承诺，顺利的话，政府可以从关税收入获取财政挹注，裁厘加税一举成功，也能为新中国奠定良好的财政基础。中国政府的裁厘加税打算，迟迟不见列强给予正面的响应。地方政府无法忍耐长期的税源短缺困境，纷纷回复厘金旧制。在民穷财尽的现实之下，北洋政府遂将唯一希望寄予对外交涉关税加税之举，而在 1925 年的关税特别会议之中，得到争取关税自主权的契机。

北洋政府透过关税特别会议，以争取关税自主权为目标，再度提出裁厘加税的主张。与会各国各持立场，国内又有军阀混战，致使关税特别会议只留下文告宣言，毫无实质成效。此时，南方国民政府展开北伐军事活动，反对北洋政府召开漠视中国关税自主的关税会议。关税会议未能完成的裁厘事业，留待国民政府在北伐完成之后，继续展开后续的财政改革进程。

第四章　国民政府与裁厘改税活动

第一节　中央财政会议与关税自主案的提出

一、北伐期间中央财政会议对中央与地方的税目调整

就在北洋政府与列强因为裁厘问题而坐上谈判桌之前数月，中国国民党以对内扫平军阀，对外废除不平等条约为号召，于 1925 年 6 月 15 日，将大元帅大本营改组为国民政府，7 月 1 日在广州正式成立中华民国国民政府。北洋军阀在关税特别会议期间发生军事混战，广州国民政府对外宣示，不承认军阀与列强对于关税案的讨论结果，同时也积极整军经武，于 1926 年 7 月 1 日开始进行军事北伐。国民革命军于 10 月 10 日攻入武昌，12 月 7 日，国民政府北迁武汉。次年 3 月 22 日，革命军占领上海，3 月 23 日取得南京。然而 4 月初中国国民党因"清党"问题而形成对立态势，蒋中正于 4 月 18 日另行成立"中华民国国民政府"，史称"宁汉分裂"。至 7 月 15 日汪兆铭"分共"，8 月 12 日蒋中正下野，8 月 19 日武汉的国民政府宣布迁都南京，宁汉合流，开启了中国现代史上的"南京国民政府"时代。

政权转移之际，国民政府对于旧政权遗留下来的政策，有加以保留者，亦有

加以兴革者。在财政方面，国府主政之后，致力于整顿财政与改革税制，首要财政兴革措施，即为裁撤厘金与实现关税自主的诉求。中国国民党针对北洋政府未能解决的厘金问题，在 1926 年元旦召开第二次全国代表大会，租税政策即提出两个阶段裁撤厘金的设计。首先是令商人缴纳一次厘金后，不再有第二次纳费，然后再改行货物捐，完全废除厘金。裁厘后的货物捐可以防止洋货入侵，增进土货畅销，同时可免土货在本省及邻近省份间的门户之弊。①

此时国民政府尚未掌权，其诉求只能视为在野政党的一种政纲。从这一项政策宣示，可以看到国民政府对裁撤厘金的认识，与清季以来的诉求大不相同。以往言裁厘者均从重订税则及增加关税入手，采取此一途径，势必要与列强进行谈判，若列强意愿不高甚至横加阻挠，谈判迅即无疾而终。也就是说，裁厘加税的成功与否，主导权操之在列强，而不是中国政府，这也是为何裁厘加税一直无法成功的主要原因。国民政府有鉴于此，于是另谋他图，避开对外交涉的不确定因素，将目标集中于国内税制的调整，并提出简化稽征的诉求，作为未来整理厘金制度的张本。

至 1927 年 6 月间，中国国民党仍处于分裂状态，位于南京的国民政府为完成北伐使命，在江浙财团的支持下于 6 月 22 日召开中央财政会议，桂、闽、浙、皖、粤、苏六省代表出席，会议首要目的在争取各方支持北伐军费的共识。国府财政部长古应芬在开幕致词时指出，北伐之后北洋军阀势力日蹙，财政收入只占全国总额的 30％至 40％之间，就财政实力已不足相抗，然而军政时期尚未结束，南方各省仍须设法筹款，完成军事北伐与训政大业。蒋中正在参加 6 月 25 日会议的致词时也说，此次会议以军费问题最为重要，过去广东负担居多，如今军用浩繁，各省应竭力合作负担，俾北伐事业早日告成。②

国民政府召开此次举行的中央财政会议，除了要求各方支持北伐军费之外，另一项重点是商定划分中央与地方税目的作法。国府认为，中央政府既已成立，

① 《中国国民党第二次全国代表大会关于财政案及决议案(摘录)》(1926 年 1 月)，江苏省中华民国工商税收史编写组、中国第二历史档案馆编:《中华民国工商税收史料选编》，第一辑，第 171 页。

② 《古应芬开幕词》(1927 年 6 月 22 日)，《中华民国工商税收史料选编》，第一辑，第 986—987 页;《蒋中正演讲词(1927 年 6 月 25 日)》，《中华民国工商税收史料选编》，第一辑，第 987—988 页。

首先须先求财政统一，否则一切内政均无从进行。为达成统一财政的目标，决议将现行税制与未来规划新税，区分为国家税及地方税两种型态。现行税目的划分原则，包括下列五项要目：第一项为历史上久充国税，或性质尚易统一征收的税目，如盐税、关税、内地税、常关税、烟酒税、卷烟特税、煤油特税、矿税和印花税，均列作国家税。第二项是厘金，之前各省先后曾以统税、统捐或是货物捐的名义加以改办，未来将完全废止，改办征收简便的产销税，列为国家税。第三项是向为地方财源的商税、船捐、房捐、屠宰税、渔业税及其他杂税杂捐，仍定为地方税。第四项是素向有国家正供之称的田赋，应现遵从总理遗训，改归地方，以投入发展公共事业。第五项是过去作为国税的契税、当税和牙税，因契税与田赋有关，牙税和当税则与营业税相关，均改作为地方税。未来新设税目部分，则有两项划分原则：第一项是所得税、遗产税、纸币发行税、交易所税、公司注册税和产销税等，世界各国均定为国税，亦列入国税范围。第二项是营业税、宅地税、房屋税、普通商业注册税、使用人税和使用物税等，依照各国属诸地方的先例，划归地方，以期推行无碍。会中同时决议两项施行原则，一是"新税施行时，重复之旧税应同时废止"，二是"两税划分之初，应预筹救济办法"。[①]

这次在南京召开的财政会议，议决将田赋划给地方，厘金则改为中央税目，完全反转了清代以来传统中国的税制设计。对于这样重大的转变，有的论著从中央与地方的权力关系作诠释，认为田赋由中央划归各省来管理，此种划分并非是一项政策，而是国府对于政治现实的承认，这意味着中央政府为了换取各省软弱无力的政治支持，放弃国民总生产额65%的农业部门的财政权力。[②] 不过，如果考虑到当年以党治理念为唯一治国原则的历史情境，孙中山在其建国方策中曾经指示，中国国民党在掌权之后，为了实施从军政到训政的发展与建设，田赋应改归地方作为其推动公共事业的财源基础。对于向来以"总理信徒"自居的国民政府要员而言，总理遗训是必须信守不疑与努力实践的至高权威。因此，"遵

① 《蒋中正演讲词(1927年6月25日)》，《南京国民政府1927年财政会议有关文件(1927年6—7月)》，《中华民国工商税收史料选编》，第一辑，第987页。《〈申报〉关于财政会议讨论问题的综合报导》(1927年6月23—28日)，《中华民国工商税收史料选编》，第一辑，第991—992页。

② 费正清(John King Fairbank)主编，章建刚等译：《剑桥中华民国史》第一部，上海：上海人民出版社，1992年版，第115—117页。

从总理遗训”并不单纯只是一个台面上可以服人的理由，更是一项极为堂皇而不可挑战的决策。

更重要的是，国府把田赋划给地方，是用拿回厘金的掌握权作为交换，为日后进行裁厘进程预作准备。关于这一点，江浙财团代表人物之一的钱永铭，在会议结束后指出：“田赋划归省有，厘金划归中央，缘田赋随各省自身情形变化，可以付诸各省自理。厘金必归中央，所以作裁厘加税之准备，从前政府所以日言裁厘而终未之能行者，即因厘金操诸各省之手，往往多所牵制，此次裁厘当能见诸事实。”①钱永铭的这段谈话透露出一项明显讯息，那就是此次的田赋与厘金交换国税地位的决策，源于国府认识到要解决厘金问题，除了须与列强外力进行交涉之外，还必须先处理国内地方实力派的掣肘压力才能奏效。欲达此目标最简单的方法，就是将原为地方税的厘金，转化成为中央税目，地方骤失收入大宗，必须有所取偿，于是将历经民初军阀割据以来早已难以掌握的田赋税目，划给地方，以便顺利开启裁厘的进程。

二、 裁厘加税问题与关税自主案的合流

国府在财政会议调整厘金作为中央税目，继于 1927 年 7 月 19 日宣布，将自 9 月 1 日起裁撤厘金，江苏、安徽、浙江、福建、广东、广西六省境内同步实施。凡税目性质属于通过税者一律废止，包括常关税、统捐、统税、货物税、铁路税捐、邮包厘金、海关之子口税、复进口税、出口税和落地税等。裁厘令下同时，国府也宣布根据国际平等通则，实施关税自主，对进口货物另订税则，对国内出口货品则征收出厂税。②

南京国府提出关税自主案时，并未与列强交涉，也未与武汉的国民政府取得共识，加上北伐的军事行动尚未完成，时人并未将之视为中国政府的有效决策，缺乏实质的意义。本案在提出之后，论者即提醒南京国府必须注意对外交涉问

---

① 《钱永铭谈话》(1927 年 7 月 6 日)，《中华民国工商税收史料选编》，第一辑，第 994 页。

② 《国民政府关于裁撤厘金并实施关税自主布告》(1927 年 7 月 20 日)，财政部财政科学研究所、中国第二历史档案馆编：《国民政府财政金融税收档案史料(1927—1937 年)》，北京：中国财政经济出版社，1997 年，第 931—932 页；《裁厘运动之经过(1931 年 1 月)》，《中华民国工商税收史料选编》，第三辑，第 1753 页。

题，不是自行宣布就能贸然成事。过去列强所主张的裁厘加税，有它的适用范围和税率限制，与国府要求的关税自主之间有相当大的差距。民间也批评政府只求财政收入，似乎未能考虑国民经济的能力。因此，裁厘加税与关税自主课题，涉及国家收支调整与民力支应问题，必须从长计议。①

对于关税自主问题，在宁汉复合之后再度回到必须与列强协商裁厘加税的谈判模式之上。国府一方面与列强进行外交谈判，取得其承认中国自定义税则的权力，另一方面也争取国内地方军政社会势力的支持。② 在活动进行期间，地方商民协会认为裁厘加税案事关国计民生，必须召开全国性的经济会议，讨论具体的进行步骤，及早制定各项经济法案，以解决各种经济纠纷。民间团体以德国在欧战之后召开全国经济会议，使其对内工商与对外贸易渐行恢复，消弭劳资纠纷的国外成功经验，证明经济会议确有成效。论者同时也指出，中国国民党的政纲亦以经济会议是达到民生主义劳资协调与各业共荣共存的唯一工具，作为说服国府的理由。各地商会陆续呈文国府，建议采取德国经济议会立法制度，于最短时间(至多不得超过四个月)召集经济会议，容纳农、工、商、学与劳资双方等代表，以及政治、法律、财政、经济、外交各领域的专家为委员，讨论新税税则，以及关税管理、保管、征收等重要问题，议决经济法案，呈请国府公布施行。③

国府相当注意时人提出召开经济会议的主张，同时也为了回应各界指出裁厘加税不应该局限在东南少数省份，以免税负不公的要求，于是公告暂缓实施关税自主案的相关决议，承诺在北伐完成后迅速召开全国经济会议，借以争取各方支持，扫除财政改革的国内障碍。④

---

① 蔼庐，《整理税制观(上)》，《银行周报》，卷 11 期 29(1927 年 8 月 2 日)，第 1 页。

② 关于国府如何运用外交手段争取关税自主权的经过，可参阅久保亨著，王小嘉译，朱荫贵校审，《走向自立之路：两次世界大战之间中国的关税通货政策和经济发展》，北京：中国社会科学出版社，2004 年。原书为：久保亨，《战间期中国〈自立への模索〉：关税通货政策と经济发展》，东京：东京大学出版会，1999 年)一书相关章节。

③ 《各省区商民协会为召集经济会议讨论经济法案及关税税则呈(1927 年 8 月 29 日)》，中国第二历史档案馆编：《中华民国史档案资料汇编第五辑第一编财政经济(一)》，第 58 页。

④ 《裁厘加税六省一律暂缓举办》，《银行周报》，卷 11 期 36(1927 年 9 月 20 日)，第 3 页。

第二节　全国经济会议与第一次财政会议的裁厘案

一、 全国经济会议与兴办特种消费税案的提出

国民政府于1928年1月底，提出召开全国经济会议的提案。在提案中，国府首先回顾北伐以来的国内情势变化：

> 自国民革命军去岁兴师北伐以来，原以国利民福为职志，不数月间全国响应，由两广而两湖而闽赣皖而江浙，转瞬底定东南矣。乃国军所至之地，共产党假借国民党名义到处制造工潮、制造农潮，工要增资减时，农要免租占田，不厌所欲，则威胁百出，暴民气焰甚张，主东吞声莫诉，遂致巨室远扬，中人破产，工商歇业。物竭价腾，生活愈高，失业愈众，有产固被其祸，无产亦同其害。①

国府在北伐即将成功之际，摆脱联俄容共时期的革命色彩，将革命过程的脱序责任，转嫁给中国共产党承担，借以争取民众的支持。国府同时也采纳商民协会在1927年提出召开全国经济会议的意见，网罗各方代表及全国经济专家，讨论中国经济状况，项目包括土地、资本、生产、消费、劳力与贸易事务的规划。

不过，在军务倥偬时刻，召开全国经济会议的提案不被列为急务而暂时搁置。直到1928年4月底，北伐军事行动快速进展，全国统一指日可待，战争结束即须进入训政时期，兴办国家庶政。为了筹划北伐完成之后的国家建设与财政配合事务，全国经济会议的提案才又被提上议程。国府命令财政部召集各省财政长官举行全国经济会议，筹划中的主要事项，包括编列中央政府的机关费与事

① 《冯少山等请召集全国经济会议调节各方纷争并抄送经济会议议案审查报告书等呈(1928年1月31日)》,《中华民国史档案资料汇编第五辑第一编财政经济(一)》,第60页。

业费预算、划分国家与地方税目、征解地方缴送中央税款等事项，任务目标设定在中央与地方各省的收支，能够在预算上取得平衡，不致有亏欠挪移之弊，进而树立健全的财政基础。[①]

财政部奉令筹办会议，宋子文在6月15日致电各地财政官员，要求提供当地财政资料，分由中央税款及地方收入两大项目编列最近收支实况及预算，作为召开会议时的参考。同时，宋子文为了将军事期间的特殊财政尽早恢复平常状态，要求除了中央政府直辖的军费，经中央军事委员会核准后，得由中央税款拨付之外，其余地方政府若财政收入不足者由财政部协助，有余者须报部报解，使各省负担平均，为统一全国财政与裁减军备预作筹备。[②]

1928年6月20日至30日，国府召开全国经济会议，有关机关及社团代表与金融领袖汇聚一堂，讨论关于裁兵、统一财政及实行裁厘等三大问题。会中检讨民国以来的财政乱象，国家收支预算只有在1914年、1916年、1919年举行过三次，且仅为虚文而毫无实效。在税制现实上，不仅国税与省税的税目划分不清，苛捐杂税与协饷截留层出不穷，重要税入大宗的关税与盐税权又操之于外人。如果说过去的财政问题可归咎于军阀割据，但在北伐之后，国府必须负起整理财政的责任，应付财政需求与困境。[③] 关于厘金问题，在6月28日通过《改办特种消费税以裁撤国内通过税》的议案，其中，曾任湖北省财政厅长且具有经办税务经验的贾士毅，其意见获得当局的青睐。贾士毅主要的建议是，欲使中国达到关税完全自主，最简单的方式是对外的货物课以关税，对内的货物课以消费税。不过，由于关税向受外国税员掌控，国府可以选择特殊物品改办内地消费税，抵补裁厘的损失。至于国外输入货品，则可以仿照各国通例，除了征课进口税外，若有与本国相同物品，仍可课以消费税，此议即成为日后国府兴办特种消费税的立

---

① 《国府秘书处奉准由财政部召集全国财政会议并抄送该会简章等的呈稿》(1928年4月28日)，《中华民国史档案资料汇编第五辑第一编财政经济(一)》，第42—43页。

② 《宋子文致福州等地财政税务官电(1928年6月15日)》，《中华民国工商税收史料选编》，第一辑，第1008页。

③ 《〈申报〉关于会议主要议题的报导(1928年7月1日)》，《中华民国工商税收史料选编》，第一辑，第1016页；刘师舜编著，《邹琳先生之生平：自北伐至抗战胜利服务之第一手数据》，第15—16页。

论基础。①

全国经济会议热烈召开，众人对于各项议案充满期望，认为军政时期可望在北伐完成立即结束，届时即可裁减军费，移于国家建设之用。会议闭幕时，宋子文很乐观地发表他的感言：

> 此次会议有一个很大的效果，就是各军事领袖大家能确实知道财政部收入的确数，并且知道要供给如许军费，实在力有不及，所以，对于裁兵就有希望，裁兵真能实行，人民自然得到许多好处，便是财政问题也能迎刃而解，努力从事于建设的工作。②

会后，为了落实及解决在全国经济会议上所提出的各项财政问题，国府决定召开全国财政会议，再作具体的讨论。

二、 第一次全国财政会议与裁厘抵补的规划

全国经济会议甫闭幕，第一次全国财政会议随即于 1928 年 7 月 1 日至 10 日在上海举行，讨论国民经济各项课题，其中，裁撤厘金问题引起热烈关注。与会代表均同意，厘金是中国本土经济活动的最大障碍，过去政府只因收入丰厚而保留此制。现在革命告成，诸政刷新，无利不兴，无弊不去，财政部应统筹新税，裁废厘金。③ 此次会议最值得注意的是，它率先提到以另办新税作为裁厘抵补的想法，不再囿于必须与列强谈判修改海关税则的加税框架，让清季以来悬而未决的裁厘问题出现转机。

国府改变对过去裁厘运动一直牵扯不清的修订关税课题，提出新的处理原则，其中的发展脉络十分值得探索。1928 年 2 月初的一篇报道指出，中国丧失

---

① 《裁厘运动之经过》(1931 年 1 月)，《中华民国工商税收史料选编》，第三辑，第 1753 页；贾士毅：《裁撤国内通过税改办特种消费税之意见》，中国经济学社编，《中国经济问题》，上海：商务印书馆，1929 年，第 83 页。

② 《〈申报〉关于会议主要议题的报导(1928 年 7 月 1 日)》，《中华民国工商税收史料选编》，第一辑，第 1017 页。

③ 《第一次全国财政会议关于请预定日期宣布裁厘加税案(1928 年 7 月)》，《国民政府财政金融税收档案史料(1927—1937 年)》，第 932 页。

关税主权已逾 80 余年，又受到第一次大战结束参与巴黎和会的失利刺激，收回关税自主权运动日盛一日，然而，以当时中国的现实条件，欲与列强重订关税税则，此一任务极为困难。过去关税受到外人操纵的唯一理由是，关税为外债的主要担保品，历来的中国政府因承认外债赔款，即不得不保护关税；外国人又认为若关税增加税率，将加重外商负担，但若维持原状，又恐外债担保不够稳固，故允许酌增少数，但却不愿中国拥有自定义税则之权。加上各国在华情形不同，意见歧异，中国若与个别国家单独谈判，每被对手以外国在华权益为整体关系为由而婉拒，总有无从进行之感。① 国府十分明白国际处境的艰难情况，决定将裁厘与关税自主案划分开，成为两项个别处理的事务，以免交涉顾此失彼，均无成就。

全国财政会议既已议决裁厘，另办新税作为抵补，那么，要用何种税目、采取何种方式来进行裁厘？财政部赋税司长高秉坊认为，厘金亏短可以透过兴办营业税，由地方支配收入，作为抵补。高秉坊的建议，因为有让地方自行其是之虞，不符国府统一全国财政企图，被"特种消费税"的议案所取代。财政部提出，地方政府只能开办"特种消费税"来取代厘金，而且此税限于奢侈品并由中央政府监督。同时，国府亦宣布将加紧筹办与裁厘案有密切关系的关税自主案，以及盐税就场征收案。②

以专家学者身分参与财政会议的刘大钧，对裁厘问题提出详细的分析。他认为，厘金收入在清末不过 2,900 万元，现亦只有 6,000 万元，如果能设法增加关税果能增加，不难抵补此一数目。北洋政府时期召开关税会议时，中国代表王正廷已经宣布将在 1929 年 1 月 1 日裁除厘金，同时实行关税自主，各国亦表示一致赞同，可见如果真能裁厘，关税自主也亦不成问题。裁厘问题历时多年迄未解决的关键，在于事权问题。重点是，厘金由各省征收，关税为中央收入，若裁厘结果是以中央收入抵补各省损失，各省损失既得利益，自然对裁厘抱持观望态度。要彻底解决此问题，须先使厘金税权统一；若欲统一税权，必须先将厘金及

---

① 蔼庐：《易纨士统一税务计画之观察》，《银行周报》，卷 12 期 4（1928 年 2 月 7 日），第 1 页。

② 高秉坊：《营业税之立制与整理》，江苏省中华民国工商税收史编写组、中国第二历史档案馆编：《中华民国工商税收史料选编》，第五辑，南京：南京大学出版社，1999 年，第 372 页；《整理财政大纲》（1928 年 7 月），《国民政府财政金融税收档案史料（1927—1937 年）》，第 8 页；《整理财政大纲案（审查修正报告）》，《审查报告一》，全国财政会议秘书处编：《全国财政会议汇编》，台北：文海出版社影印出版，1987 年，第 16 页。

一切通过税皆划归中央。裁厘问题的核心是中央与地方的财政自主权，国府决定将田赋划归各省抵补厘金之数，然而，田赋早在北洋政府时期即为各省留用，现在划归地方，不过是承认现实而已。地方政府因所得有限，对于国府提出的裁厘主张自然不感兴趣。为了让裁厘工作能够顺利进行，刘大钧建议由中央及地方政府共同派出代表，设置裁厘委员会，并且另外开办营业税等新税目，作为地方税源，以争取地方的支持。①

不过，也有代表不赞同刘大钧的地方财源本位，而从中央财政的角度出发，提出裁厘问题不能只顾地方的需求，也应考虑中央财政的平衡性。如果以厘金作为国家税，营业税作为地方税，在裁撤厘金之后，国家收入势必短绌。② 由于中央与地方各有立场，未能妥协，为了更能全面考虑裁厘后的税目调整问题，国府决定另外召开裁厘会议，以落实中央与地方的财政收支划分原则。

财政会议结束之后，评论认为国府此次以筹措抵补来讨论裁厘问题，确切触及本课题的核心。理由很简单，厘金每年有巨额收入，不能空言裁撤，却不设法谋求抵补。本次会议针对裁厘之后立即引发的税源缺乏现象，提出抵补的具体规划，如此一来，裁厘即有成功的希望，国人热切期待国府执行裁厘措施。③

第三节　五省裁厘委员会议与改办特种消费税的决策

一、五省裁厘委员会议的裁厘共识

财政部长宋子文在全国经济会议及第一次财政会议闭幕之后，向国府报告两次会议的情形及结论，其中要目为划分国家地方收支、统一财务行政，裁厘加税、关税自主、整顿国债、划一币制、维持贸易及金融、审订银行制度、筹备裁兵等

① 刘大钧提：《议设裁厘委员会实行裁厘筹划抵补方法提案》，《中华民国工商税收史料选编》，第一辑，第1034—1035页。

② 陈其采提：《浙省首先实行裁厘并开办营业税以资抵补案》，《中华民国工商税收史料选编》，第一辑，第1089页。

③ 戴铭礼：《厘金及其裁撤问题》，《银行周报》，卷12期29(1928年7月31日)，第6页。

等。宋子文认为，国府进入训政时期，必须扭转北洋政权时代的财政割据乱象，前提是必须先解决中央与地方的财政划分问题，其中尤以裁厘的相关规划为重要核心。①

国府几经筹划，于1928年12月7日先公布海关进口税税则，定于次年2月1日起施行，由外交部照会比利时、意大利、美国、葡萄牙、西班牙、挪威、丹麦及日本八国公使，宣示关税自主的决心。接着，国府在12月14日至19日召开裁厘委员会议，包括江苏、浙江、安徽、福建及江西省，均派财政厅长或代表参加，故本会议又通称为"五省裁厘委员会议"，此外，京、沪、汉、津、平总商会及各省商联会亦有代表与会。②

裁厘会议开议之时，由于国府已经宣布关税自主，过去一直被视为裁厘抵补项目的关税，不再列入讨论范围。国府决定在裁厘之后另办新税，同时议决十项实施裁厘要点：

一、裁厘以后改办之新税，税为特种消费税。

二、裁厘时期自该会闭会后起算，至迟不得超过六个月。

三、特税管辖机关，均由各省财政特派员公署主办。

四、糖税、织物税、出厂税三目，由财政部直接主办。

五、特种消费税以设局开征为原则。

六、特种消费税品目，照裁厘委员会议决原案办理。

七、特税税率，日用品为自2.5%至5%，半奢侈品为7.5%至10%，奢

① 《国民政府秘书处检送宋子文统一财政建议书函(1928年8月21日)》，《国民政府财政金融税收档案史料(1927—1937年)》，第13—14页。宋子文在前一报告提出的三天之后，又提出"统一财政确定预算整理税收并实行经济财政政策以植财政基础而利民生建议案"(1928年8月14日第二届中央执行委员会第五次全体会议通过)中，以"宁息国地收入争执纠纷"为目标，提出国家收入的项目包括：如盐税、海关税、内地税、常关税、烟酒税、卷烟税、煤油税、厘金及一切类似厘金之通过税(指裁厘未经实行以前)、邮包税、印花税、交易所税、公司及商标注册税、沿海渔业税、所得税、遗产税、国有财产收入、国有营业收入、中央财政收入，及其他属于国家性质之现有收入。地方收入项目包括：如田赋、契税、牙税、当税、屠宰税、内地渔业税、营业税、市地税、所得税之附加税、船捐、房捐、地方财产收入、地方营业收入、地方行政收入，及其他属于地方性质之现有收入。参见秦孝仪主编，《革命文献》，第79辑，《中国国民党历届历次中全会重要决议案汇编(一)》，台北：中国国民党中央委员会党史委员会，1979年，第108页。

② 协民：《中国财政史上重大改革——裁厘运动之过程》，《国闻周报》，卷8期1(1931年1月1日)，第5页。

侈品为12.5%至17.5%。

八、各省各行决定特种消费税的征收数目及应急速办理的手续。

九、征收特种消费税时，货物若便于产销并征者，以一次并征为原则，但有以分征为便利者亦得设法分征，其分征办法另以细则定之。

十、裁撤厘金改办特种消费税后，较之旧厘比额如有亏短时，国家正项收入及各省原有从厘金项下附征之税捐应分别另筹抵补，不得在特种消费项下带征任何附税。①

财政部呈报给国府的五省裁厘会议综合说明中，再把上述十项裁厘要点，整理成为三项共识：第一，裁厘后改办新税，名称按照裁厘委员会所议决的原案，称为“特种消费税”，系对指定的特种货品征税，并非物物课税。第二，从会议闭会后起算六个月为裁厘时期，分成三阶段进行。各省应在1929年2月底前，先将厘卡裁撤一部分，并且举办一部分特种消费税；接着在4月底前，各省应举行第二次裁厘，并增办一部分特种消费税；最后，各省应在6月底前将厘金完全裁毕，并将特种消费税一律办齐。凡是已经办理特种消费税的品目，一律免收厘金。第三，改办特种消费税后，如果收入比厘金亏短时，中央政府应在各项国家收入及各省原有从厘金项下附征的税捐来另筹抵补，不得在特种消费税项下附征任何附税。② 国府终于取得地方的配合，开办特种消费税作为抵补，预定在六个月之内完成裁厘大业，进行财政改革。

二、 开办特种消费税的争议

在五省裁厘会议中，对于应该对那些特定货物开办特种消费税，各省代表根据当地贸易情况提出可行项目，预估收入数额，并与厘金额作比较，提供国府实施裁厘时的参考。五省提报的厘金旧额，江苏约900万元，浙江约700万元，安

① 《财政部报送江苏等五省裁厘会议议决裁厘十项要点等文件呈(1929年1月4日)》，《国民政府财政金融税收档案史料(1927—1937年)》，第936页。

② 《五省裁厘委员会议决通过之裁厘要点(1928年12月)》，《国民政府财政金融税收档案史料(1927—1937年)》，第935—936页。

徽约316万元，福建约513万元，江西约360万元，合计2,789万元；改办特种消费税之后，预估可得税额为江苏336万元，浙江496万元，安徽116万元，福建330万元，江西320万元，合计1,598万元。为了弥补裁厘的财源缺口，五省预订开办的特种消费税目超过20种，被各方批评，新税品目繁杂，实与厘金无异，而且预计估收入尚不及厘金原额的60%，如此一来，可以预见将来实施后的结果，必是地方政府为求财源自足而另行开征其他税目，遍地苛捐杂税的情景仍不能免。①

五省裁厘会议结束，各省政府依照先前决议，展开办理特种消费税及进行裁撤厘金的活动，但又不时出现延缓裁厘的事例。例如，1929年2月，福建省政府呈文财政部，报告福州总商会来函磋商更改税务局所地点和提议改良收税办法，并要求展缓两个月期限。对于地方的请求，国民政府虽然要求各地立即举办特种消费税，以抵补裁厘后亏短税额，然成效相当有限。②

各地政府即使勉强推行特种消费税，时见开办不久即引起民间团体反对的报道，主要的理由是“关税已加，厘应裁尽，无庸另筹抵补”。商民质疑改办特种消费税的做法，事实上只是局部裁厘，与过去国人主张加征关税作为抵补的诉求大相径庭。另一方面，商界也批评国府在开办此税时，并未咨询商业团体的意见，列举出多项明显损及商人利益的不合理规定，指责其名为裁厘，实为加税，阻碍国货流通与本国企业发展。商界扬言，国府应该召集全国裁厘会议，采纳多数商会代表意见，在未得政府回应之前，商界决定全面杯葛国府开征特种消费税的决策。③

商界的反弹并不是全无道理的。国府召开五省裁厘会议，对于历来被视为

---

① 《财政部编制五省厘税年额约计表(1928年12月19日)》，中国第二历史档案馆编：《中华民国史档案资料汇编第五辑第一编财政经济(二)》，南京：江苏古籍出版社，1994年，第288—291页。

② 《徐桴请延缓撤销福建裁厘分会呈(1929年2月15日)》，《国民政府财政金融税收档案史料(1927—1937年)》，第940页；《财政部向国民党三全大会提出之财政部工作报告》(1929年3月17日)，《中华民国史档案资料汇编第五辑第一编财政经济(一)》，第532页。

③ 《赖维钧等关于关税自主后厘金及各项苛杂应依法裁撤呈(1929年3月19日)》《行政院秘书处送全国商联会等请求停办特种消费税呈函(1929年3月26日)》《行政院秘书处抄送上海特别市商会向国民党三全代表大会提交之切实废除苛杂议案函(1929年9月23日)》《国府文官处检送林康侯等呈请裁撤厘金废除苛捐杂税函(1929年11月11日)》，以上四文件，见《国民政府财政金融税收档案史料(1927—1937年)》，第940—947页。

最棘手的裁厘抵补问题，仅议定以特种消费税作为抵补；但各省现实状况不同，是否足敷尚属疑问。再加上过去厘金中课税物品有大宗收入的百货项目，在此次亦均包罗于特种消费税之中，难怪时人直指特种消费税实为厘金的变相。①

各地商民纷纷抗议，特种消费税的繁苛不下于厘金，参与裁厘会议的五省商会也发表声明，表示此案与当初决议精神完全相反，福州商帮更以停止运货以示抗议。不久之后，国府举行编遣会议，国内军事领袖不欢而散，内战有一触即发之势，各地裁厘的进程呈现完全停摆的状态。裁厘之举仅止于政策宣示，而迟迟未能有实质作为，各地政府为筹措财源，仍开征厘金或各式消费税。② 国府原先推动以特种消费税配合裁厘的政策，此时又不得不再另作调整。各界对于应采取何种税目作为厘金抵补，意见分歧，有的举出应开办所得税，有的主张开办营业税，也有认为改革印花税即可达成使命，众议杂陈，留待国府再作取择。

第四节 裁厘改税活动的推展与统税制度的建立

一、 裁厘活动的进展

1930 年初，财政部长宋子文奉令重整迄未完成的裁厘事业。在宋子文主导的“整理税制方案”下，国府于 1 月 17 日再度明令，自 10 月 10 日起，裁撤全国厘金及一切类似厘金。此次明令应予裁废的税目，属于内地部分者包括：厘金、商埠五十里内外之常关税及附加税（海陆边境常关征收国境进出口税不在裁撤之列）、统捐、统税、货物税、铁路货捐、邮包厘金、落地税，以及“不问其名目为何，凡

---

① 蔼庐：《裁厘后举办特种消费税之商榷》，《银行周报》，卷 13 期 4（1929 年 1 月 22 日），第 1 页。立法委员卫挺生在消费税制定期间曾反对此项税制，而在国府付诸实施之后，仍在其著之《中国今日之财政》，上海：世界书局，1931 年，第 36 页提出：“特种消费税，除各种出厂税及已有各税外，其余十几项，没有一项是应办的，特种消费税的名目，应完全废除，无庸举办。”

② 协民：《中国财政史上重大改革——裁厘运动之过程》，《国闻周报》，卷 8 期 1（1931 年 1 月 1 日），第 5—6 页；《国民政府关于制止各地任意增加税捐的训令（1930 年 4 月 7 日）》，《中华民国工商税收史料选编》，第三辑，第 1715 页。

含有国内通过税之性质者”。属于海关部分者,包括:海陆新关之子口税及附税、海陆新关之复进口税及附税、海陆新关由此口到彼口之出口税等三大品类。[①]

1930年2月1日,国府宣布自该日起实施关税自主。然而,财政部赋税司在当日的一份提案中,坦言只要厘金一日不裁撤,外人即可以作为借口,妨碍关税自主案的进程,国内对货征税的税制也无法改弦更张。只有做到完全裁废厘金,才有税制改革的空间,否则将成为国府迟迟无法推行财政兴革的病灶。财政部赋税司综合针对过去商民反对特种消费税的原因,研拟出一套解决方案的说帖,除了将原先规划的众多征课项目简化成为六项(丝、瓷、茶、油、竹、木)之外,更归纳出四点特种消费税优于厘金的理由,可以视为中央财政机关面对商民反对的官方回应:

> 一、旧制厘金系物物课税主义,特种消费税则系采用现代文明国家特种物品课税主义,其所课之税,仅系国家法律上指定之特种物品,其课税范围,比之物物课税主义,缩小许多。
>
> 二、厘金旧制,商人运输货品,经过若干所局卡,即须纳若干次厘金,特种消费税则严守一物一税之原则,仅就货品之出产或集中之处收税,无类似厘金之局卡,且一税征足之后,通行全国,不再征收任何税捐,比之厘金之节节抽收,便利不啻霄壤。
>
> 三、特种消费税之课税物品,有奢侈品、半奢侈品、日用品之类别,奢侈品之税率最高,而日用品之税率最下,足以顺应时代之潮流,调剂贫富之负担。
>
> 四、从前舶来洋货纳足进口关税子口税,而提有子口单者,在单货尚未相离之时,可以通行国内,不纳厘金。而本国货物,虽在起运之地纳足厘金,而中途所遇局卡,仍须节节照纳,以致造成洋货压迫国货之危象。各国特种

---

① 《财政部赋税司送整理税制方案关于裁厘改税事项函(1930年2月15日)》,《国民政府财政金融税收档案史料(1927—1937年)》,第950页。

消费税之通行现制，则凡舶来货物，苟合于消费税性质者，除纳关税外，亦课以内地同等之税。意国之统税，法国之卖出税，巴西美国殖民地之外来货物消费税。日本之煤油税，成例具在，可以复按，就保护国产上言之，亦较为利者也。①

孔祥熙在财政部提出特种消费税的宣传之后，随即在2月3日向国府报告，决定以特种消费税及统税作为进行裁厘改税的张本，同时筹划开办所得税、遗产税、营业税及奢侈品税等项目，进行税制革新。孔祥熙回顾国府成立以来，因中央政局时起变动，内乱外患频仍，各地政府为谋自给自足，厘金之外又有类似厘金之捐税。民国以来税制紊乱的面貌，在北伐完成之后，丝毫未有改变迹象。国府现在改良征收方法，严格执行"一物一税"的原则，在裁撤常关之后，由中央政府实行全国特税（即特种消费税），以数项大宗重要物品为征收项目，地方各省不得重征，地方则开征统税，所征物品项目应呈请中央政府核准后施行。孔祥熙最后提出，除了开办统税和特种消费税之外，还应筹划开办所得税、遗产税、营业税及奢侈品税，完成中国的财政革新。② 国府采纳孔祥熙的提案，下令财政部指挥所属官署，依照上述原则筹办裁厘计划，务必在10月10日完成裁撤厘金的历史任务。③

财政部此次的"整理税制方案"，正式提出"裁厘改税"作为经办整理税制的最重要业务，与过去"裁厘加税"的思考模式大为不同。简言之，"裁厘加税"只考虑国家财源的收支平衡问题，不论是修订关税税则来增加关税，或是开办特种消

---

①《财政部赋税司送整理税制方案关于裁厘改税事项函(1930年2月15日)》，《国民政府财政金融税收档案史料(1927—1937年)》，第951页。

②《孔祥熙奉令拟定之废除苛捐杂税方案(1930年2月3日)》，《国民政府财政金融税收档案史料(1927—1937年)》，第947—949页；对于官方宣传特种消费税是"一物一税"的良税，事实上在试行阶段时，曾因地方执行者的态度而未能维持，以致遭到物议。罗介夫：《中国财政问题》，上海：太平洋书店，1933年，第223页中回顾，在1929年间，赣闽两省曾改办特种消费税，江西省商会联合会呈请财政特派员公署，要求退还重税，公署批复："业油者，未必业豆，一经发还，必致互相买借税票，流弊丛生"等语，严词拒绝，对于一物一税的原则不啻完全推翻。其由他省进口，而并非销售于赣省的货物仍须完税，他省必至效尤，亦即，所有货物一税之后通行全国的原则，也不能够实行。

③《财政部为裁撤厘金事致国民政府文官处函(1930年3月)》，《国民政府财政金融税收档案史料(1927—1937年)》，第955页。

费税，其出发点都是如何另辟税目，借以筹足抵补厘金的收入。于是，若抵补无法筹足，裁厘即无法进行。“裁厘改税”则是凭借裁撤厘金的施行进程，搭配各种税目的制定与推展，为中央与地方的赋税制度进行合理化的调整。即使税收不足，国府也必须贯彻执行裁厘活动。为达此目标，国府必须编列预算补助地方，或是另行开征在近代世界国家税制中较为合理的各种直接税项目，平均商民的负担。

在财政部筹划裁厘的工作紧锣密鼓展开之际，1930 年 2 月 10 日，阎锡山以发表电文约蒋中正共同下野而展开电报战，至 4 月初发展为南北对立，更在 5 月下旬爆发全面军事冲突的中原大战，直到 9 月下旬战事才止息。国内政局动荡，裁厘改税的行动不得不又搁置下来。行政院在 10 月 11 日发出训令，以“军事尚未结束”为由，宣布裁厘延至 1931 年 1 月 1 日实行。① 由于国府屡次宣布撤厘，又屡次延宕实施，颇令商民怀疑其执行政策的能力与决心。为了展现裁厘决心，中国国民党在 11 月 2 日召开中央执行委员会第四次全体会议，议决自 1931 年 1 月 1 日全面裁撤厘金及类似厘金之交通附捐等各税，要求国府令饬财部遵办，不得再以任何理由请求展期。财政部部长宋子文更在 12 月 15 日及 23 日两度通电全国，宣示裁厘决心。②

二、 统税制度的建立

1931 年初，裁撤厘金已如箭在弦上，财政部加紧办理各项裁厘改税政策。其中，关于地方上实施特种消费税与营业税的部分，将于第五章再行讨论。开办西洋直接税理念的各项新税目，因国府财政顾问甘末尔提出中国国情不同，不宜推行新税的异议，亦暂告中止。③ 本节主要在叙述作为中央税收的统税制度梗概，观察裁厘改税的具体成果。

国府宣称，统税是把过去繁复的货物税捐，代之以一物一税的内地税制，它具有出厂税和内地税的性质。依规定，统税应于货物出厂之时课征，不得课征存

① 《行政院关于 1931 年 1 月 1 日前实施裁厘训令(1930 年 10 月 11 日)》，《国民政府财政金融税收档案史料(1927—1937 年)》，第 956 页。

② 《裁厘运动之经过(1931 年 1 月)》，《中华民国工商税收史料选编》，第三辑，第 1755 页。

③ 《甘末尔设计委员会税收政策意见书》，《序言》，《国闻周报》，卷 7 期 42(1930 年 10 月 27 日)，第 1 页。

在厂栈尚未运出的货物；又因其性质属于内地税，凡国外输入而在国内销售的货物，应与国制品同样缴纳统税，若是已经完纳统税的货物要运往国外时，则准予退税。在课征原则方面，统税定为国家收入，地方不得重征或截税。凡属统税范围的货物，全国采用同一税率，中外商人平等待遇。①

最先实施的统税是1928年举办的卷烟统税，以苏、浙、皖、闽、赣五省为开征区域。其做法是由统税机关派员驻在卷烟厂内，在货物出厂的时候征收一道统税，凭税照营销全国，不再重征任何捐税，若发生重征现象，商人可以缴验证件，请求退税。三年试办统税的成功经验，加强国府实施裁厘的决心。1931年国府正式裁厘，即依据先前办理卷烟统税的经验，陆续开办棉纱、火柴及水泥统税，加上原有的麦粉税亦归入统税范围，因此有"五项统税"之称。接着，原属烟酒税范围的啤酒、熏烟叶、火酒等项，也都在抗战前夕先后改办统税，与关税及盐税同列国库收入大宗。

至1933年，统税的实施范围，扩及苏、浙、皖、湘、鄂、赣、鲁、豫、粤、桂、闽、冀、晋、察、绥15省。辽、吉、黑、热四省，在九一八事变之前也视同统税区域。此时尚未实施统税制度的西北及西南各省，财政部规定，凡统税货品由统税区域运往未施行统税省份者，可以采取两项变通措施：其一是准由商人于货品起运前，报明请领免税运照，俟运达未施行统税省份，出具地方征收证据，送由原发照机关核销。其二是凡已完统税出厂之货物，运抵未施行统税省份，准由商人先取得地方的征收凭据，送由税务署核明退税。至1935年及1936年间，财政部先后与未办统税各省洽商，中央拨出统税补助地方，将川、康、陕、甘等省亦纳入统税区域。②

国府对于建立统税制度后，终于解决清季以来的厘金问题，感到相当满意。1931年初财政部提出的税制改善报告，回顾1927年奠都南京时的财政乱象，国内苛捐杂税繁多，章制纷乱，局所林立，上海一隅就有中央与地方税征收机关130余所。在统税制度实施之后，不但撙节经费，税务行政上也有事半功倍的新

---

① 《财政部税务署编拟之10年来之货物税节录(1943年11月)》，《国民政府财政金融税收档案史料(1927—1937年)》，第1024页。

② 《税务署长张静愚谈战时统税工作的广播稿(1944年2月17日)》，《中华民国工商税收史料选编》，第三辑，第1858—1860页；《财政部税务署编拟之10年来之货物税节录》(1943年11月)，《国民政府财政金融税收档案史料(1927—1937年)》，第1024页。

局面，显见国府的财政兴革已出现成果。[①] 国府大肆宣扬裁厘之后一连串改良税制的改革成果，民间也认同裁厘后，国内工商业有振兴之望。尤其重要的是，国府透过裁厘改税活动的进行，充分显示出近代中国朝向财政统一与健全发展的改革目标。[②]

小结

1926年时，国府以在野政党的身份，对于清季以来一直进行的裁厘加税运动，改变以往从重订税则以及增加关税入手，与列强进行谈判的旧思维，将重点改为国内税制的调整，以开办一物一税的统税，解决裁废厘金的财政困扰，将中外纠葛数十年的厘金问题单纯化，为其财政改革奠定基础。

1927年6月，国府于北伐之际召开财政会议，议决将田赋划给地方，将厘金改列为中央税目，完全扭转传统中国的税制设计。国府也认识到，要解决厘金问题，除了须与列强外力进行交涉之外，还须处理国内地方实力派的掣肘压力。故将原为地方税的厘金，转化成为中央税目，使地方有所取偿，以化除阻力。

北伐完成之后，国府在1928年6月20日至7月1日，连续召开全国经济会议及全国财政会议，决定改办特种消费税，同时裁撤国内通过税。这项提案标举另办新税作为抵补的想法，不再囿于必须与列强谈判修改税则的框架，把关税自主案与裁厘加税案，划为两项可以分别办理的议程，让清季以来悬而未决的裁厘问题出现转机。会后，国府宣布关税自主，并且召开五省裁厘委员会议，决议裁厘要点。国府推动以特种消费税配合裁厘的政策，因民间认其苛扰而须有所调整，几经筹划，终于形成中央以统税而地方以营业税为中心的税制改革，完成裁厘的历史工作，进而开创财政与税制的新体制。

---

① 《1929年度财政报告——税制之改善(摘录)(1931年3月17日)》，《中华民国工商税收史料选编》，第三辑，第1729—1730页。

② 财政部财政年鉴编纂处编:《财政年鉴》，上海：商务印书馆，1935年，第22页；马寅初:《中国赋税体系》，《财政学与中国财政》，第259页。

第五章　裁撤厘金后的税务调整

第一节　从特种消费税到营业税的地方税设计

一、 裁废厘金与税源抵补问题的讨论

国民政府于 1930 年 12 月 15 日发出裁厘通电，正式宣布自 1931 年元旦起裁撤厘金，这是中国近代经济史的一桩大事。裁厘改税之后，国府立即面临税源短缺的困境，同时又必须应付内有中共根据地、外有日本侵略的压力，加上世界经济不景气潮流的冲击，如何获取充足税源以应时需，成为国府财政的当务之急。前已于第四章叙及，国府在中央税目上开办统税，地方以营业税作为抵补。曾任国府财政顾问的杨格，回忆国府裁厘前后的税务状况，也提到国府在 1928 年的财政会议上，划分中央与地方的税收项目，将厘金转为国税，田赋则划归省政府部门。然而，由于各省田赋向来缺乏整理，地方政府仍须由中央的厘金收入取得挹注。1930 年国府正式裁厘，授权省级征收营业税，但规定须接受中央的策划监督，同时也推展统税制度，拨出 2,000 万元的税入，补助各省不足，证实统

税与营业税提供裁厘后的税入挹注。① 以上叙述均是原则性的说法，事实上，光靠营业税不足以偿付地方的需索。财政部国库署在抗战时期的报告即指出，除了统税补助款和营业税之外，中央政府还须划定烟酒牌照税及提拨印花税四成，补充裁厘减赋后的地方开支。同时，国府也尝试增加海关进口税的税率，对特定物品如烟酒等依照特定税则征收，奢侈物品的平均税率为 30%，普通物品则为 12.5%，俾以增加收入。②

裁厘运动的核心问题，就是中央与地方如何抵补其损失的税源。北洋时期曾经对各省厘金收入做过调查，国府在宣布裁厘之前，因外在环境变迁，重新估算裁厘减少岁入的数目。根据财政部发布的资料，因裁厘而损失的税额包括：厘金 8,000 万元、常关税 775 万元、复进口税 540 万元、子口税 360 万元、铁路货捐 154 万元、邮包税 107 万元，总计 9,936 万元。民间的估计值则比官方来得稍高：各省厘金约 6,000 万元，海关所管土货出口往通商口岸税及其复进口税、洋货子口税、土货子口税暨五十里内常关税等共约 3,800 万元，五十里外常关税及内地常关税约 870 万元，铁路货捐约 246 万元，邮包税 107 万元，总计 1.1023 亿元。③

官方与民间对于裁厘而损失的税源项目有不同的认知与计算，民间也批评国府的裁厘工作并未全部完成。简单地说，1931 年的裁厘行动，只废除了由中国常关及各地厘卡所征收的货物过境税，但由海关所征收的两项税目——土货出口税及海关五十里内常关税——则暂时保留。评论指出，国府是因为要减少抵补的数目，才保留此二税目。商界不断反映，常关的贪污弊害不下于厘金，呼吁国府应尽速裁撤常关，完成全面裁厘的历史使命。国府面对裁厘未竟全功的民间评议，决定仍然维持原议，其考虑的确如一般评论所说的，是为了避免抵补

① 杨格(Arthur N. Young)：《中国的财政改革》，薛光前编：《艰苦建国的十年》，台北：正中书局，1971 年，第 100 页。

② 《财政部国库署编拟之十年来之国库节录(1943 年 11 月)》，财政部财政科学研究所、中国第二历史档案馆编：《国民政府财政金融税收档案史料(1927—1937 年)》，第 352 页；中央党部国民经济计划委员会主编：《十年来之中国经济建设》，南京：南京扶轮日报社，1937 年，第 14 页；中国国民党中央执行委员会政治会议咨国民政府(1927 年 6 月 27 日及 7 月 18 日)，国民政府档案，档号 2-1.12.2/3，《裁厘与制订进口关系条例》。

③ 陈震异：《裁厘抵补问题(中)》，《银行周报》，卷 15 期 6(1931 年 2 月 24 日)，第 20 页。

数目过多，造成财政重大的负荷，但同时也提出解释，中央政府保留常关税和土货出口税的项目，在中央政府的统筹之，提拨部分作为地方的行政经费，以免地方政府借口财源匮乏而自行开征税目，让好不容易才实施的裁厘大业成果付诸东流。直到1931年6月，国府才宣布裁撤五十里内的常关税，国内货物自此自由流通。由此可见，国府裁厘工作因财政需求的限制，不得不分阶段进行的现象。①

厘金向为地方岁入大宗，自从明令裁厘，各省政府纷以地方经费拮据为由，呈请中央拨款补助。财政部长宋子文在1930年12月初的一份呈文中提到，各省提出的方案，有的主张将盐税附加税拨归省政府，有的要求把研议中的特种消费税划归省财政厅。宋子文认为，地方只顾自身需求，阻碍财政的统一性，将使裁厘徒成具文。面对地方争取税源的要求，中央应根据三项原则妥善处理：第一，盐税正附是国课大宗，过去附税已经收归中央的湘鄂等省，不得移拨省库；至于尚由省库征收者亦应尽速收归中央，以期统一盐税。第二，特种消费税是中央税，由中央筹设专局，划一税法章制。第三，中央政府酌量各省财经条件和实际收支情形，个案补助政费。②

国府正式裁厘后，面对将近1亿元的抵补问题，在中央政府的财源方面，首要目标放在整理盐税上面。据1931年初的估计，当时中国的销盐量，每年约在5,000万至6,000万担之间。而在有税率可考的1,560县中，盐税每担收5元半以下者约有780县，在6元以上者约有770县，平均税率约为6元弱。国府明令，凡属盐之正附税捐均归中央征收，估计加以整理及剔除积弊之后，每年可增加1.5亿至1.7亿元的收入。③

除了盐税之外，国府又于1931年2月1日举办棉纱、火柴、水泥三种统税，然而此三项统税数目仍不足以平衡收支，财政部于是提案对丝、瓷、茶、油、竹、木

---

① 陈震异：《裁厘抵补问题(中)》，第20页；孔祥熙：《十年来的中国金融与财政》，中国文化建设协会编，《十年来之中国》，上海：商务印书馆，1939年，第112页。杨汝梅：《民国财政论》，上海：商务印书馆，1927年，第30页中提到内地常关共有20关：京师税关、张虎多税关、塞北税关、临清常关、淮安常关、凤阳、赣关、闽安、武昌、新堤、辰州、宝庆、潼关、嘉峪、夔关、成都、宁远、雅安、太平、浔州。其中以京师税关为首，收入独多。

②《行政院议准财政部拟具整理中央财政三项纲要训令(1930年12月11日)》，《国民政府财政金融税收档案史料(1927—1937年)》，第36页。

③《卫挺生陈述解决当前财政办法函(1931年2月18日)》，《国民政府财政金融税收档案史料(1927—1937年)》，第37页。

等六项物品，开征“特种消费税”。除了前章已叙及民间对此税目的反对立场，国府内部亦有不表赞同者。例如，立法委员卫挺生即致函蒋中正，以实务层面上“此六种税，无一可抽”，反对开征特种消费税。卫挺生的理由是，特种消费税若在出产地征收，因产地过于分散，行政诸多困难；若在销场征收，则与各省举办的营业税性质相同；若在经过地征收，则成为变相厘金。而且统计此六项税目历来全国收入总额，亦只不过700万元，即使税收增加至三四倍，仍不过二三千万元，如果为此少额税收而处处设局，支出的经费却不在少数，所余有限。除非万不得已，仍以不办为佳。①

同时，舆论界也纷纷提出学理分析，说明特种消费税是对特种物品的生产贩运或消费税所课之税，此与中国现行税制中的盐税、烟酒税、棉纱统税以及各种物品特税相类似。中国绝大部分的消费品都是日用必需品，有阻遏生产发达之嫌，上列税目均可转嫁由消费者负担，其实已与厘金的课税标的物相同。加上过去在厘金课税物品中有大宗收入者，现亦被规划在未来开办的特种消费税之中，难怪人们会认为，特种消费税仅是将厘金加以简化，成为厘金的一个变相。在多方疑虑及持续反对的压力下，宋子文在1931年4月3日在国民政府会议发言：“特种消费税将来办理时，征收方法，或系就货物生产，或集中地点，均不易办理；税制税率，虽比较厘金好，但征收手续不良，难保不为世人诟病。为贯彻政府裁厘之决心，及以不扰民为原则计，故决定不办，国家税收则另筹办法。”随后正式对外界宣布，为解除官民对于特种消费税成为变相厘金之疑虑，决定停止筹备特种消费税的事宜。②

---

①《卫挺生陈述解决当前财政办法函(1931年2月18日)》，《国民政府财政金融税收档案史料(1927—1937年)》，第37页。

②《裁撤国内通过税改办特种消费税案》，全国经济会议秘书处编，《全国经济会议专刊》，台北：学海出版社影印出版，1972年，第38—40页；《建议政府克期裁撤通过税改办特种消费税案》，同前书，第159—165页；记者：《裁厘后新税之进行》，《银行周报》，卷15期2(1931年1月27日)，第318页；蔼庐：《整理税制观(下)》，《银行周报》，卷11期32(1927年8月23日)，第1—4页；颂平：《大战后各国特种物品消费税之检讨(上)》，《银行周报》，卷15期10(1931年3月24日)，第15页；马寅初：《财政学与中国财政》，第259页：“政府又下令停办特种消费税，其理由为‘难保不沿袭积弊，成为变相之厘金，有违初愿，应即立时宣布免予举办’，用示政府体恤商民有加无已之至意。”《行政院秘书处函送绥远省驻军因裁厘而无法维持饷糈请示如何办理电》(1931年5月22日)，《国民政府财政金融税收档案史料(1927—1937年)》，第973页：“裁厘会议议决举办之特种消费税，因恐实施时成为变相之厘金，明令不予举办。”见吴景平：《宋子文评传》，福州：福建人民出版社，1992年，第120页。

特种消费税既已停办，自须另谋他图。卫挺生建议，可以提高业已经开征的卷烟统税税率，他认为中国每年的卷烟消费量超过1万亿元，世界各国对卷烟征税最高者有480%的税率，而中国对进口卷烟仅征50%，对国内厂制卷烟仅征42.5%，仍有相当大的调高税率空间。仅这一项税目，每年应可增加5,000万至6,000万元的数额。此税除了税收额较高之外，还有四大利益：一是课税货物为与人民生计毫无关系的奢侈品；二是生产集中而便于税收行政；三是收入数目；四是行政费用少。国府接纳了这项提议，于是，卷烟统税与原已开办的麦粉税，加上棉纱、火柴、水泥三项新统税，合称"五项统税"，成为抵补裁厘丧失的税源。①

二、国府筹议增加地方税源的尝试

如前所述，裁厘令实施后，国府立即收到各地要求中央补助的告穷电文。因此，国府在裁厘之后所必须处理的财政问题，除了抵补因为裁厘而减少的税源之外，还要设法增加岁入，俾以应付地方的经费需求。

对于地方财源的支用部分，国府的决策是一方面由国库给予补贴，一方面允许开办营业税，以资挹注。在国库补贴部分，财政部的做法是，依据各地厘金原额及财政情况，拨给厘金原额的四分之一到三分之一的补助款。举例而言，1931年1月初，张学良提出东三省因裁厘而损失岁入估计年约1,000万元，河北及山西省则年约1,300万至1,400万元，他要求财政部长在各项抵补税目尚未能收效之前，分期由关税项下拨补。宋子文在回复张学良电文中提到，1931年初各省的补贴数目：安徽厘金月收额30万，津贴10万；江西25万，月贴10万；湖北100万，月贴30万；湖南40万，月贴10万；广东毫洋80万，月贴毫洋25万；山东60万，月贴20万。宋子文认为，以湖北为厘金盛行之地，月收100万元，政府也只能补贴三分之一；张学良提出一年2000多万元的巨额，五省分摊平均每月每省约40万元的补贴要求，东三省及冀、晋二省的厘金收入绝对没有张学良说得那么多，因此以"非但中央财政支绌，力有不及"和"苟各省或有援请，即无办法应

① 《卫挺生陈述解决当前财政办法函(1931年2月18日)》，37；《1929年度财政报告——税制之改善(1931年3月17日)》，《中华民国工商税收史料选编》，第三辑，第1730页。

付"的双重理由加以婉拒。但是,为了表示重视张学良的地位,宋子文允诺将东三省地区的统税及消费税交给张学良支配,连同筹议在未来由省方办理的营业税,应可应付所需。①

面临裁厘之后的财政困难,不少省份仰赖国府的补助款作为挹注。例如,江西、湖北等省,补助款成为地方主要财源。由于原本通过的特种消费税在后来决定免办,地方政府所能得到的税源只剩下营业税。中央政府允许地方开办营业税,但对其拟订的税则具有监督权,成为国府应付地方政府需索时的制式回答。部分地区为争取额外收入,试图开征不被允许的特种消费税。例如,绥远省以"所拟征收特税连同各项税收仅能抵足政费,至驻军三师之给养饷糈尚分毫无着,实苦无法维持,若再将拟办之特税收入取消,则政费亦感不敷",要求开征特种消费税。国府答以"中央裁厘会议不准举办特种消费税""裁撤厘金,既经依限实施,各地方之营业税自必依照裁厘会议原案随同举办,绥省裁厘后各项经费不敷,自应以征起营业税拨补,以资维持",批驳开征的要求。②

由于国府未能全力提供地方财源,随后陆续出现一些地方政府根本不向中央政府提出报告,即自行开征税收的事例,以致时有变相厘金的报道。例如,1931 年初,安徽省府通过征收"出口米照价每石六角,杂粮每石三角"的税目,并在各地设立许多卡局,而且还不发给收据,令船户出具自愿纳费切结书,被批评为"显系违反裁厘明令,无异变相厘金"。同年 5 月间,河北省政府以"业奉张副司令电商财政部允予照办"为由,开征特种产销税,也被指其"扰民程度过于厘金,苛细甚于牙税",引起商民强烈反对。1932 年中,江苏省政府发布命令,决定于 7 月 1 日起举办特种营业税。地方商会以其"征收方法系就水陆输运道路扼要设处,对于丝、蚕、油、豆、茶、棉、竹木等类直接征税",税率定为千分之二十,认

① 《行政院关于东三省裁厘后损失过巨请酌量补助令(1931 年 1 月 9 日)》,《国民政府财政金融税收档案史料(1927—1937 年)》,第 968—969 页。

② 《各省财政概况》,申报年鉴社编印:《第三次申报年鉴》,上海:申报馆,1935 年,第 G32 - 33 页;《各省财政概况》,申报年鉴社编印:《第四次申报年鉴》,上海:申报馆,1936 年,第 G29 - 30 页;《1929 年度财政报告——税制之改善》(1931 年 3 月 17 日),《中华民国工商税收史料选编》,第三辑,第 1730 页;《行政院秘书处函送绥远省驻军因裁厘而无法维持饷糈请示如何办理电(1931 年 5 月 22 日)》,《国民政府财政金融税收档案史料(1927—1937 年)》,第 973 页;《财政部饬绥远省举办营业税抵补裁厘后收支不敷代电(1931 年 6 月 25 日)》,中国第二历史档案馆编:《中华民国史档案资料汇编第五辑第一编财政经济(二)》,第 428 页。

为这是"避厘卡之名,收厘金之实,而其所定税率又重于厘金二十倍"的苛征暴敛。1934年间,贵州省政府的岁入项目中还有"百货护商费",对中央报告:"百货护商费,原系委托厘局代征,至民国二十年四月,黔省遵奉中央明令,裁撤厘税,始收回,由各饷捐分局代为征收,以维军食。一俟中央协款有着,即行裁撤。"①由上述林林总总的报道可知,裁厘虽已历时三年,地方仍时有收税之举。

各地一直出现各式变相厘金的税目,导致厘金是否真正退出历史,成为当时及日后备受讨论的话题。有的论著认为,在名目上,厘金一词的确从各省的税目上消失。例如,杨格引述美国公使在1934年1月的报告,认为在国民政府控制区内,裁厘之举几乎已经完成;何烈则以故老相传,指称厘金制度虽在1931年正式废止,各地军队仍偶有私设厘卡之事,惟数年之后终于绝迹。但是,层出不穷的地方自行收税事实,令马寅初撰文指出:中央虽有监督地方财政之权,各省政府却鲜有遵守,以致厘金旧制仍存;任职于国府财政部的翁之镛也认为,原赖厘金为大宗收入的各级地方政府,将税名改头换面,或称产销税,或称特种营业税,继续收税活动。至抗战时期,统税收入大减,国府决意征收货物税,类似厘金的税政体制再度复活。②

第二节　营业税的创办与反应

一、 地方政府制定营业税法规的基本内容

国府原先在1930年1月规划裁厘工作时,要求全国同步实施,然而,各省因

① 《财政部请饬安徽省政府切实裁撤境内一切厘金呈(1931年1月16日)》,《国民政府财政金融税收档案史料(1927—1937年)》,第969页;朱偰:《中国财政问题》,上海:商务印书馆,1934年,《中国财政问题》第一编,第203页;《行政院抄送王晓籁等请通令各省市今后一律禁止以任何名义征收变相厘金函》(1932年6月28日),《国民政府财政金融税收档案史料(1927—1937年)》,第975—976页;《郑先辛送贵州省财政报告书呈(1934年4月30日)》,《国民政府财政金融税收档案史料(1927—1937年)》,第59—60页。

② 杨格(Arthur N. Young):《中国的财政改革》,第100页;何烈:《厘金制度新探》,第271页;翁之镛:《民国财政检论》,台北:华国出版社,1952年,第46—47页;马寅初:《中国经济改造》,上海:商务印书馆,1935年,第456—457页。

政情与现实条件不同,很难有齐一的步骤。面对裁厘活动进行两年以来,厘金仍以变相方式继续存留的问题,国府尝试以允许各地开征营业税来缓进解决。①1931年1月10日,国府由财政部行文各省政府,授权各省政府依当地商情,自行订定征收营业税大纲,送交中央审议后实施。根据1931年6月13日的《营业税法》规定,各省市境内凡一切以营利为目的的事业,除了农业、向中央缴纳出厂税的工厂、缴纳收益税的银行之外,均须缴纳营业税。至于营业种类与行业适用税率,国府规定最高与最低的课征税率,由各省在限定课征税率范围内作弹性拟定。1931年间,营业税在江苏、浙江、江西、安徽、湖北、湖南、福建、广东、河北、河南、山东、山西、绥远、察哈尔、陕西、南京、北平及青岛这18个省市陆续开征;赶在抗战前夕完成开办业务的省份,则有1934年的广西,1936年的四川和1937年的贵州。②

营业税是由地方来拟订章程和设局开征,中央政府只居于监督的地位,各地为了保障税收充足,经常出现税率偏高的状况。1931年1月间,江苏省甫制订营业税率,全国商会联合会即呈文财政部,指省政府通过的营业税税率比原提大纲增加十倍,要求减轻税率。商界认为,中央在裁厘之后已对重要货品改办统税,现在各省又就经营行为征收营业税,有重复课税之嫌。同时,商会也抱怨,最初国府为办理裁厘而召开会议时,商人还有参加会议与发表意见的机会,原本以为国府当权,不至于像旧政权一样,听任权吏独自为政,结果却大为失望。③

各地方政府经办营业税,为了能够确实获取税收,规定可以交由公会认办,即实行传统的包税法,这是另一项引起批评的作法。现举1931年1月分浙江省省府会议通过的《同业公会认办营业税章程》为例,可略知各地制定的开征条例基本内容:

---

① 宋子文:《财政部过去工作之回顾与今后努力之标准》,秦孝仪主编:《革命文献》,第73辑,《抗战前国家建设史料——财政方面》,台北:中国国民党中央委员会党史委员会,1977年,第264页。

② 国家税务总局编:《中华民国工商税收史——地方税卷》,北京:中国财政经济出版社,1999年,第19、35—36页;各省市筹办营业税时,大体均呈文财政部,说明是"遵照钧部裁厘命令,并维持地方收入起见,拟即筹办全省营业税,以期补苴"。参见《鲁省财政厅与财政部关于本省财政收不敷支拟筹办营业税以期抵补往来呈指令(1930年12月—1931年1月)》,《国民政府财政金融税收档案史料(1927—1937年)》,第1051页。

③《全国商会联合会请纠正江苏省营业税税率超过大纲规定代电(1931年1月31日)》,《国民政府财政金融税收档案史料(1927—1937年)》,第1054—1055页。

一、浙江省征收营业税，为便利商民起见，得由该业同业公会呈请认办。

二、同业公会呈请认办本业营业税时，应由全体同行其名盖戳，先将各户全年营业估计数乃应纳税额，详细开报并须当地商会之证明。

三、认办以后，应推定本业领袖为代表人，对于税款之收解，须完全公开，并依照征收营业税条例第二十二条之规定，随时公布。

四、认办时，须预纳二个月之税额，作为押款，并觅定殷实商铺负责保证。

五、关于营业者领证纳税，及应行报答各事项，仍须遵照征收营业税条例及施行细则办理。

六、认办期间以一年为限，限内不得中途退办，及减少认额。

七、认办营业税之开支，至多不得超过百分之八。

八、认额之外如有盈收，应以五成解库，五成作同业之公积。

九、经办人如有向同业额外浮收者，依法治罪。①

1931年开办营业税时，浙江省出现商会认办的事例，而在北方各省也因为实施营业税却未相对删减牙税，引起商民抗议重复课税的声浪。例如，北平在6月1日开征此税，河北省与天津市订于7月1日起实行，都是在施行之初，就出现商民采取抗税拒缴的事例。② 此后，地方政府在征收营业税的过程采取以“征捐招商”方式，可说屡见不鲜，甚至将此税视为一种“捐献”，规定认缴数目，命令商人缴足定额。③

---

① 陈震异：《修正营业税法管见（下）》，《银行周报》，卷15期12（1931年4月7日），第23—24页。

② 《营业税与牙税（录六月十四日天津大公报）》，《国闻周报》，卷8期24（1931年6月22日），第3页。

③ 《郑先辛送贵州省财政报告书呈（1934年4月30日）》，《国民政府财政金融税收档案史料（1927—1937年）》，第59—60页中提到贵州省政府征收“盐商营业捐”，可为将营业税视为商人捐献的代表：“查盐税为国家正税，本省向不产盐，故未征收盐税。惟因协款不至，军饷困难，经省议会决议，特就盐商之营业征收地方捐款，以资抵补。其性质与国税不同，且历年以来，收入有限，每年不过八九十万元。民国十七年，周前主席主政，为使捐款有着起见，乃改行认商制度，并仿营业税章程，参以本省盐务情形，拟就征收盐商营业捐简章，实行征捐招商认岸，每年认缴捐款一百五十万元。开办以来，迄未足额。王主席主政以后，有见及此，遂改为自由贩运，就散商之营业征款。惟因军事影响，二十一年度收入仅得一百一十余万元。最近鉴于自由贩运后，散商无团结力量，捐款民食，均有妨碍。经政务会议议决，仍照旧案办理，重新订定章则，现正筹备进行。一面招商认岸，就岸商之营业征款，饬照定额一百五十万元缴纳。”

商民普遍认为营业税的征收手续应该是以商号为单位，并以资本额、营业额或纯益额为标准，地方政府须设置评议委员会评定各业纳税标准，故纳税人也拥有发言地位。但是，等到真正付诸实施时，国府并未提供完整的配套措施，其中最为关键之处，在于经济部对工商界登记工作进行缓慢，难以迅速掌握当地税源数据。地方政府为取得税收，责令商会认办成为最简单易行的手段，而又希望能有庞大财源而自定义较高税率。此外，国府为了避免对商家重复课税，曾允诺在各地举办营业税时即取消牙税。但各省仍有一面举办营业税，一面征收牙税的情况，在浙、豫、湘、鄂等省，更出现由牙行代征营业税的情形。中央对于地方政府的种种不当举措，只能提出书面训饬，却苦无实力改变既成的现实，在此情形下，商界原先支持国府裁厘及推行营业税的热情迅速消失。①

二、 营业税税率的调整与地方商民的反弹

国府推行营业税的时机，恰在世界经济不景气浪潮袭卷至中国之际。不久，又发生九一八事变及一·二八事变，商业活动受到国际经济趋势低迷与国内时局动荡不安的双重影响，各地征收营业税的成绩不佳，地方政府为谋增加财源，遂以调高税率为因应之道。

1932年初，各地商界因营业税税率不断调整加重，纷纷上书国府，要求制止地方政府对商界的强索。例如，浙江省商业联合会因浙江省政府在1932年修订营业税章程时大幅提高税率，联合呈文给行政院，陈述工商业界在1930年代因内忧外患的困境，已是商市凋敝，此次浙省新颁修正章程，个别行业的增税幅度从四到九倍不等，平均增至五倍以上，恐怕业者只有倒闭一途。政府原想提高税率以增加收入的打算将完全落空，结果是官民两败俱伤。商界也抱怨，裁厘加税原来是中国国民党在宣传时的一大德政，政府在创始营业税时曾经信誓旦旦地保证，只以此税作为抵补裁厘损失，此外决不增重人民负担，现在却无法履行政

① 《营业税与牙税(录六月十四日天津大公报)》，《国闻周报》，卷8期24(1931年6月22日)，第3—4页；若以侯厚培，《营业税问题》，上海：大东书局，1931年，第58—61页介绍，国税中具有营业税性质的税目，如牙税、当税、烟酒牌照税、鱼捐、屠宰捐、车捐及钱业捐等项目观之，各地向商界征收的营业税目更多。参见财政部财政年鉴编纂处编印：《财政年鉴续编》，重庆，1945年，第156页。

策。商界不满的情绪，可谓溢于言表。①

地方政府利用修订税则的方式而实施增加税率，相关报道不断出现。例如，1932年5月间，浙江省兰溪县商会批评，营业税施行仅届一年后即突增十倍税率。1934年间，江苏省商联会也提出报告，以江苏省在1931年的营业税一般税率为千分之二，米粮仅收千分之一，至1934年改为三级制，最低数额较原定增加一倍。各地商界呼吁地方政府体恤民情，回归到营业税初办时的规定税率征税，不应肆行增加税率。②

由于各地商业活动程度不一，在商业不甚发达的城市，营业税的稽征成本过大，未必符合经济效益。以江苏省为例，1931年度的税收约十余万元，只勉强抵足征收时的开支。地方政府的解释是，江苏地区的商业均集中于南京与上海，京、沪两地均划为特别市，作为地方税的营业税收入不属于省政府所有，收入情况不佳。江苏省被认为是商业活动较发达的区域，尚且有此问题，其他地区更不遑多论。③

同时，各地制订的营业税率不一，即在邻省间的同一种行业，税率也未必相同，这对税率高的地区的工商活动产生不利影响。根据1936年各地的营业税税率表，上海市征收千分之一、二、三的三级税率，但与上海邻近的地区，如江苏、浙江等省按营业总收入额征收千分之五、八、十的三级税率，南京市则征收千分之二、五、六、十的四级税率。浙江省商联会呈文抱怨浙江省税率高于上海，将促使商民转赴规定税率较低的上海市进行贸易。商界指出，地方政府如果无限制增加税率，只会造成商民外逃，反而无法取得税收，抗拒其加税企图。④

各省政府自行调高税率的活动如火如荼展开之际，工商业界开始出现怀念

---

① 《行政院秘书处抄送浙省商联会请迅令浙省府取消营业税一律暂行改征千分之十之决定函(1932年5月20日)》，《国民政府财政金融税收档案史料(1927—1937年)》，第1067页。

② 《兰溪县商会请减低营业税税率呈(1932年5月)》，《国民政府财政金融税收档案史料(1927—1937年)》，第1068页；《江苏全省商联会请减轻营业税率并改善调查征收方法呈(1934年6月1日)》，《国民政府财政金融税收档案史料(1927—1937年)》，第1077页。

③ 《舒石父拟江苏最近二十个月财政状况(1933年7月)》，《国民政府财政金融税收档案史料(1927—1937年)》，第56页。

④ 童蒙正：《中国营业税之研究》，重庆：正中书局，1942年，第19—21页；《行政院秘书处抄送浙省商联会请迅令浙省府取消营业税一律暂行改征千分之十之决定函(1932年5月20日)》，《国民政府财政金融税收档案史料(1927—1937年)》，第1067页。

过去一向为人诟病的厘金制度的评论。商界也抨击各地营业税稽征人员，在调查与征收时动辄以抗税为名，转行司法机关拘传商民到案，勒迫认缴，批评营业税比厘金更为苛扰。① 上述批评，颇大的成分是出于商民感到其利益受损的情绪使然。这是因为，厘金征收统捐以货物为标的，而不是以商店为单位，商人在分贩货物期间，可与其他商家订定分运办法，由甲可以移转于乙，由乙可以移转于丙，运销期间分别转移负担。至实施营业税之后，则完全由同一家商店来直接负担税负，自然倍感压力。

三、 地方商民包税与租界抗缴的影响

地方政府开办营业税，首须掌握商民的收益数，然而法律上并无强制公布资产负债的义务，进行工商业调查亦不容易，官府承办员吏反映征收作业繁难。于是，政府透过与商会协议而达到固定的税额，成为极为普遍的现象，此即是备受批评的包税制。1931 年间，北平市财政局认为商人对营业资本以多报少，但又不愿办理财政统计的作业，便与当地商会商洽，每月由商会缴交现金大洋八万元税款了事。天津市的情况也相去不远，以避免苛扰的理由交付商会代为征收及汇解。各地方税局决定实行包税制，主要的理由是征税额固定，官府居于监督地位，比实际调查征税节约征税费用。各地政府实施一段时间之后，有时为了掌握税收，有时则因为商会承办营业税遭到亏损的事例，政府出面收回税权。国府虽曾明令取消包捐或认捐，但各地因租税收入剧减，时见恢复旧制，端视地方政府控制力的强弱而定。②

---

① 《兰溪县商会请减低营业税税率呈(1932 年 5 月)》,《国民政府财政金融税收档案史料(1927—1937 年)》,第 1068 页;《江苏全省商联会请减轻营业税率并改善调查征收方法呈》(1934 年 6 月 1 日),《国民政府财政金融税收档案史料(1927—1937 年)》,第 1077 页。

② 张绍书:《整理现行官厅会计商榷书》,著者自印,1933 年,第 16—17 页;北平市营业税征收处编印:《北平市营业税特刊》,北平,1931 年 8 月,第 160 页;雷辑辉,《北平税捐考略》(社会研究丛刊第 13 种),北平: 社会调查所,1932 年,第 116 页;天津市政府统计委员会编:《天津市税捐概况》,天津: 天津市政府统计委员会,1935 年,第 47 页;《北平市财政局营业税征收处关于营业税整顿办法大纲致北平市政府呈》(1933 年 7 月 31 日),北京市档案馆编:《民国时期北平市工商税收》,北京: 中国档案出版社,1998 年,第 418—427 页;朱炳南:《论我国的所得税法》,《社会科学杂志》,卷 7 期 4(1936 年 12 月),第 586 页;田中忠夫:《支那请负征税制度の研究: 封建的遗制の废止》,《支那》,卷 21 号 7(1930 年 7 月),第 57、67 页;天津市财政局档案,档号 J54 - 1 - 1736,《本市筹办营业税》;天津特别市财政局档案,档号 J55 - 1 - 1352,《干果品公会呈为承办两项牙行营业税亏累不堪请于满期后免缴税款六个月并请收回自办》。

国府在推行营业税时，原先曾经提出“华洋平等，华租一律”的诉求，这是其获得各地商界拥护的重要因素。各地展开征收事务之后，租界内的中外商家仍托庇于治外法权的保护，对国府征收营业税的命令置之不理。国府虽曾积极采取外交途径进行交涉，然成效不彰，结果造成华商的营运成本高于洋商的现象，愈发引起商民的不满。①

各地租界当局抗拒中国政府征收营业税的措施，以上海租界最为明显。1931年开征令下，公共租界工部局接获国府征税通知，以必须开会讨论为借口，拖延办理时间。至1932年一·二八事变后，再以停战以来地方元气未复为由，暂缓征收营业税。1934年春，上海市政府再度展开租界的征税作业，外商则以“根据洋泾浜章程，除国税外，地方税不能在租界范围内征收”为理由，抗缴税捐。上海市政府很难反驳租界的抗缴理由，因为，定位为地方税的营业税和定位为中央税的统税，在法律位阶上本来就不同，加上此时还有不少地区也没有开办营业税，让上海外商更是振振有词。洋商抗税的效应，连带使得上海的华商也采取观望态度。根据上海市财政局报告，租界洋商因领事裁判权而不受中国法律限制，连居于租界的华商也很难征收。市政府如果不能在租界开征而专就华界市区征收，市内工商业势必大受打击而繁荣难期。于是，上海市政府只好宣布，营业税在未推行至租界之前，暂缓征收活动。论者认为，不解决洋商纳税的问题，华界就无征收的可能。上海地区工商荟萃，税源丰富，国人本来冀望可以筹足大量营业税。然而，直到全面抗战爆发，上海市仍未能正式全面开征营业税，这对政府的征税威信可说是一大打击。②

其他租界地区的情况，大体与上海相似。根据朱炳南与严仁赓二人在1936年间的调查，天津市自开征营业税以来，洋商从未遵章纳税。租界内的少数华商虽有缴税者，是因为其总店设在华界，分店在租界，政府向其租界分店逼令纳税。天津市政府向租界征税之举，有时候会受到租界当局的横加阻挠，如法租界当局曾通知驻警岗哨，遇有调查营业者即行逮捕，让征税活动难以顺利进行。河北省

① 朱炳南、严仁赓：《中国之营业税》，《社会科学杂志》，卷6期3(1936年)，第396页。

② 童蒙正：《中国营业税之研究》，第66页；朱炳南、严仁赓：《中国之营业税》，第396—397页。

政府的报告指出，天津租界林立，又因连年时局不靖，许多大商业托庇外人，如果操之过急，华界将更为萧条，不但无益税收，又有害于商业发展。①

汉口租界的英国外商，因不满营业税而透过英使向外交部交涉，日本使馆更因此而向湖北省政府提出抗议。广东沙面的外商，在1932年5月向省政府交涉展缓缴纳营业税，后即以“已缴付印花税及其他捐税”为由，拒绝缴税。1934年11月，广州市商会发函外商，要求照章纳税，否则将通知全省华商中断其商业往来。洋商虽受抵制的杯葛，也只有数家提出申报。全国各地均曾出现因缴税而引起中外交涉的报道，在外力的抵制之下，营业税的推广工作，自是备受艰难。②

第三节　第二次财政会议与改良营业税的尝试

一、第二次财政会议的调整税务原则

国府裁厘之后，原规划为地方税源所寄的营业税，因为国内及国际局势的制约，无法达成其原先赋予的使命，各地为筹措财源，不得不让民初以来的苛捐杂税继续留存。对于此一棘手问题，财政部长宋子文在1933年1月提出划一税制的政策，认为过去苛捐杂税未除，局所林立，章制纷乱，政府应加强改良税制的努力，让改革期间的乱象尽早解除。③ 国府1933年11月发文调查十六省市境内的苛捐杂税名目与数额，在报告中指出“裁厘以后，税目已更，各税附加盛行，限

① 《河北省政府检送该省裁减税捐抵补计划等文件咨(1934年5月12日)》，《国民政府财政金融税收档案史料(1927—1937年)》，第1141页。

② 朱炳南、严仁赓：《中国之营业税》，第397—398页；《广州外商拒缴营业税》，《银行周报》，卷18期46(1934年11月27日)，第3页；童蒙正：《中国营业税之研究》，第65—68页。

③ 宋子文：《财政部过去工作之回顾与今后努力之标准》，秦孝仪主编，《革命文献》，第73辑，《抗战前国家建设史料——财政方面》，第280页；张生：《南京国民政府的税收(1927—1937)》，南京：南京出版社，2001年，第151页引述了1933年1月宋子文在国民党四届三中全会的谈话：“吾国情形，异于他国，直接税法，几完全不能采用。”仅四年以后，孔祥熙就以实际行动粉碎了这一悲观论调。张生的论述似乎认为宋子文对于中国实施直接税不具信心，事实上，宋子文一直是国府官员之中支持直接税改革的要员，他在1930年1月提出的《财政部过去工作之回顾与今后努力之标准》中，即主张“裁撤厘金必须奋迅实行，俾全国一律。至所得税，遗产税等亦当次第举办。”因此，这段话必须放在宋子文陈述税制改革的整体脉络中来看，方不致误判立场。

制又弛”,确为实景。[①] 面对财政乱象,国府认为捐税种类繁多,均为各省、市、县政府因为特定用途而设,须由中央与地方在切实调查之后,再研究切实裁并。为此,国府决定再度召开财政会议,商议改良税务对策。[②]

1934年5月21日至27日,国府在南京召开第二次全国财政会议。行政院院长汪精卫在开会时,以激动的语气直呼:“中国财政已到了山穷水尽的时候了!”“中国今日外受资本主义之侵掠,内被天灾人祸之影响,农村凋敝,社会穷困。”“数千年来立国之基本农业,亦已陷于极度破产而不能自立。”“在国难期间举行这个会议,其任务至重且大,就性质言之,固然是一个财政会议,而就意义言之,实在可以说是救亡会议。”[③]

中国的财政状况何以衰敝至此?接续宋子文担任财政部长的孔祥熙在致词时,回溯国府在北伐完成以后的6年之间,天灾人祸纷至沓来,加上日本入侵的严重国难以及世界经济恐慌的冲击,社会经济日渐凋残,农民因谷贱税重,终年勤劳所得不足资生,工商因不景气而日形衰落,在此情况下,国府必须蠲减人民的负担,以期解除人民痛苦。[④]

国府认为,省级财政自裁厘之后,直接受到影响,各省虽开办营业税作为抵补而仍感不足,故将厘金损失尽加于田赋之上,田赋附加税有超过正供十数倍,乃至数十倍者。由于田赋附加税不断增加,苛捐杂税层出不穷,民众生计日趋艰困。此外,营业税、牙税和契税向为地方收入大宗,然历年办理未善,税收锐减,应在兼顾商艰的原则下进行改革整顿。[⑤] 由以上论述可知,裁厘之后地方税源经办不足,是促成各地苛捐杂税繁多的主要因素。

此次会议既是因地方税务问题而起,关于整理营业税及改良税制与税率的

---

① 《行政院训令(1934年3月2日)》,《中华民国工商税收史料选编》,第一辑,第1169页。

② 翁之镛:《民国财政检论》,第47页;《行政院训令(1934年3月2日)》,《中华民国工商税收史料选编》,第一辑,第1169页。

③ 《中央党部代表、行政院院长汪精卫讲词(1934年5月21日)》,《中华民国工商税收史料选编》,第一辑,第1185—1188页。

④ 《孔祥熙致开会词(1934年5月21日)》,《中华民国工商税收史料选编》,第一辑,第1182—1183页。

⑤ 《民国时期地方财政的演进》,《中华民国工商税收史料选编》,第五辑,第6页;《第二次全国财政会议大会宣言(1934年5月)》,《国民政府财政金融税收档案史料(1927—1937年)》,第21页;《孔祥熙任财政部长期内政绩交代比较表(1944年11月)》,《国民政府财政金融税收档案史料(1927—1937年)》,第359页。

问题，成为会议的讨论重心。实业部在“整理各省市营业税以符利商裕课之原意”的提案中指出，自从国府指定营业税为地方政府财源以来，各省市自定义办法，税率分歧，收入差额甚巨，地方时以收入不足为由而另设特种税捐，实为厘金变相。浙江省政府财政厅的“拟请修改营业税法”的提案也认为，各省兴办营业税制度之后，税务行政虽已初具规模，因实际收入为数过少，不足以支应地方财政需要，故整理营业税以裕省计，成为地方理财的首要目标。①

以专家身份与会的刘奎度，提出“改进现行营业税，裁并杂税，确立税收制度”的议案。他认为在所得税未能普遍实施之前，地方税源势必以营业税为大宗，但各地推行营业税法时出现众多弊端，致使商民产生排斥心理。其中最重要者有两大缺失：一方面，征收局所迁就现实，对营业额的调查工作形同虚设，多转托由各地商会及各同业公会协征代缴，甚至只是规定数额，即按业摊派，完全违背营业税法规定不得承揽包办的精神，结果是应免者或不免，应缴者或不征税。另一方面，各省市政府认为厘金易征而多利，于是换汤不换药，仍旧以货物为征收对象。有的地区虽向商贩征收营业税，实际上仍是收取通过税，有的地区采取扩大征收牙税范围的做法，急于近利，无怪商民怨怼。因此，地方政府须切实改善征收办法，简化征收调查手续，使人民确信除此种负担外，别无其他苛扰，才能够培养税源。②

第二次财政会议的主要诉求是废除苛杂及减轻附加，必须整理旧税与创办新税双管齐下，同时以省县并重的原则调整地方预算。此次会议做出六项决议：

---

① 实业部提：《整理各省市营业税以符利商裕课之原意案》，全国财政会议秘书处编：《第二次全国财政会议汇编》第二编，《审查报告及原提案》，南京：财政部总务司，1934年，第192—193页。在此提案中，实业部提出的具体办法如下：“一、裁撤营业税以外之其他税捐，如河北安次县于营业税外复用牙税、鲜果税等，湖南另有产销税，察哈尔省各种牙税附加其税率且达千分之四十，又如苏皖等省会创办八种特种营业税等，实有变相厘金之嫌，均应在取消之列。二、严禁一物数征，如湖南新化县原有营业税继复开办产销，凡入口货虽已纳营业税者，仍须纳产销税，实属重征，又河北怀柔县于营业税外复有斗秤牙杂各税，亟应改革。三、涓滴归公，查禁中饱，如安徽和县由县政府征商税（又名商架税），视商店营业额大小而定征税之多寡，商民若不向政府索取该项串票则不给收据，似此徒饱私囊，自应严加取缔。四、税率不宜轻易更改增加，以免计算分歧，动摇信仰，应速妥为审定，择宜长期举办。五、由政府直接征收营业税，以免周折包揽等弊，边僻之处可由县府所属财政机关兼办，以省糜费。”浙江省政府、财政厅提，《拟请修改营业税法案》，全国财政会议秘书处编：《第二次全国财政会议汇编》，第二编，《审查报告及原提案》，第182页。

② 刘奎度提：《拟改进现行营业税并裁并一切杂税改办营业税及确立税收制度以谋地方财政之健全发展案》，《第二次全国财政会议汇编》，第二编，《审查报告及原提案》，第184—185页。

第一项是减轻田赋附加税的负担，分期减除过去的田赋附加税，并且筹议土地陈报纲要，作为日后实行清丈与清赋的前置作业。第二项是废除苛捐杂税的日程表，规定地方政府在六个月，即必须在1934年12月底之前，完成废除苛杂。第三项是改善税则，对营业税、牙税和契税等地方收入，参酌地方状况议定章则，以期改革积弊而增进税收；同时改进其他税制，划一经征制度。第四项是确定地方预算办法，划分省县地方收支标准及统收统支办法，维持省县收支平衡。第五项是遍设农工银行，提倡生产，奖励贸易，发展国民经济。第六项是自1935年度起，将烟酒牌照税划归地方征收，并提拨四成印花税收入，补助地方支出。① 接着，国府与各方代表，再针对上述决议，讨论落实的方法。

二、改良地方税制的讨论

参与第二次财政会议的各方代表对营业税问题做出决议，把各项与修订营业税有关的议案和审查意见，一并汇呈行政院，转咨立法院作为修正营业税法案时的参考。舆论认为，财政部好不容易又召集一次全国财政会议，却把责任推给立法院，这种决议颇不能令人满意。地方政府开办营业税时，一方面要增加税入，一方面又要体恤商艰，二者显有矛盾，顾此失彼而势难两全。厘金虽裁，废除苛捐杂税之议既起，势必再借营业税作为抵补，结果是苛捐杂税未必尽废，营业税负担却随时有增加可能。因此，国府应该就征税范围和征税办法，设法改善营业税。如果把话说得更为具体而明白，就是千家驹所指出的，召开此次会议目的在整理地方财政，重点是减轻田赋附加税与苛捐杂税，但与会者却绝口未提及占中国财政支出最重要的裁减军费课题，认为这是“怵于十七年编遣会议之往事，心欲言而恐力不逮”的表现。② 先前，宋子文在1928年召开的第一次财政会议闭幕时曾经说过，国内军政领袖已经知道要供给庞大经费，实是力有不逮，若裁兵有望，财政问题也能迎刃而解。结果，不但裁军未成，还因此引起中原大战，中

---

① 《财政部1932年及1933年两会计年度工作报告(1935年2月)》，《国民政府财政金融税收档案史料(1927—1937年)》，第301页。

② 荆州：《全国财政会议之成果》，《新中华》，卷2期12(1934年6月25日)，第14页；千家驹：《评第二次全国财政会议(1934年6月8日)》，《中华民国工商税收史料选编》，第一辑，第3336—3337页。

国的财政重担依旧如故。如果说宋子文在1928年时，曾经认真地面对中国财政的病灶，此次会议则完全采取规避态度，根本无法真正解决中国财政问题。舆论质疑第二次财政会议并未提出改革税政的具体方案，是一个“议而不决”的会议。

面对民间的批评，国府立即在1934年6月25日发布《废除苛捐杂税令》，表示政府真有改革决心与实际作为。在《废除苛捐杂税令》和随后议定的四条整理地方财政办法中，财政部宣布，地方税若有符合下列六项原则之一者，即为不合法之捐税范围：妨害社会公共利益、妨害中央收入来源、复税、妨害交通、因本地利益而对其他地方之输入为不公平之课税、各地方物品通过税，这六种不合法捐税必须在1934年7月至12月底前一律废止。接着，财政部规定，各省市在开征合法税捐前，应依据法律或法令，将税捐名称、用途、税率、征收概数及征收年月，列表项目报财政部核定，已实施税捐与法律有抵触时，财政部得随时制止撤销。

财政部设立捐税整理会，并在各省政府设监理委员会，督促裁废工作。此外，国府兴办的财政要务，还有下列数项：举办1934年土地陈报，作为整理田赋的初步方法；以审核省县预算，作为整理地方财政的入手步骤；创办所得税与遗产税，树立直接税的基础。以上数端，被视为是“自有财政部以来，有自建现代税制企图”的表现。①

从第二次财政会议结束到1936年间，国府对于地方废除苛杂的税源减收，以整理田赋和提拨印花税作为补充，让此活动顺利进行。总计废除田赋附加税超过300种，苛捐杂税约7,000种。在财政部的努力协调之下，各省政府也体认到，为了获取充裕税收，必须对营业税的征收工作稍作调整，贯彻“就业征收”的原则。在物品贩卖及制造各业征收营业税时，须以设有一定的营业场所及制造场所为先决条件，不能再以货物为对象，征收类似厘金的营业税。同时，地方政府也逐步取消原先指派商会协征代缴、招商包办，或是同业摊派的办法。孔祥熙事后回忆此期间进行废除苛杂的努力过程，认为国府提供部分税收，以贴补地方放弃财源的损失，不但减轻人民负担，更是中国财政体系迈向中央化的最大转

① 《国民政府废除苛捐杂税令(1934年6月25日)》，国民政府档案，档号2-1.12.2/6，《废除苛捐杂税进行办法案》；翁之镛：《民国财政检论》，第47页。

机，成为日后准备战时财政的基础。①

第四节　营业税的实施概况与评论

一、营业税的实施概况

从国府宣布裁厘之后至抗战前夕，营业税的经办情形，由于各省自定义办法而表现出多元的地方性。有的省份是把牙税、当税和屠税改为营业税，有的则沿用旧名，普遍推行的效果远不如预期来得理想。惟一的收获，是各省均把民初以来紊乱的地方税目整并成为营业税一个项目来征收。至于此税占地方财政上的地位，一般而言，各省仍以田赋为最大宗收入，营业税居第二位，但也有少数省份如福建和河北等省则居于首位，民国地方税政至此时形成以田赋、营业税和契税为主的三大税源。直到全面抗战爆发，中国的地方税制又因战争的变化而再度产生因应的调整。②

九一八事变发生后，国府因税收锐减，引起财政赤字和发生内外债基金动摇恐慌的现象，公告将提高各项税率，地方的营业税税率也随而调整。全面抗战爆发后不久，财政部考察各省市财政状况，由这一份报告可观察到，各地方政府在战争前夕办理营业税的现象。例如，安徽省是将全省划分区域，派遣专员设局办理，以营业额为课税标准的税率原订为三级，从千分之四、千分之八到千分之十，1934 年调整成为千分之五、千分之八到千分之十。江西省按月征收一次，每次征收全年税额十二分之一，以营业额为标准的税率订为六级，从千分之二、千分

---

① 财政部编：《第二次全国财政会议议案一年来实施报告》，南京：财政部，1935 年，第 118 页；《财政部 1932 年及 1933 年两会计年度工作报告（1935 年 2 月）》，《国民政府财政金融税收档案史料（1927—1937 年）》，第 300 页；中央统计处编：《中国赋税问题与二年来减废之概况》，南京，1936 年，第 10 页；Office Files and Related Papers: K'ung Hsiang-hsi (Rare Book & Manuscript Library, Columbia University), Box 18, Folder "K'ung Hsiang-hsi miscellaneous papers donated to Columbia COHP"; The Reminiscences of K'ung Hsiang-hsi (As Told to Juila Lien-ying How, February 10 to June 10, 1958, Rare Book & Manuscript Library, Columbia University), p. 89.

② 王坤一：《中国营业税史》，台北：台湾商务印书馆，1971 年，第 60 页；杨荫溥：《民国财政史》，北京：中国财政经济出版社，1985 年，第 81 页。

之四、千分之五、千分之六、千分之七到千分之十。湖南省是每年分四季征收,课税标准分营业总收入额、营业资本额、报偿金额及承包金额四种。依营业总额征税的税率分为八级,从千分之三到千分之十。广西省则是将全省划为八区,分设营业税局,后在1935年把营业税局改组为税捐稽征局,设立14个分局进行课征。① 由于国府只要求地方政府在筹办之前将章程送交财政部审议,在实施期间若有调整税率等措施须呈送备案,并在征收之后报告其收支状况,中央政府完全是处于被动告知的状态。此种因地制宜的举办模式,让营业税成为一项难以在事先全盘筹划的税制。另一方面,各地方政府向国府报告其征收营业税的收入情形时,经常是只有预算数目而没有实收数目,此种做法,更让营业税成为一项国府难以在事后充分掌握的税制。②

战前的营业税制度既然如此纷杂,在进入战争期间,显然不符合战时财政的需求。国府在1941年6月召开第三次全国财政会议,决定自1942年元旦起接管营业税。孔祥熙在此次会议中提议修改营业税法案,历陈各省施行营业税时有免税范围过于广泛、征收方法未洽民情、分级过多、轻重悬殊、行业分类过繁、缺乏适用明确标准等多项问题,使得商人多方设法逃漏税负,故推行多年而成绩未着。现因战时经济丕变,工商活跃,营业税必须彻底整顿,使其办理得宜,作为抗战建国的重要财源。③ 从孔祥熙的评论可以看出,他对营业税在地方政府经办时期的成绩显然颇不满意,故凭借战时财政改革的呼声,趁势将此纷乱的地方税源纳入中央权力架构内,再度进行整理。

二、 实施营业税与裁厘成果的评论

抗战前夕各地方报刊的评论文章中,可以轻易找到许多各地对营业税的批评。例如,1934年1月22日的《包头日报》,记载包头商家以营业税苛重,联合歇

---

① 孙怀仁:《财政经济界之一年》,申报年鉴社编印:《申报年鉴》,上海:申报馆,1933年,第M1-M2页;《财政部秘书处检送京滇周览团考察所经省市财政报告书函》(1937年9月4日),《国民政府财政金融税收档案史料(1927—1937年)》,第331—350页。

② 国家税务总局编:《中华民国工商税收史——地方税卷》,北京:中国财政经济出版社,1999年,第46—47页。

③ 张淼:《中国营业税制度》,杭州:正中书局,1943年,第14页。

业，在门上高悬一纸："本号因营业税征收苛重，无力缴纳，股东与经理等研商再三，不得已宣告歇业，待机重张。"同年6月24日的《徽州日报》，记录安徽祁门因营业税局征收员之迫征行凶，曾激起全城罢市以反抗之举。同年10月20日的《南宁民国日报》，评论厦门商人纷纷加入外籍，以求逃避营业税征收。甚至到了1935年4月8日的《苏报》，也还在报道江都因为有一位经办营业税的胥吏宋毅，在办税时敲诈商家，激成全城罢市。参与罢市的各商家在店门口张挂标语："营业税局强暴胁迫，逮捕店员拘押入狱""宋毅不去，誓不甘服"。① 从上述报道看来，国府在1931年因裁撤厘金而允许地方经办营业税之后，税吏的苛扰依旧，商民的逃漏依旧。对人民的感受而言，不论是厘金或是营业税，似乎只是"从火中跳到热水里"，二者之间的差异程度实在不大。

营业税实施之后弊端百出，评论分析国府从裁厘到实施营业税的历程时，不免认为，当时因国内外情势所迫，厘金非裁不可，且因中原大战之后，各省稍减军阀气焰而宣告成功；但是，厘金抵补和其他附加征收的杂捐，仍让国府大伤脑筋。依照法定程序，地方政府要等到新创设的营业税开征后，才能获得抵补，在时间上是远水救不了近火。营业税法规定所能课取的征课项目，远较厘金少，新税所得不足以偿旧税所失。中央政府既然不能照顾，各省当然自谋出路，于是变相厘金层出不穷。国民政府追求已久的统一财政，结果不过是多设立了几个财政部直辖的税局，摧残有限的资源，国与民交受其困。② 由此观之，国府裁厘而由地方改办营业税，似乎是一项得不偿失之举。

当时的报章报道可能因为攸关商家利益，呈现出一面倒式的情绪性批评。由于营业税的成败关系到国府进行裁厘运动的评价，当代的研究者如曼素思(Susan Mann)认为，裁厘是国民政府的主要政纲，1931年后厘金税在法规上被废除，代以营业税。然而，许多地方只把旧的厘金局改为"落地税局"，而当政府试图取消牙行体系时，地方上的旧体制即包税人制度却再度重现。因此，国民政府领导人要发展出新政府体制，建立新税，即地方得到田赋和营业税，中央则是

---

① 上述诸报评论，均引述自孙怀仁：《中国财政之病态及其批判》，上海：生活书店，1937年，第150页。

② 翁之镛：《民国财政检论》，第17—18页。

关税和盐税。但在地方各行其是的情况下，国府由西洋模式找寻个人所得收益作为税源的措施，结果加重了较为贫困的纳税人的负担。① 张连红以中央对地方的控制权角度，认为从 1927 年南京国民政府宣布该年 9 月裁厘，到 1931 年 1 月 1 日真正实施，其间经过三年有余，用心不可谓不苦，计划不可谓不周；裁厘之后，中央也曾给有关省份以相当补助。但有些省份仍不顾中央严令，开征变相厘金，主要症结点就在于中央对这些省份未能真正控制。地方政府为维持军政各费开支，开征变相厘金以保持相对独立，显示出南京政府未能真正统一全国财政的事实。②

不过，当时国府的对手日本，并不认为国府的中央权力不强，相反地，日本认为此时期国府的统治力，透过税政改革的活动快速加强，深感备受威胁。理由是根据国府在 1936 年底来自二十一省二市的报告，自第二次财政会议结束以后数年间，陆续废除苛捐杂税，计 6,304 种，税额 5,800 万元；同时又废除田赋附加税 300 余种，税额 3,100 万元，国府拨付全部的烟酒营业许可税，再加上四成印花税，作为财源补充。因此，和北京政府相比，国民政府透过财政手段已经加强其在地方的统制能力，尤其是在经历"围剿"共产党战事之后，这种强化成为事实，令地方税政的整理可以成功达成。③

总体而言，抗战前夕国民政府进行裁厘运动，地方上实施营业税的改革历程，确实出现各种税政苛扰和地方争夺财源的现象。但是，评断国府裁厘改办营业税的得失，并不能完全从收入多寡或是中央财政控制权的角度出发。过去论著在讨论裁厘运动或是厘金税时，均未触及一个重要的课题，那就是营业税取代厘金的历程，伴随着对于税负征收对象的改变。厘金的征收对象是行商，营业税则是坐贾。过去厘金的收入多，那是因为税负层层转嫁给消费者，这也是其一直饱受批评的主要原因。实施营业税之后，虽然仍被视为"其性质非征取于营利之营业税，乃为转嫁于消费者之贩卖税（sales tax）"，但是，毕竟在财政理论及税制

---

① Susan Mann, *Local Merchants and the Chinese Bureaucracy, 1750 - 1950*, Stanford: Stanford University Press, 1987, pp. 163 - 169.

② 张连红：《整合与互动：民国时期中央与地方财政关系研究》，南京：南京师范大学出版社，1999 年，第 113 页。

③ 东亚同文书院支那研究部编印：《现代支那讲座・第三讲财政金融・财政篇》，上海，1941 年，第 33 页。

设计上，营业税的课征以其现利为客体，直接归诸营利者负担。此与清季以来的厘金制度相较之下，有本质上的差异，不能将之等量齐观。[①] 由是观之，国府裁撤厘金而推动营业税，在建立现代赋税观念与制度兴革方面，实在具有相当深远的象征意义。

小结

国府在裁废厘金之后，立即面临税源短缺困境。除了抵补因为裁厘而减少的税源之外，还要设法增加岁入，俾以应付中央与地方的经费需求。再加上应付内有中共武装斗争、外有日本侵略的压力，以及世界经济不景气潮流的冲击，于是，国府规划，中央政府主要以统税，地方则以营业税作为裁厘后的抵补税目。其间，地方政府由于营业税的收入不丰，时有自行开征税收以应其需的变相厘金作为，令国府裁厘之功大受影响。

营业税实施的历程中，由于各地方政府任意调高税率，或是因稽征成本过大，不符合经济效益。外商凭借治外法权而抗缴营业税，本土华商则以此将增加本国商家在营运成本上的增加等问题，引发起商民不满情绪，加上各地方为筹措财源，在营业税外又开征苛捐杂税，形成众多财政乱象，致使国府再度召开第二次财政会议，筹划税务改良对策。此次会议之中，整理营业税及改良税制与税率问题，成为会议讨论重心，各地方政府为充裕税收也调整营业税征收作业，落实国府改良税制的诉求。

自清末至国府主政初期，透过裁厘运动的不断鼓吹，厘金一词正式被营业税取代。在税政理论上，营业税采取以业课税的原则，比起物物课税的厘金来得简化，而且在征课手续上也较为单纯，可以说是近代中国运用比较进步税制的一个尝试。若再以中央与地方的权力互动的政治视角观之，国府在北伐之后，一直试图扩展中央权力，裁撤地方税入大宗的厘金，代之以较易管理的营

① 王丕烈：《所得税与营业税并征问题》，《银行周报》，卷21期28（1937年7月20日），第8页。

业税的这段历程，实可视为国府透过税制调整的名目，尝试收缩地方实力的一项具体作为。抗战前夕国府推行营业税的成果，虽因地方政府的各行其是而成效有限，国府改变传统中国税制结构的趋势仍然持续进行，而到了抗战时期获得全面拓展的机会。

第三部

战争下的税政变化

第六章　直接税的战时决策与转变

第一节　维持旧税与举办新税

一、战时财政决策体制的调整

在国民政府的南京时期，以党领政是其施政的原则。以财政事务而言，其最高的决策权力机关是中国国民党中央执行委员会政治委员会(简称“中央政治委员会”)，举凡财政政策与预算之决定，解除财务执行者之责任，中央政治委员会均拥有最后决定权。立法院不过遵照中央政治委员会所定之财政立法原则而议定法案，且不能任意变更委员会所通过之预算，仅有讨论审查之权，并无监察财政之实权。①

抗日战争时期，为因应战时需要，国府调整其决策机制，财政及税务的推展也笼罩在战时体制内运作。这项战时的权宜调整，在抗日战争结束之后，却因为接踵而来的国共内战，使得战时体制的设计理念仍然延续下来。连年战乱对民国经济造成严重的打击，影响所及，包括直接税在内的各项税制，均成为国府向

① 李超英:《比较财政制度》，台北:商务印书馆，1953 年，第 17 页。

社会攫取资源的手段。从全面抗战爆发到国共内战时期，财政与税制缺乏一个稳定的实施条件，无法得到良性的发展，为历来学界对于国民政府在战时财政的定论。据此，本章将探究促成税制演变的各项因素，叙述直接税在战争期间的各项决策及转变趋势。

1937 年 8 月 12 日，中央政治委员会举行第 51 次会议，决议把战前设立的国防会议(1936 年 7 月)和国防委员会(1937 年 3 月)合并为“国防最高会议”，作为全国国防最高决定机关。对日作战期间，身为国防最高会议主席的蒋中正，对一切党政军事项，得以命令为便宜措施。接着中国国民党中央常务委员会在 1937 年 11 月决议，暂时停止中央政治委员会的职权，由国防最高会议代为决行，并规定国防最高会议应设在军事委员会委员长所在地。① 因此，由于战时体制的设计，军政领导者蒋中正被中国国民党赋予极大的权威，他在财政上的意见，也立即显示出绝对的影响力。

1937 年 7 月全面抗战爆发之后，庞大的军需压力，立刻让蒋中正注意到财政紧张的局势。7 月 14 日，蒋中正发电报给财政部的政务次长邹琳和常务次长徐堪，要代理部长职务的邹琳回庐山，随时会商财政大计，徐堪则留在京、沪两地，负责处理金融事务，随时报告重要事件。蒋的指示很明确，为了保证财政能成为支持战争的后盾，他要求财政部门随时汇报战时财政金融的应变措施，充分掌握规划的进展历程。根据邹琳自叙，战事初起，孔祥熙因于 4 月前往英国参加英皇加冕典礼，由邹代行职务，孔在出发前嘱咐邹琳，“大事请示蒋委员长”。邹琳奉令到庐山，主要是为了参与在 7 月 17 日召开的庐山谈话会。在宣示“抗战到底”的庐山谈话会结束后，财政部即在战时机制之下，研拟财政金融措施计划，报告蒋中正，依次实施。②

同年 8 月底，蒋中正根据邹琳和徐堪的建议，以行政院长的身份向中央政治委员会提出“授权财政部得以行政命令的方式修改税则，以应付军事紧急需要”的议案，立即得到同意。蒋中正要求财政部在非常时期均应迅予调整各项税则，

① 韩文昌、邵玲编：《民国时期中央国家机关组织概述》，北京：中国档案出版社，1994 年，第 199 页。

② 蒋中正总统档案，筹笔，编号 12112，《蒋中正电邹琳回庐商洽财政进行办法徐堪在京沪负责金融筹划》；邹琳：《邹琳年谱》，台北：传记文学出版社，1975 年，第 101—102 页。

俾供军需。在执行时，视战局推移而作紧急处置，必要时得以行政命令先予施行，再将办理情形呈报行政院核准追议。其中较为具体而立即可行的税目有印花税和所得税两项，理由是此二税的税制设计较富有弹性，可以随时加重税率来增加税收。①

国人检讨战前财政情势，认为经过数年来的国民经济建设运动和各项税政改进，已使税收占岁入预算的比例显著提高，改善了中国落后的体制。1938年初，战争进入持久作战型态，为凝聚全民抗战共识，国府筹设国民参政会，作为战时最高民意机关。依照规定，政府重要施政方针，均应在实施之前提交参政会议决，但紧急情况时不受此限。国民参政会第一届大会在7月6日至15日举行，国府将过去一年的税制紧急措施，整理成为符合法规原理的“推行战时税制案”，送到国民参政会中讨论。“推行战时税制案”提出四大计划施行的税目，包括：扩充所得税并提高税率、举办战时消费税、兴办战时利得税、筹办遗产税。国民参政会讨论后的决议是：战时消费税与战时利得税均为新兴税收，应请财政部积极施行，但是所得税应以扩充课税范围为限，不宜提高税率。② 这份由国民参政会通过的“推行战时税制案”，成为此后办理战时税政的指导原则。

二、 战时税政的规划与兴办

国民参政会闭幕之后，负责拟订战时财政因应对策的两位财政部次长，1938年在7月22日联名提出一份《拟具非常时期维持旧税举办新税办法》呈送蒋中正，成为主导抗战时期的税政方针。③

邹琳和徐堪两人在呈文中首先指出，筹措战费的方法不外借垫、增税、发行

---

① 《中央政委会为授权财政部修改税则得以命令行事密函(1937年8月31日)》，中国第二历史档案馆编：《中华民国史档案资料汇编第五辑第二编财政经济(二)》，南京：江苏古籍出版社，1997年，第1—2页。

② 《中外经济年报(民国二十八年版)》(近代中国史料丛刊三编第60辑)，台北：文海出版社，1990年，第18页；秦孝仪主编：《中华民国重要史料初编——对日抗战时期》第四编《战时建设(一)》，台北：中国国民党中央委员会党史委员会，1988年，第159—160、269—270页。

③ 《邹琳、徐堪呈蒋中正(1938年7月22日)》，蒋中正总统档案，《特交档案/财政/赋税》，卷11-2，《拟具非常时期维持旧税举办新税办呈请核定施行由》。

公债和募集捐款等数种。临时借垫只能供一时周转，募集捐款因款项不多，只能略资补助，故增加税赋与募集公债实为战时重要财源。一般认为发行公债收效快速，但公债亦需有税收作为基金，因此，应该以税收为战时财政的主轴。战时各项赋税均因交通受阻与市面萧条而收入短绌，为求补救，一方面应设法维持旧税，使损失不致过巨；一方面创办新税源，以增加库收。

在维持旧税方面，财政部对现有五大国税项目，包括关税、盐税、统税、印花税和所得税，分析利弊与可行办法。第一项是关税，因战时交通阻滞而收入短绌，可以采取方法不外乎对进口物品酌量加税，或是征收战时货物消费税。第二项盐税，财政部以维持民食及充裕税收的双重目的，提出由公家统制办理与盐业相关的生产销售各项事宜。第三项统税，由于各种统税税率已经颇高，没有再增加的空间，只能采取两项方法：一是在现行征收的统税项目之外，再选择产销数量较多而且集中的货品举办统税；二是奖励厂商在内地添设分厂，使资金及税源可以分散，达到维持税收目标。第四项印花税的收入一直有限，为增加税收，可采取降低课税标准、税率一律加倍、推广课税范围和严定漏税罚则等方法。第五项是所得税，此税是世界各国在战争时期的重要财源，但中国才刚刚施行，税率轻微，收入甚少，建议应斟酌需要而增加税率，最高可达50%。除了上述五大国税外，财政部认为，田赋为中国历来最为稳定的赋税，但先前已被划归为地方收入项目，将来可考虑把田赋正税再度划归中央，以供战费之需。

在举办新税方面，财政部提出举办战时消费税和战时利得税的构想。战时消费税项目的开征计划是，不论洋货或是土货，均于水陆交通要冲或主要出产地方征收消费税一次，税率暂订值百抽五至值百抽十，纳税后通行全国。开办此税之后，应一律停征地方各省境内原有的货物产销税。至于征收地点，在通商口岸应由海关兼办，内地则由统税及印花税或烟酒税机关兼办。这项税目，其实正是国府在裁厘之后曾经拟办，但在受到商民及舆论反对之下而停议的“特种消费税”的翻版。财政部在战时体制之下重提旧议，而且把课税扩及所有的洋货及土货。财政部自承此项税收与前清厘金极为类似，只能当作战时应急的一种办法，战争结束即应立即裁撤。在举办战时利得税项目方面，由于工商各业在战争时期因物价变动、人口迁移、消费扩张、运输紧张等因素而获致巨利，故应征收战时利得税作为补充税源。此项新税可以和所得税同时并征，征税标准拟仿照美国和意大利两国制度，凡国内工商业公司的每年获利率超过8%，即为战时利得，理应课税，税率累进到50%为止。

蒋中正批示同意“维持旧税同时举办新税”构想，于是财政部根据上述原则作出具体的规划，并在12月举行的中国国民党中央委员全体委员会议（简称“中央全会”）中提出《推行战时税制充实抗战实力》的报告，经会议通过之后而成为政策。会中，财政部对于直接税相关的所得税、利得税和遗产税三大税目，个别作出推行时的政策指示。所得税方面，自开办以来，实际上均由都会城市着手，现政治重心已转移内地，应积极推进内地所得税的课征工作，将有钱出钱的原则，借设置所得税机构而普及于内地各省。同时，政府应举办经济调查及生活调查，正确明了社会经济动态及纳税人能力，作为改进税法张本，达到合理公平目的。在征收非常时期过分利得税方面，各项调查统计及有关征收的资料，饬由所得税各地稽征机关着手征集，自1939年3月起，与营利事业所得税同时开始征收，开征时并不另设机关，由各地所得税稽征机关同时稽征，税款亦由各地国家银行及邮局经收。在遗产税方面，拟自1939年度起，筹办举办此税应预先进行的事项，例如调查财产、划一户名，以及办理人口登记等事务。①

同时，财政部也对国民参政会提出报告，说明开战以来半年内的执行情况。其中，关于举办战时消费税方面，财政部选择分类课税品目，包括洋货137项，土货106项。在送交行政院开会审查时，因顾虑举办消费税易引起外交问题，决议暂行缓办。所得税和遗产税两项均仍处于纸上作业阶段，只有以“为平衡国民负担，节制后方营业居奇牟利”为号召的战时利得税，经过立法院审定改名为“非常时期过分利得税”，并在1938年10月公布，部分地区的所得税稽征机关业已着手稽征，算是已有初步成果。②

随后，国府通过在1939年1月28日的《第二期战时财政金融计划案》，对公

---

① 《财政部拟定提出中央全会金融计划等案（1938年12月）》，财政部所得税事务处档案，档号339/39，《中央全会报告》。

② 《国民参政会第一届会议议决案办理情形报告（油印本）》，财政部档案（南京），档号3(1)/441，《财政部关于国民参政会议议决推行战时税制等案办理情形报告》。

众宣示战时财政的考虑。战时国库支出,因战事需要与推广后方建设而数目激增,收入则因旧税不能维持,与新税不能任意推行,呈现入不敷出。弥补方法除一部分仰赖捐款外,还须向国外筹商借款,但国外借款毕竟不可靠,战时收入须有安全持久的租税作为主干,故整理旧税与推行新税仍为国府不能放弃的工作。抗战以来,人民荡析离居,税收日形短绌,财政部于是制订整理税制计划,预计在未来一年半之内继续整顿旧税,逐步举办新税。其中,过分利得税估计年可征收300万元,对财政颇有挹注。①

至1940年7月,国府的税制改革已实施一年半,当局检讨不论在增加旧税或举办新税两方面均未获有显著效果。民间批评,战时一般民生艰苦,却时见后方农工商贾因战时获致厚利,奢侈消费品充斥市面,对这些人自可酌量多取,应该扩充所得税、过分利得税、印花税和卷烟税等税的范围,并加重税率,不但可以获取财源,更可节制消费,才是加强推广税制改革的正途。②

从1938年初至1940年中,国府提出实施战时税制改革的口号,具体做法即是如推动以所得税、利得税和遗产税为主的直接税制度,均是为政府直接向人民所得课税的措施。三税的共同目标,都是在建立赋税负担公平的良好税制,使国家主要收入渐次建立于直接税,在财政政策上贯彻实施其标举的民生主义。国府认为,直接税的征课手续较为复杂,必须由上而下努力倡导,于1940年6月1日将原来的所得税事务处,提升其行政位阶与扩大编制,成立直接税处,专责推动直接税制度。在蒋中正的主导和国府财经官员的全面配合之下,直接税得到全面拓展的契机。国人亦期望能借直接税的改革,经过抗日战火洗礼后,让国家与人民的关系能日见密切,进而建立深厚的国家观念。③

---

① 中国国民党五届五中全会经济审查组提:《第二期战时财政金融计划案》(1939年1月28日),《中华民国重要史料初编——对日抗战时期第四编战时建设(三)》,第133页;中国国民党中央执行委员会宣传部编印:《四年来的财政金融》,重庆,1941年,第5页。

② 中国国民党五届七中全会经济组审查委员会提:《对于财政经济交通报告之决议案》(1940年7月6日),《中华民国重要史料初编——对日抗战时期第四编战时建设(三)》,第214页。

③《中国国民党五届五中全会对于财政经济交通报告之决议案(1939年1月29日)》,《中华民国重要史料初编——对日抗战时期第四编战时建设(三)》,第172页;《释直接税》,《时事新报》(重庆),1940年6月6日。

第二节　财政需求与修订税则

一、 直接税的增税计划

1940年初，财政部所得税事务处为了因应日渐繁重的业务，以及为即将改组成直接税处的机关调整预作准备，以所得税这项最受重视的直接税项目为核心，规划税政改革的方针。

在这份由朱偰具名的《所得税改革计划》中，首先批评所得税开办经年，由于征税范围太小与累进程度过缓，并未达到预订的战时理财目标。所得税征收范围仅有三类，即营利事业所得、薪给报酬所得、证券存款所得，最高累进税率不过20%；比起欧美各国所得税无所不包的课税范围，税率高至75%至85%者，实无法相提并论。国府在开办所得税时，原即立意为准备战时财政，以所得税富有弹性，能随战费大小而伸缩，符合公平普遍原则，故举国上下赞成拥护。但抗战两年以来，未见政府加重税率，税收额不过3,000万元，根本看不出所得税富于理财弹性的特点。接着，朱偰提出世界上直接税的发展趋势为“从收益税趋向所得税、从客体税趋向主体税、从对物税趋向对人税、从分类所得税趋向对人税、从课源法趋向申报法、从比例征税趋向累进征税、从局部累进趋向全部累进”，必须做到适应负担能力，符合公平普遍原则。中国如果要在直接税改革中有所突破，也势必追循世界趋势，以求符合现代所得税的理想。具体办法有二：其一是应及早规划以综合所得税取代现行的分类所得税，达到负担能力决定税负的原则；其二是扩大征税范围。在现实环境中，前两项具体办法尚难突破，为了能够增加岁入，至少可以考虑开征都市土地房产所得税。①

这份来自财政部上层的改革计划，送达执行部门的所得税事务处之后，由处

---

① 朱偰：《所得税改革计划（1940年2月14日）》，《中华民国工商税收史料选编》，第四辑，第28—29、33—34页。

长高秉坊等人提出签呈，说明预订完成交办的具体方案，主要可分三个层次来进行：第一项是扩大征收范围，增加都市土地房产所得税和财产租赁所得税，将二者纳于单独课税的一类。同时提出，废除营利事业资本额达 2,000 元以上才开始课税的规定，并主张原则上官营事业应与民间同行一体纳税。第二项是普遍提高与调整各类所得税的起征税率，并与过分利得税税率相互配合。第三项是修正各类所得额的计算方法，包括：营利事业所得税改以纯益额之绝对额为税率累进标准、调整营利事业所得额之计算方法、提高免税额、增订彩金所得额之计算方法、增订财产租赁所得额之计算方法。①

上述对所得税的扩充规划，很明显是出于增加收入的考虑，这与国府最初推展直接税制度时，一直标榜“目的不在税收之多少，而在厉行税制之革新”的诉求，已有极大转变。② 收入至上观念之崛起，是受到严峻的现实条件所迫，而不得不走向的必然道路。抗战前期，国府一直努力维持收支稳定，控制通货膨胀的速度。然而，这些努力进行至 1940 年底时，大后方的货币容纳量已经达到饱和，物价上涨日益严重，政府在市场上投入大量货币后，所获取的资源却相对有限，财政部为财政赤字而大伤脑筋，不得不提出增税计划。

1941 年 4 月 1 日，孔祥熙提出施政方案，将全国财政分成国家财政与自治财政两套系统，两套系统均须接受中央的管理与监督。财政部随即提出增税业务的报告，指出抗战进行数年来，政府为体恤人民，并未十分加重租税负担。但是，岁出连年激增，1941 年年度预算达 75 亿元，为平衡收支，此后应开发税源以增库收，同时调整国地收支，建立合理租税系统。③

财政部提出的三项最有希望的增税项目，包括直接税、统矿烟酒税及专卖。在直接税方面，依财政部规划，可增税源包括所得税、过分利得税、印花税和遗产

---

① 《高秉坊等签呈(1940 年 3 月 18 日)》，《中华民国工商税收史料选编》，第四辑，第 37—38 页。

② 孔祥熙在 1936 年 7 月 22 日举行记者会，说明开办所得税时的谈话，即强调国府厉行税制革新的决心，而不是汲汲于计较税收收入之多寡。转引自李权时，《中国施行所得税问题》，《经济学季刊》，卷 7 期 3(1936 年)，第 188 页。

③ 孔祥熙等提：《改进财政系统统筹整理分配以应抗建需要而奠自治基础借使全国事业克臻平均发展案》(1941 年 4 月 1 日第五届中央执行委员第八次全体会议通过)，秦孝仪主编：《革命文献》，第 80 辑，《中国国民党历届历次中全会重要决议案汇编(二)》，台北：中国国民党中央委员会党史委员会，1979 年，第 179—180 页。

税。所得税部分只要扩充课税范围，酌予提高税率，估计在1942年度收入能达8,000万元。过分利得税随工商业繁荣与企业发展程度而定，以1940年度的利得税收入与营利事业所得税作一比较，大约为1与1.5的比例。若以营利事业所得税为5,000万元，1942年度利得税估计可达6,500万元。印花税随交易频繁而呈比例增加，故在扩大稽征范围下，1942年度当可增至5,000万元。遗产税开办不久，尚难望增多，暂时估计为500万元。以上四项总计，估计在1942年度的直接税税收可达到2亿元。

同时，财政部强调，直接税系统是最有希望的新税，而税收增加程度又与征收区域大小密切相关，就目前征收区域，1942年直接税可望有2亿元的数目，如果在抗战胜利之后，全国产业发展恢复常态，税务进展顺利，则直接税税收更将大幅成长，可望达到10亿元的目标。[①] 以在这项增税计划的估算中，不难明显看到财政部对直接税发展的期望。

二、蒋中正对战时直接税的指令

在抗战后期，蒋中正因直接税的问题，多次对财政部下达指令。1941年初，民间舆论批评政府只顾税收，丝毫不体恤工商业界的困境，抗议政府对工商业界同时稽征营利事业所得税和战时利得税这两项直接税是重复课税之举。为此，蒋中正在3月28日以手令向财政部询问两税之间的关系，徐堪立即在4月1日提出报告，强调并无重复课税之嫌。徐堪的呈文经过陈布雷整理归纳，择要呈交蒋中正批阅。此文内容，除了陈述两税现行办法之外，主要阐明两税的差异，即营利事业所得税为平日税制，课征合理之利得，利得税是战时税制中的暴利税，课征超过合理之利得，制裁发国难财以平抑物价。过分利得税寓禁于征，与所得税有相辅之益而无重征之弊。[②] 这一次案例，除了可以看到蒋中正对战时财政的亲身参与之外，也是观察抗战后期蒋中正的决策过程之中，侍从室如何扮演日渐重要的承上启下作用的一个极佳素材。

---

① 蒋中正总统档案，《特交档案/财政/赋税》，卷11－2，《今后财政增税之计划(1941年)》。

② 《徐堪呈蒋委员长(1941年4月1日)》《陈布雷签呈(1941年4月2日)》，国民政府档案(微卷)，档号200A/390，《所得税及过分利得税条例》。

关于蒋中正如何指示,以及侍从室经办战时税务的情形,从1942年间进行的所得税及利得税的提高税率的过程,可以清楚得到证明。5月29日,蒋中正命令侍从室第二处发出代电给财政部长孔祥熙,要求财政部把征收所得税及战时过分利得税、战时消费税各项现行办法及实施情形详细查报。①

孔祥熙探悉蒋中正意在探询所得税与利得税是否可有增税空间,即于6月11日回报两税的开征现况。根据孔祥熙的报告,两税在战时税收尚能成长,拟在1942年下半年度提高两税的税率,而且两税均以营利事业为主要税源,故税率可以合并计算,即可判定税负轻重。孔祥熙建议把现行税率只累进至10%的第一类所得税税率,提高至20%,把现行税率累进至50%的过分利得税,提高至60%,两者合计达80%,不仅可增加税收,更可限制暴利。在提高税率后,预计可征收所得税3亿元,过分利得税5亿元。此外,还拟举办财产租赁所得税,可收5亿元及财产出卖所得税可收2亿元,合共约可收达15亿元。②

蒋中正接到孔祥熙的电文,于6月24日批示所得税与利得税至少可照预定额增至一倍,财产出卖所得税更可增加两倍,决不为过。接着,侍从室第二处全盘照录蒋中正对孔祥熙报告上的批示,在7月3日即以军事委员会的名义,发出代电给财政部。蒋与孔两人的意见交换,决定税政的改革内容。③ 从蒋中正的命令可看出他对战时财政的急切感,不过就大后方的贫匮现实经济条件而言,并不可能付诸实施。以利得税而论,在1938年10月28日公布的《非常时期过分利得税条例》中,税率从10%累进到50%。依蒋中正之意,逾于常理的过分利得,政府有权全部征收。在第一次世界大战期间的英国曾经出现100%的利得税累进税率,但1943年2月17日财政部修订公布的《非常时期过分利得税法》中,也只提高税率累进到60%。由于利得税的起税点和累进比率均降低,修法结果被舆论批评是苛待中小产阶级,优待大额所得者。

---

① 《国民政府军事委员会委员长侍从室第二处代电财政部孔部长(1942年5月29日)》,国民政府档案(微卷),档号200A/390,《所得税及过分利得税条例》。

② 《财政部代电国民政府军事委员会(65523号,1942年6月11日)》,国民政府档案(微卷),档号200A/390,《所得税及过分利得税条例》;同文亦见《中华民国工商税收史料选编》,第四辑,上册,第41—42页。

③ 陈布雷,《手令复文汇报表(1942年6月24日)》《国民政府军事委员会委员长侍从室第二处代电财政部(1942年7月3日)》,国民政府档案(微卷),档号200A/390,《所得税及过分利得税条例》。

面对外界的批评声浪，财政部直接税处认为工商界的战时负担比起战前加重甚多，加税空间有限，规划中的土地租赁所得税，又遭到强烈的抗争。[①] 直接税处开办所得税，原是希望推动改革税制，然在开征不久即发生抗战巨变，仓卒举办过分利得税，无异与富商巨贾公开宣战。税务单位为了供应急需的战费，偏重于增加税款收入，将大部分人力与时间均消耗于严密查账和办理货运登记等补救作业，未及做好经济调查及培养税源等基础工作，均令国人质疑直接税处执行税政改革的能力与决心。直接税处宣称，未来战事结束之后，直接税的税政改革工作自当以符合税政理念的做法，重新出发。[②]

第三节 简化稽征制度与战时征税方式的转变

一、掌握税源的需求与货运登记制度的出现

在抗战后期及国共内战期间，直接税法的执行层面出现重要转变，就是其征收方式由明文法规的申报查核，改为利用货运登记掌握税源，再改为简化稽征制度。

依据法规，直接税应由纳税义务单位(包括个人或是工商业主)申报，经税务机关透过查账或是利用调查的方式，决定应纳税额，然后通知税户纳税。因此，如何估算业者的利润所得，成为征收技术上的基本问题。估计太低则税收减少，估计太高又招致民间反抗。曾有人建议由政府举办具普遍性的财产登录，建立税籍资料，让财产税、所得税、利得税与遗产税等均具有课税根据。然而，此项建

---

① 《直接税处三十二年四至六月工作总检讨报告》，财政部档案(台北)，档号 250/2149，《财政部直接税处税务报告工作计划》。

② 《财政部直接税署过去工作之检讨今后之趋向及应采之政策(1944 年 9 月 12 日)》，财政部档案(台北)，档号 259/1481；《直接税署过去机构人事与业务之检讨及今后改进计划(1945 年 1 月 22 日)》，财政部档案(台北)，档号 250/2150，财政部直接税处，《本处税务报告工作计划》。

议由于牵涉相关作业过于庞大，在战时环境下根本无法进行。[①]

财政部认为，保证税收的先决条件是必须掌握各地的工商业收入情况，遂向行政院提出透过货运登记来控制税源的议案。1940 年底，“货运登记、跟货寻税”的构想正式出线，具体内容为：选择后方各货运中心，指定据点，由当地所得税主管稽征机关办理货运登记，规定各地进出境、堆存、代理买卖及批销承购商货的调查登记办法，统一应用表格，并指示各地所得税主管稽征机关联络稽查工作要点，以登记调查资料作为稽征查账之主要依据，期望做到跟货寻税，杜绝隐匿逃漏。

财政部规划的《战时直接税税务联络稽查计划及工作纲要》中，财政部将设立战时税务联防系统，依据大后方交通情形，在大批货运必经路径中选定若干地点，设立货运登记站，作为税务稽核联络据点，各税务据点又须与其他据点彼此联络，形成税务稽核联络线。初步规划的稽核联络线有五条：一是以重庆为中心的长江稽核联络线，包括上游据点宜宾、泸县、重庆，下游据点万县，支流据点合川。二是以成、渝两地为中心的成渝公路稽核联络线，据点包括重庆、内江、成都。三是以成都、西安、兰州为中心的西北区稽核联络线，向东北延伸的据点有成都、广元、南郑、西安、潼关、洛阳、漯河，向西北延伸的据点有宝鸡、天水、平凉、兰州、临夏。四是以贵阳、柳州、衡阳为中心的西南区稽核联络线，向西南延伸的据点有贵阳、昆明、柳州、高要、郁林、百色，向东南延伸的据点有沅陵、常德、湘潭、衡阳、曲江。五是以赣县、金华、鄞县、永嘉为中心的东南区稽核联络线，向东南延伸的据点有吉安、赣县、梅县、龙溪、晋江、莆田、闽侯、延平，向东北延伸的据点有浮梁、屯溪、上饶、龙游、金华、鄞县、临海、永嘉、福安。[②]

1940 年底，直接税征收机关为了积极控制税源，由财政部规划的《战时税务联防办法》，管制商货的运销过程，明令各地货物的产销、运送、堆存、批购、委托等事项，均须向直接税征收机关登记。征收机关在各重要通商据点实施货运检

---

① 《参政员韩汉藩等二十五人提案(1942 年 10 月)》，国防最高委员会档案，档号 003－2278，《举办财产登录以利税收而平均负担》。

② 《财政部呈行政院(渝直字第 2291 号，1940 年 11 月 22 日)》，行政院档案，档号 64/13，《战时直接税税务联络稽查计划》。

查，并且有权处分未经登记的商货。[①]

1941 年 2 月，行政院审议通过货运检查的相关办法，随即命令各地海关及货运稽查处必须与税务机关合作，实施货运登记制度。财政部认为，战时税率不断提高，众多营利事业为逃避纳税而伪造账目，政府为详查真确所得，必须充分控制业者移转货物的数据，稽核买卖数量与价格。各地政府选择后方各货运中心，指定据点，由当地所得税主管稽征机关办理货运登记，规定对各地进出境堆存代理买卖及批销承购商货之调查登记办法，据以跟货寻税及杜绝逃漏。此一对策，实即借控制物资流动来控制应纳税的商人，因为商人行踪不可捉摸，而物资来往必须经过交通孔道，集散于商场、关卡与堆栈，均有案可稽而可资控制。[②]

货运登记办法在重庆等地展开试办，曾有负责官员向财政部反映，货运登记采取不分货物性质与不论货值多少均须一律照办，结果登记到的行商多属小贩，大商进销无从查实，反而造成耗费人力财力，收效却不大。但是，财政部认为这是暂时现象，决定扩充到国府统辖区域内施行。1941 年年底，国府公布《水陆统一检查条例》，凡是税收稽征机关均须派员参加货运检查工作，在各地军事委员会运输统制局及各战区货运稽查处，共同办理货运登记作业，利用货物的运输量来估计工商业者的业绩，进而作为决定税额的依据。[③]

货运登记制度全面推行之后，立即引起民间指陈稽征过程苛扰，官商纠纷层出不穷。根据 1942 年 4 月分的报告，在四川省的宜宾一地，即有海关、营业、所得、利得、印花、食糖、消费、缉私八个税务机关，在各码头均附设有检查、登记、调查等机构，关卡林立，税务人员数以百计，商人贩货至少费时三至五日，始能办清手续而运货。又时见纳税手续完清之后，缉私处指其所贩之货为敌货，遭到扣留勒索，商人深感"机关之多，手续之繁，货运之困难，诚属备至"。[④] 由于批评征税

---

① 赵懿翔：《中国所得税实务》，重庆：财政部直接税署经济研究室，1944 年，第 72 页。

② 《行政院训令经济部(勇伍字 1983 号，1941 年 2 月 6 日)》，经济部档案，档号 18 - 23 - 23(3)，《各税法案：货物、烟酒、营业、印花等》；朱偰：《中国战时税制》，重庆：财政评论社，1943 年，第 44 页。

③ 《王克生关于重庆直接税分局一时营利事业税务改进意见的报告(1941 年 3 月 25 日)》，《中华民国工商税收史料选编》，第四辑，第 1102—1103 页；《行政院函国防最高委员会》(经秘政字 169 号，1941 年 10 月 29 日)，国防最高委员会档案，档号 003 - 1622.1，《动员财力扩大生产实行统制经济》。

④ 《直接税处关于肩挑负贩免办登记交保手续的训令(1942 年 5 月 29 日)》，《中华民国工商税收史料选编》，第四辑，第 1115 页。

苛扰的声浪不断，1942年7月初，财政部两位次长俞鸿钧及顾翊群，下令直接税处改进稽征方式。具体的原则为直接税要有详密标准进行估价方法，不能任由调查人员估计，甚至有报告超出数倍或数十倍，以作为行贿降低之需索。同时，税务机关要求商民依购货单据预交保证金，且保证金多延期不缴还，商人怨声载道，此项陋规亦勒令立即取消。[①]

直接税处奉财政部的指令，于10月初命令属下各稽征机关，规定客商货运只准在卸货地点依法办理登记手续，严禁中途分站检查商货或扣留货物，亦不许预征税款，以免扰民。营业税部分，更不准沿途预征税款。由直接税处发出的密令中也提到，战时各省税局为达到税收的目标，确实有扣货取税的做法，故民间批评直接税乃清末厘金制度的再现，也是其来有自。[②]

直接税处虽然有意约束属下的做法，不过，各地征税扰民的报告仍然层出不穷，因扣留商货及摊派税款而引发的税务纠纷更是大量出现。[③] 民间的怨怼情绪及舆论的责难批评，甚至惊动到最高当局，引起蒋中正的关注。1943年间，蒋中正要求财政部改善直接税的稽征方式，遂有1944年实施的简化稽征制度出现。这是战时直接税制度的重大转变，其做法一直影响到战后的复员时期，在此叙述其政策转向的历程。

1943年5月13日，蒋中正发出代电给财政部长孔祥熙，并附上一份《直接税改善意见》的报告。这份报告，目前无法查知是由谁执笔，透过何种管道送到蒋中正的手中，并且得到他的注意，唯一可以确定的是代电由侍从室发出，必定是具有一定位阶的人士所为。报告中叙述直接税的征纳行政过程：

> 直接税局之完税手续，纳税人须先向该局之查缉哨将发票拿出，将货物之数量、成本验明后，再令纳税人前往直接税局登记，复返至查缉哨照成本

---

① 《俞鸿钧、顾翊群命直接税处等拟具修订所得税法方案谕(1942年7月6日)》,《中华民国工商税收史料选编》,第四辑,第50页。

② 《直接税处关于严禁中途盘查商货的密电(1942年10月1日)》,《中华民国工商税收史料选编》,第四辑,第1119页。

③ 侯坤宏,《抗战时期的税务控案》,《财政与近代历史论文集》,台北:"中央研究院"近代史研究所,1999年,第731—732页。

> 缴纳百分之二十五之押金；如无押金，须缴资本百万之铺保，始在运单上盖一放行条戳，方准将货运往销售地。销售后即将运单缴还直接税局，听候填发完税通知单，公布后，始再取通知单向指定银行完税清楚后，方能连同押金收条与完税收据复向直接税局领回押金，始算完税手续完毕。如此麻烦重复之完税手续，在财政负责当局认为手续周密，收税人无舞弊可能，殊不知是项烦难之手续，不但商旅怨恨政府，人人戒途，而收税人之舞弊胜过厘卡十倍也。

报告中接着批评直接税局工作人员到处留难商民的恶形恶状，商民为避免麻烦，有时拿钱疏通查缉哨，以求即刻放行，有时则以缴纳押金或是拿少许货物抵押，取得完税运单。从以上详细过程说明观之，自然是出于国民政府内部熟悉税政运作细节，而又对直接税体系不满者。①

孔祥熙收到蒋中正发来的电文后，极力为财政部辩护，认为货运登记的稽征制度仍有其必要性。他在致蒋中正的公文中提到，由于战时行商居无定所，又无营业组织，货运难以稽核，逃税情况非常严重，这对一直诚实纳税的住商来说是不公平的。办理货运登记，可以保护正当商人利益与稳定市场。至于税收征收机关的弊端，孔祥熙认为，政府自从公布《水陆统一检查条例》后，规定所有检查事宜一律由各地设立的统一检查机构办理，若当地未设立统一检查机构者，则由海关办理。所有商货于起运地检查一次，沿途不准检查，邻近战区各地准予先行起运，俟到后方安全区域补行登记手续，以利抢运。财政部屡次命令征收机关力求简速办理货运登记，严加考察办理登记人员，并鼓励商人举发，分派督察随时密查。但在战时交通困难之际，货运不免时受阻滞，商人于是趁机淆乱视听，动辄诿过于税收机关的检查造成商运不畅。也就是说，孔祥熙坚持政府订定的法规明确合宜，而且人事管理力求严格，上述反对的意见纯然出于既得利益者的

---

① 《蒋中正抄发有关直接税稽征工作意见的代电及孔祥熙复电（1943 年 5—7 月）》，《蒋中正代电（5 月 13 日）》，《中华民国工商税收史料选编》，第四辑，第 1120—1121 页。

攻讦。①

事实上,孔祥熙对于货运登记的弊端并非一无所知。身为直接税署长的高秉坊,也在财政部内部的会议中承认,货运登记的“就货寻人,就人寻税”做法,与病商疵政的厘金根本是同样的一套理论。但抗战以来,趁机发国难财者为数甚众,税局为国征税,虽对商民不便,也须继续执行。高秉坊一直被视为是孔祥熙系统的人马,获得孔祥熙的极力维护,让直接税暂时维持既定的稽征模式。到了1944年中,由于孔祥熙屡遭清议攻击,政治威望下降,无法再支持向由高秉坊负责经办的税务,于是,货运登记制度被提出检讨,最后决定废除货运登记制度,改行简化稽征业务。②

二、 简化稽征制度的出现与评论

1944年6月初,直接税署奉命检讨与调整稽征制度。首先就备受争议的所得税及过分利得税的简化稽征作业,研拟出计算税额的三项标准:第一项是以上年度营业税额,就所得税与利得税的预算比例,计算其应负所得与利得两税的税额。第二项是根据上年征课资料,编成毛利或纯利对营业额之比率,配合本年所得税与利得税的预算,计算应负税额。第三项是酌量核定毛利与纯利率,计算应负税额。计税标准出炉之后,直接税署立即通令所属各税局,根据上列标准,开列各行业应负税额的清单,与商会及公会代表进行会谈,再召开大会公开评定,然后由税局填发纳税通知,限期缴库。此时日本发动一号作战,战势紧张,直接税署迭令各地依照此项简化办法,早日催收税款,缴纳国库。上述历程,成为实施简化稽征的初步尝试。③

此次试行的简化稽征做法,并不只是因应战局紧急需求之下的便宜行事,而

---

① 《蒋中正抄发有关直接税稽征工作意见的代电及孔祥熙复电(1943年5—7月)》,《孔祥熙复电(7月14日)》,《中华民国工商税收史料选编》,第四辑,第1122—1123页。

② 高秉坊:《简化稽征(上)》(1944年8月31日),直接税署编:《直接税夏令业务讲习会记实》,重庆:直接税服务社,1944年,第31页;杨天石:《傅斯年攻倒孔祥熙》,《海外访史录》,北京:社会科学文献出版社,1998年,第548—551页。

③ 《直接税署关于简化所利得税计税标准的密电(1944年6月7日)》,《中华民国工商税收史料选编》,第四辑,第942页。

是既定决策的率先推行。1944年8月11日，由财政部次长俞鸿钧正式宣告，各项直接税税目全面实行简化稽征；并且指出，简化办法是跟着中央政策而来，实际上也是因为近年来商人税负渐重，假账太多，核估计税手续繁杂又不易持平，故有“标准计税制”的必要。在核定税额之前，先交商人自行评议，以公开求取公平。① 此后，财政部在中央政策支持下，全方位推行以简化稽征与标准计税的战时税政。

由于简化稽征过程必须与商会进行协商，做法颇类似过去的包税认缴制度。直接税署在推动简化稽征法前，其主事官员如高秉坊和崔敬伯等人，在公开发表言论时，设法找出合理化的理由。根据高秉坊的说法，直接税如所得税等税的税额决定程序，以中央政治会议议决的立法原则可分为申报、调查及审查三种程序。但在1942年时，即已对申报不实者采取径行决定标准的做法，并在1943年召开直接税署的业务会议时，研议扩大适用的产业范围，主张不论申报属实或是不实，均采用标准计税，这就是推行简化稽征作法的原型来源。②

8月15日，崔敬伯在重庆的《时事新报》发表《论所利得税之简化稽征》一文，其要义是，在1930年时，国府财政顾问甘末尔即于《税收改革意见书》中判定中国尚未具备实施现代所得税的条件，其中商账制度落后也是原因之一。然而，中国的财政改革大业不能静候条件具备才实施，迫于应战而于1936年开征所得税，战时又有过分利得税的实施。由此可见，中国直接税得以推动，主要是民众热诚拥护所致，而不是实施环境与所需条件业已成熟。甘末尔前所提及的各项条件至今仍多欠缺，其中尤以商账问题最为严重。战时后方各地假账风气极盛，不只奸商如此，正当商人亦在所不免。所得与利得两税都以纯益为征课对象，税务机关只能依赖查账技术，加以评估税额，但商人账簿十中缺九，根本不适于查账的条件，稽征机关不得不采取径行决定方式，即一般人所说的“估计”法。执行估计税务员惟恐商人亏蚀国课，难免失之过重，于是，社会啧有烦言，动辄批评税局任意估计与故意苛扰。假账太多的结果，仅恃会计知识技能已感不足，须严密

① 《俞鸿钧在重庆区所得税审查委员会第一次会议上的讲话纪录(1944年8月11日)》,《中华民国工商税收史料选编》,第四辑,第54页。

② 高秉坊:《简化稽征(下)》(1944年9月1日),直接税署编:《直接税夏令业务讲习会记实》,第34页。

统计工作，参照核检，把个案估计转变为集体评定的标准计税制度，才能有具体效果，此即为简化稽征法。[①]

财政学家马寅初评论战时实施简化稽征法提出，认为所得税法规虽明订由纳税义务人自动申报，但送审账簿大都不全不实，使国库蒙受极大损失。财政部为维持税收，故实施简化稽征，不问账簿记账是否属实，一律按照过去三年间实际情形，由商会自行摊定税额征收。马寅初点出，此制目标在保障税收，并举1944年简化稽征的做法为例，直接税署以此年应收税款预算额，参照过去三年的实际查征情形，加上固定比例，分摊给各商会征收税额，维持了税收预算数额，证明其说法无误。同时，他也直言，工商界的反应是，简化稽征即废除查账，恢复包税制度，也可说是一种变相的摊派。[②] 此制实施摊派课征的结果，使得税政失去主动地位，办税者求助于商会及同业公会，不能发挥税务机关职能；税局决定税额时，以预算分配数为依据，商人则对于分配预算请求追减，历时不决，直如讨价还价，影响税政。[③]

面对外界的质疑，税务主管高秉坊不讳言是奉令行事："孔兼部长命令实行认缴办法，故提标准计税制，对外公开，即此次简化稽征办法。"高秉坊站在机关本位立论："因为外面说苛扰，我们就时髦一下，实行简化稽征。大家都提倡民主，我们就公开评议。加上简化和公开，使本税在税政上增加很大力量，也可说很大的进步。"高秉坊口中的增加税政力量，实际上是建立在于"税收有着"这一点之上。在众所批评的废除查账、恢复包税制度方面，高秉坊的说法是："所得税稽征法，有课源法和申报法，没听过有查账法。征收机关有查账权，并不一定要查账，现在大家都认为查账是天经地义，唯一无二的征收办法，这是错了。"他并且在对税务人员的训话说："我糊里胡涂领导你们这样做了七年，没有说明查账并非唯一无二的征收办法，以至假账弄得你们胡涂，这是根本错误之点。"虽然查账还是很重要，但既然已经决定实行简化稽征法，就应该做到控制税源，提供财

① 崔敬伯：《论所利得税之简化稽征》（1944年8月15日），《中华民国工商税收史料选编》，第四辑，第1789—1790页。

② 马寅初：《中国赋税体系》，《财政学与中国财政》，第298—299页。

③ 周郊：《中国直接税制度》，出版地不详，1948年，第35—36页。

政所需。①

直接税制度进入中国之后，经过抗战时期为了因应财政需求而修订税则，从提高税率到采取简化稽征方式，一直是它受到国人批评其丧失税政改革理念的重要因素。然而，若在探知直接税在战争时期的转变，有部分动力乃源自于国民政府最高当局的指示，也就不难理解，这些不得人心的税务措施，在当时都是不得不然的唯一选择。

第四节　国府期许直接税发挥的作用

一、直接税与平抑物价

国府推行直接税制度，除了希望其具有获取税收的财政作用之外，还期许它发挥平抑物价的作用，试举出数个案例来作说明。

1943年5月25日，孔祥熙折呈给蒋中正，陈述物价上涨，民间社会游资争相投入囤积居奇活动，不但正当的工商业无法得到资金的供应，银行界也因为利率比不上囤积的投资报酬率高，无法吸收到存款，造成营运上的困难。为了能够吸收社会上浮滥的游资，建议暂缓征收证券及存款利息的所得税。此折呈经过陈布雷摘录缮呈，并提出拟办建议：

> 近来因物价上涨，社会游资羡囤积之厚利，既不务生产，复不存储银行，财政部为顾虑金融业之困难，鼓励吸收游资起见，拟将证券及存款利息之所得税暂缓征收，查目前实际情形，似有此需要，拟准照办。②

蒋中正批示照准，让税政参与配合了战时后方管制物价上涨的“限政”活动。

① 高秉坊：《简化稽征（上）》（1944年8月31日），直接税署编：《直接税夏令业务讲习会记实》，第26—32页。
② 《孔祥熙折呈蒋中正（1943年5月25日）》《陈布雷呈蒋中正（1943年5月27日）》，国民政府档案（微卷），档号200A/390，《所得税及过分利得税条例》。

在孔祥熙递送呈文的一年多前，即 1942 年 4 月 16 日，重庆市钱业同业公会，曾经因为国府命令川康直接税局，对国家金融机关的存款储蓄征课 5％的所得税率，非国家金融机关的存款储蓄所得则课征 10％，认为此一行政命令，使得纳税者对于同样是存款储蓄所得，负担却有高低，有失公平，结果将使非国家金融机关的存款业务停顿，实为与民争利。民间金融业者也怀疑政府提出减轻所得税的措施，是否能够使游资导向正常生产环境。因为游资本身有追求安全与利润之目的，假定存户趋向高利市场，若政府提高税率，可能促成游资逃避，间接助长物价上涨。① 比较两件档案，可知在一年多的时间内，主政者仍然相信透过税收的手段，可以做到引导社会游资，进而平抑物价的理想作用。

蒋中正支持利用税制来平抑物价的想法，在 1944 年初，仍然发出手令给孔祥熙，指示办理利得税以平抑物价。蒋中正要求财政部征收战时利得税时，应配合工商各业营业实际状况来厘订税率，对战时发国难财者加征重税，协助平抑物价。② 孔祥熙接获手令，随即回复，战时利得税原先即为遏止投机暴利而设，1943 年因为物价波动甚速，商人辄获暴利，行政院已经奉蒋氏手令而修改所得税法及过分利得税法，并且提高税率，其中所得税税率最高累进至 20％，过分利得税率最高累进至 60％，两税合计达 80％。税率提高后，不肖商人以假账申报，对限价政策阳奉阴违，税政稽征机关的调查审核工作极感困难，除从侧面调查外，并无实际制止力量。因此，孔祥熙认为，光是靠调整税率，并不足以达成平抑物价的目标，还需要警察局或经济检查队等实际负责管制物价的执行单位的密切配合，才能奏效。此呈文透露所得税和利得税在 1943 年度提高税率的修法，是在“奉钧座手令”之下的作为，由此可以观察到，蒋中正对于他所重视的施政课题，会有直接介入的动作。③

---

① 《重庆市钱业同业公会函财政部川康直接税局重庆分局》(收文 4649 号，1942 年 4 月 16 日)，重庆市直接税局档案，档号 273/54，《关于直货两税所属所各市、县税务机构联合办法及简化计税情况(税务罚款提成奖金分配表，收复区直货盐税部分复员紧急措施)》。

② 《机秘甲字 8358 号手令(1944 年 1 月 17 日)》，国民政府档案(微卷)，档号 200A/390，《所得税及过分利得税条例》。

③ 《财政部呈国民政府主席(渝直利字第 13281 号)》，国民政府档案(微卷)，档号 200A/390，《所得税及过分利得税条例》。

二、 直接税在战事后期的税政角色

1944年10月，蒋中正亲自指示运用税政来改良财政，要财政部各机关评估办理税政与战时经济的影响。财政部答复，间接税项目中的战时消费税及货物税者，若税率过高或征课繁杂，将使各工商业成本过高而影响生产。至于直接税部分，所得税及过分利得税可能产生两种不良影响：一是工矿生产事业因为负税较高、利润较小与逃税较难，故资金多转往商业，以致影响生产事业；二是工矿业用以购买原料的流转资金，因物价暴涨而须时时增加，若税率过高，将使业者流通资金减少而影响生产。但是，大后方普遍的生产萎缩现象，主要是受到物价暴涨的影响，致其周转资金时常不敷再生产之用，运输困难令货不能畅其流亦为主因，来自税制方面的影响实际上并不多。根据英国及美国的税务先例，两国所得税率较中国高出甚多，并未影响生产，只要物价稳定，避免重复课税，税率纵高，亦不致超出盈利范围，妨碍生产。① 财政部的说明，可以说是对于直接税对战时财政的作用的总结评论。国府从最高当局到各级税务执行人员，都主观地认为税制应该发挥更为巨大的影响，然而现实环境并非如此。

抗日战争结束之后，中国又陷入国共内战，曾经在抗战时期被赋予厚望的直接税，再度被提上台面，成为筹集战费的经济紧急措施的一个环节。1947年中，蒋中正命令财政部研拟《经济紧急措施方案》之中关于整顿税收的实施办法，尤其是针对方案之中关于平衡预算的项目，要求严格执行征收税收，特别是注重切实征收直接税及加辟新税源。

财政部奉令研议，在直接税项目提出八项具体实施办法：一是加强征收营利事业所利得税，规定纳税义务人的申报期限，并要求就申报税额先缴税款。二是调整薪给报酬所得税征收办法，加强执行简化稽征作业。三是要求各地银行在检查行庄账目时，查催存款利息所得税。四是加强控制行商的一时所得税，由各地交通运输主管机关、邮局、商业主管机关及地方税捐征收机关切实协助。五

① 《财政部财政整理委员会报告(1944年10月9日)》，财政部档案(台北)，档号259/1481，《目前税制对战时生产之影响、维持目前物价稳定本部应有之措施案》。

是加强推行遗产税，明令遗产继承人在未将缴遗产税款缴库及取得证明之前，地政机关不予办理产权登记，司法机关对其申请确定产权案件亦不予管理。六是修改印花税法，提高起税点及增列课税项目。七是强制发票必须贴用印花。八是立即开办特种营业税。[1] 上述办法虽然具体，但在付诸实施时，立即遇到收复区的反对或是拖延对待，使得直接税制度在从抗战时期的大后方迁到收复区的时候，呈现徒法难行的困境。加上国府在内战中局势失利，不得不把冀、察、绥、豫、鲁、鄂、苏、热、晋、皖 10 个省份划为 14 个绥靖区，包括 386 县市，宣布缓征各项直接税，事实上即承认已经收不到税收了。[2]

1949 年的关键时刻，国府面临巨大的财政紧缩压力，发行通货成为唯一的挹注之源，失控的通货膨胀与频仍的币制改革令民心大失所望，空言推行税制改良措施已是缓不济急，而在战时因为征收民力而备受责难的直接税制度，亦在此时宣告结束。

第五节　直接税与商业税的合作与竞逐

一、 抗战中期直接税接办商业税的历程

国府在抗战前夕为开办所得税，成立的专责机关即为所得税事务处，即以所得税作为直接税的唯一代表。战事爆发以后，所得税事务处于 1938 年办理战时利得税，1940 年筹划遗产税，以上二税都是西方直接税理论中的税目，办理起来顺理成章。接着在 1940 年间，直接税单位又接办了一直被视为是行为税的印花税。财政部的考虑是，直接税处在开征所得税及利得税时，均须检查工商店的账簿与调查税额。对商家而言，附带征收可省行政之烦，而负责经办者则以此税乃

① 《财政部报告》，蒋中正总统档案，《特交档案/财政/赋税》卷 13—11，《拟陈经济紧急措施方案关于整顿税收实施办法两份》。

② 《绥靖区地方财政措施》，财政部财政年鉴编纂处编印：《财政年鉴三编》，出版地不详，1948 年，第 55—59 页。此时减免直接税的规定包括：缓征 1947 年度所利得税，遗产税在征收机关成立以前发生的继承案件，一律免税。

直接征课于行为发生人，扩大了直接税的解释范围（详见第九章第二节《印花税纳入直接税体系的活动》）。

1941 年 5 月，中国国民党召开第五届第八次中央委员全体会议（简称“五届八中全会”），提出《改订财政收支系统以划分国家及自治财政案》，通过将裁厘活动执行以来一直被列为地方税的营业税，亦划归由直接税处接办。由于营业税系以商业交易活动为稽征对象，一直被视为是与关税或统税等交易税性质相类似的间接税，这次决议使得直接税体系出现杂驳不纯的现象，为此曾经引发争议。其中要义，在于直接税以中央国税的姿态，接管了原来归属于地方税的营业税，呈现战时国府希冀从地方取得财源控制权的努力（详见第九章第三节《营业税纳入战时直接税体系的活动》）。

1941 年 9 月，财政部赋税司长关吉玉为执行五届八中全会的决议，提出修订营业税法的报告。他认为印花税税源广大，然而过去在地方经办时，因税法过于繁复，各省所订单行章则办法不一，税率分级过多，行业分类过繁，缺乏明确征收标准，征收方法未洽商情，以致商人逃漏，致此优良税源未能发挥实效。为了达到战时改进财政收支系统的需求下，各省营业税岁入应即由财政部加以统筹办理，并且编入国家预算，作为支持战费的重要财源。①

财政部这次把地方财源的营业税收编为中央所用，为了使地方政府相对能有所取偿，决定由海关开征战时消费税，并且应允提拨部分营业税额作为地方经费，才让地方接受这项变革。财政部在稍后的工作报告中提出，抗战以来各省地方政府纷纷举办货物通过税、产销税及其他对物品课征的税捐，借以增加收入的风气，在税目繁多、步步查验与节节重征之下，大后方形成省税壁垒，不但阻遏了货运流通，更影响生产建设。于是，财政部在战时举办的第三次全国财政会议，提出《裁废各省货物通过税、产销税及其他对物征收之一切税捐，改办战时消费税以拨补各省政费》案，并且依据八中全会通过的财政系统决议案，规定从 1942 年起，中央接管省地方财政收入，指派所得税处接管各省与消费税有关的一切税

---

① 《关吉玉为修订营业税法有关问题致部次长的签呈（1941 年 9 月 14 日）》，《中华民国工商税收史料选编》，第五辑，第 404—406 页。

捐(包括货物通过税、产销税及其他对物征收之税捐)。所得税处从1942年1月1日开始进行接管,至同年4月15日战时消费税开征为止,完成税政整理工作。财政部估计在战时消费税施行之后,一年的税收额可达2.5亿至3亿元,对战时财政挹注颇大。财政部为了避免再度遭受批评是厘金制度的复活,宣布裁撤各省的地方货物税与海关转口税,只实施单一税目,以示税制改进。①

直接税处顺利接管原属地方财源的营业税之后,财政部于1942年中进一步策划,让同属于货物税系统的统税也纳入征税系统。具体的步骤是下令各省设立税务联合办公处,直接税与统税合署办公,设立总局长一人,负责对外的税务事项。至于直接税或统税系统之内的机构、人事、经费、业务等项目,则仍然由两税主管局长禀承财政部指示而各自统筹办理。财政部认为,如此设计,将各省的税务机构精简为一个,内部则彼此各司业务,权责自可分明。然而,此法实施之后并未发挥财政部所设想的整合效果,加上两大税务机关人员经常发生摩擦,相互攻讦,均令国人对战时税政产生不佳的观感。②

直接税处从接办营业税到与统税局合署办公,在财政部门看来,这两件事是战时统筹税务作业的可行手段。然而,站在直接税处的本位立场,素来认为属于货物交易的商业税税目,经办人员一向素质不佳,一直仰赖包税或摊派等落后的征收手段。现在直接税与这两项税誉不佳的税目合作,将会降低国人对直接税的支持,进而质疑中国实施直接税制度的适用性,影响实足堪虑。

直接税处的顾虑,在1942年接管营业税时所提出的报告中,已经明显表示出来。此份报告提到,原先预计在4月中完成接收营业税事宜,一直拖到6月才结束。最令人头痛的是接收的旧有人员中,接受高等教育者甚少,学徒胥吏出身者占半数以上,又有不少地方恶势力者混迹其间,被裁员者心怀怨望,挟嫌攻击直接税政;部分留在新税体系之中的旧分子,把腐化积习带入税务,抗战中期以后出现针对直接税署的庞大税务控案,即与此有直接的关系。直接税的主事者

① 《抗战期间裁废各省所征对物捐税概况(1942年4月)》,《中华民国工商税收史料选编》,第三辑,第1815—1816页;《关于美日战争发生后我国当前经济事项措施办法一案财政部所拟办法及办理情形报告书(1942年4月)》,财政部档案(南京),档号3(1)/4,《财政部拟具美日战争发生后中国经济政策之意见》。

② 《秘书处致直接税处函(1942年8月3日)》,《税务署、直接税处关于直货两税机构合并问题的有关文件(1942年8月—1944年1月)》,《中华民国工商税收史料选编》,第一辑,第2057页。

对营业税旧属的看法，持续了整个抗战后期，在1945年的年度税务报告中，升格之后的直接税署仍在抱怨，接收大批"贤恶不等"的营业税旧属，致使"控案日繁，外人指责则统归咎于直接税"。①

由于先前有过接办营业税的不佳经验，此次直接税处再度与商业税大宗统税进行合作，双方都抱持着抗拒的态度。1943年间，直接税负责人高秉坊就曾两度上签呈给财政部，抱怨统税单位人员素质欠佳。高秉坊认为，直接税原有征收机构内，不只主管人员均为考训合格的大学生，一般担任税务股长、审核员等，亦多为考训合格人员，统税单位则人员资历及素质上均颇有问题。而且，统税的征收成本历年来均较直接税为高，部分原因源于办税人员薪酬低，必须依恃包征提成的缘故。②

负责统税事务的税务署主管，获知直接税署的尖锐批评，向财政部提出签呈，认为两税在统一机构之后，未能重视统税业务，以致影响税收甚巨，损失不下2亿元。直接税署对于税务署的攻击，由高秉坊再次提出呈诉，指陈1943年度的税收超收额在3.2亿元以上，税务署所称的损失实难查究。税收短缺的说法，只不过反映税吏"减比邀功"的习气，以众所习知的传统税务弊端，加诸在统税身上。两大税目经办人员之间的不和，更是愈演愈烈。③

二、国民政府整并税政的考量

财政部原思以合署办公的方法，达到整合税政的目标，此一尝试并不成功。1945年初，由参加中国国民党中央训练团党政训练班的中阶军政干部，提出直接税与货物税两税彻底合并的四大理由：

> 一、1938年试办直接税，为推广新税而另立专责机关，现已开办有七八年之久，税源已开，习惯已成，当初单独设立机关的理由已不复存在。

---

① 包超时，《中央接管营业税之经过及一年来整顿之概况》，《直接税月报》，卷2期4、5、6合编(1942年6月1日)，第29—31页；《直接税署过去机构人事与业务之检讨及今后改进计划》(1945年1月22日)，财政部档案(台北)，档号250/2150，《财政部直接税署税务报告工作计划》。

② 《高秉坊签呈(1943年3月7日)》，《中华民国工商税收史料选编》，第一辑，第2058—2059页。

③ 《高秉坊密呈(1943年9月7日)》，《中华民国工商税收史料选编》，第一辑，第2062—2063页。

二、货物税可转嫁，但直接税中印花税、营业税或所得税，无一不可先将物价提高，将税款转嫁于消费者，故直货两税实无严格区别。

三、直货两税同属中央的直接税收，却分设机关与分别征税，使某一货物须赴数个机关纳税，手续繁杂而耗力费时。

四、直货两税因为其税政系统不一，税务人员互相攻击，直接税人员骂货物税人员老朽昏庸，货物税人员骂货物税人员无知跛扈、桀骜不驯(按：原文如此)、遇事掣肘、税誉日下，如果不筹备合并，税政将永无上轨之日。①

此时，不论是大后方商民或是军政单位，都认为战时税务分立，遍地税关的纷乱情形，直已重回到清末遍地厘金的困境，纷纷建议财政主管机关应痛下决心，进行实质的两税合并。②

抗战后期的两税合并的议案，在行政院内部亦曾有初步的交换意见。财政部认为，值此战势艰困时期，财政工作应注重利用外债与扩大输入物资这两大工作；至于税政方面，直接税原本是各国最优良税制，英美等国恃为最重要收入，然而中国现行直接税却名不符实，根本原因在于会计制度不良，这绝非在短时间内即可改善，不妨暂时保留现制，以维税收，未来再设法归并税目，以避免苛扰，作为税政方针。③

抗日战争结束后，财政部忙着复员接收与清理各收复区的税政机关，合并案暂时搁置。1946 年 7 月，财政部再次修改全国财政收支系统，宣布把营业税移交地方办理。此时直接税的地方税局的反应是，过去各税局在进行开征工作时有弃难取易的毛病，以前因营业税额高，即偏重此税的查催工作，直到此税又移交地方后，才注意其他税的稽查，结果税收自然减少。同时，由于直接税直属业

① 《中央训练团党政训练班毕业学员通讯处函财政部(1945 年 2 月 12 日)》，财政部档案(南京)，档号 3(1)/767，《各方建议改进税收积弊等问题(1941 年至 1945 年)》。

② 关于直货两税合并问题，邱东旭在《财税工作纪实：近五十年中国财税实况一斑》，台中：逢甲大学，1983 年，第 68 页中提到："抗战中期，国家财政日益困难，孔祥熙未能尽力整顿税收，亦有其过，以直货两税合并乙事论，两税合并于人民、政府均有利，且中央政策亦倾向将两税合并，但他对此事并不积极，致造成当时财政部直接税处与税务署两单位各自为政，在省级有些合并，有些不合并。错综纷乱，对于税项之整顿，造成诸多阻碍，于人民之完纳，亦有不便。"

③ T. V. Soong Papers, Box 53, Folder 15 "Finance".

务减少，各区分局所机构裁并约三分之二，人员减少一半，区局则加以缩编。1947年初，财政部正式核定各县市营业税准留50%划归县市库收入，解决长期困扰的地方财源分配问题。不过，仍有部分省政府为了争夺营业税收入，扣留拨给县政府的税收，财政部不时饬令省政府遵照法规行事。① 对于应由那一个机关来负责征收税款的问题，各省级政府为便于立即收税，多由在抗战时期已经承办的单位来负责，指令各县将辖区税款迅交各地直接税局查收。如此一来，直接税与商业税之间的牵绊，延续到战后依然存在。②

直接税署于抗战后期数年以来税目杂驳的现象，一直心存抗拒，力图回复单纯的直接税旧制，这点从1947年初直接税署署长王抚洲的言论可以明白看出。他认为，政府由于行政因革和征课便利的原因，先后把印花税和营业税移交给直接税署兼办，虽然使得税收数字增加，直接税体系却驳杂不纯。加以营业税税源普遍，其他直接税各税纵有短收，仍可依赖营业税来弥补，养成直接税税务人员依赖营业税，忽视本来的直接税项目如所得税与遗产税，可说是本末倒置。国府在战后1947年间，先后召开二中全会及财粮会议，决议再将营业税划归地方。直接税署官员的反应是乐观其成，认为这在税收上固属损失，但就税务性质而言，实可廓清体系，致全力于直接税主干，再谋求发展。③

不过，直接税署打算回归单纯税制的构想，并未能实现。缘于国民参政会认为征税必须配合内战的财务需求，重提1945年初的直货两税合并议案。直接税署虽然立即呈请财政部，以“直货两税性质迥异，其征收方法与课征对象不同，故不能合并”为理由，回复国民参政会，财政部亦暂时未有任何进一步的动作。但是，战时的税务机关应力求精简，以求快速收税，已是政府的共识，在此情况下，直接税署的想法只会被视为是机关本位主义，绝非徒言税法理念即可奏功。因

① 李应兆：《一年来广东直接税税收的检讨》，《广东直接税导报》，卷2期2（1947年2月15日），第2页；余顺贤：《中国直接税之前途》，《广东直接税导报》，卷2期2，第3页；邵武县参议会代电财政部（雨卯东邵参秘议第570号，1947年4月1日），财政部档案（南京），档号3(1)/3169，《财政部关于办理各县政府参议会要求田赋、营业税等划归地方问题之文书（1946年至1947年）》。

② 《湖北省财政厅呈财政部（厅财二特字第2700号，1947年7月12日）》，财政部档案（南京），档号3(1)/3065，《县市营业税评议委员会组织规程及其废止的有关文书（1946年至1947年）》。

③ 《直接税署署长告直接税同仁书》（1947年1月1日），《中华民国工商税收史料选编》，第四辑，第60—61页。

此，事后的发展不是直接税署乐观预言的“谣言当可消弭”，在1948年7月21日，国府为因应内战紧张情势，调整财政税务机关，将直接税署与掌理货物出厂税的税务署合并成立国税署。直接税一词，从国民政府的行政体系之中消失。①

小结

从档案史料追溯战时直接税的决策过程，以及主导性的决策下达之后，财政部如何思考落实指示，提出政策的宣示和具体的计划，再依序层层布达的相关活动，大体上已足以勾勒出国民政府对于直接税税政的决策模式。

首先值得注意的是，蒋中正在抗战时期及复员内战期间，对于税制改良中的直接税项目有多次的直接指示记录，显示他极为注重财政事务的程度。在战时体制下，国民政府的税制决策过程，是由财政部研拟出财政金融措施计划，呈报蒋中正，在实施维持旧税与举办新税的两大原则之下，直接税得到拓展的契机。至抗战后期，物价上涨日益严重，财政部不得不提出增税的计划，而有多次修订税则的做法，使直接税制度产生实质上的变化。同时，也因为税法在执行上的诸多缺失，由先前备受称誉的君子税，成为众口指责甚于厘金的苛扰体制。

不过，即使一般舆论批评不断，从抗战时期蒋中正与孔祥熙的来往文件，可以看到战时国府推行直接税制度，除了获取税收之外，仍然秉持过去对此税的良好印象，期许它发挥平抑物价的作用；并且，也正是在战时精简税政的原则之下，以直接税为指导中心，将具有商业税性质的印花税、营业税和统税，均纳入单一税政体系，扩充了直接税的实施范畴。

直接税体系因为战时需求而兼纳商业税，对财政决策者而言，直接税以中央国税的姿态，接管了原来归属于地方税的营业税，呈现战时国府希冀从地方取得财源控制权的努力。然而，就税务主事者的立场而言，这种变革使得税政杂驳不

① 《第24次直接税署会议纪录(1947年1月9日)》，财政部档案(台北)，档号248/934，《直接税署业务会报纪录》。

纯。直接税与商业税的两派人员，在机关本位之下，并未能融洽合作。两大税政机关相互攻讦的结果，大大破坏直接税的良税印象，最后国府更因国共内战时期强大的财政压力，再度进行税政整并，这次使得直接税署失去行政上的位阶。日后政府虽然依旧开征直接税体系之内的诸多税目，却不再以直接税为名，此一税目于是退出历史的舞台。

第七章　进步与苛扰：国民政府的所得税改革

第一节　所得税的筹办经过与民情反应

一、 国民政府筹议所得税的历程

前已于第一部简述直接税在民国初年及战争时期的推展概况，并在第二部中讨论过抗战前夕营业税的发展情形，据此，从第七章到第九章，将分别叙述战时各项直接税的活动内容。

依据各税实施时间的先后，本章讨论所得税在中国的实施历程。由于所得税在民国初年即已引进中国，前已于第一章简述国民政府筹划所得税时的言论，本节将再就执行层面，回溯并补充其间的一些具体行动，并且叙述时人对于中国实施税政环境的讨论过程。

1927 年 4 月，国民政府成立后，财政部长古应芬曾提出“举办所得税以适应世界税制发展趋势”的议案，因政局未定而暂缓办理。随后，中国国民党中央党部在 6 月 24 日通过《所得捐征收条例》，决定举办“公务员所得捐”，从 1928 年 4 月分开始征收，对外的宣传是准备党员的抚恤需要。就官方的立场而言，所得捐的开征对象只限于党员及公务员，方法是从其薪俸中扣除定额，仅能认为一种是特别捐，而不能称作是一种直接税。[①] 评论则认为，“公务员所得捐”是一种由特定机关，对特定对象所开征的“税”，即使它不以“税”名之，仍然具有“税”的实质意义。过去在北洋政府时期，已经有对在京官吏开征所得税的先例，如今的国民政府在党国合一的训政体制之下，师法北洋故智，由中央党部对官吏薪水实行抽所得税的行动。[②]

“所得捐”实施之后，被批评此税名目狭隘，收入又完全不归国库，仅供中国国民党各级党部党费的特殊用途，人民自然不会将之视为正当的租税负担。从税政的角度来看，这种不合法制的权宜措施，让人民沿袭过去对北洋政府时期所得税的不良印象，成为未来推动所得税的障碍。因此，国府如果要施行所得税，应该把这项名不正言不顺的党费所得捐加以正名化，命令财政部制定正式法规，而不是只由中央党部来发号施令。[③] 国府回应已在规划具有全面性质的所得税，加上所得捐征收过程颇为顺利，每年约有百万元以上的收入，让国府对此税的未来发展深具信心。于是，国府宣布将所得捐的适用范围扩展于全国学校的教职员，作为日后全面实施所得税的准备。[④]

1928 年 7 月的财政会议，财政部提出开办所得税作为裁厘抵补之议，并于会中拟订《所得税条例草案》及《所得税施行细则》。几经修订，在 1929 年初完成这两项法规草案，准备在立法完成之后实施所得税的开征工作。不过，国府积极筹划的所得税，在是年年底却又再度宣告搁置，其间的决定性因素，即是财政专家甘末尔应国府之邀来华考察财经环境，并且提供国民政府参酌的建议报告。前于第一章已述及甘末尔的建议内容，主要是所得税本质为工商发达社会的租税，中国私人设账情况落后而不易稽核，以及中国税政行政效率不彰三大部分，

① 四川省训练团讲义，《所得税与遗产税》，出版地不详，1940 年，第 3 页。

② 金国宝：《中国经济问题之研究》，上海：中华书局，1935 年，第 88 页；东亚同文书院支那研究部编印：《现代支那讲座，第三讲财政金融，财政篇》，上海，1941 年，第 31 页提到此捐是作为“国民党党费，对国民政府官吏，五十元以上，从一分到八分的就源征收”。

③ 陈英竞：《所得税之理论与实际》，四川长寿：澄园，1933 年，第 112 页；朱偰：《中国财政问题》第一编，上海：商务印书馆，1934 年，第 191 页；胡善恒：《赋税论》，上海：商务印书馆，1935 年，第 439 页。

④ 国家税务总局主编：《中华民国工商税收史：直接税卷》，北京：中国财政经济出版社，1996 年，第 12—14 页；柏井象雄：《近代支那财政史》，京都：教育图书株式会社，1942 年，第 159 页中提到国民党的所得捐收入充当党员的遗族补助费，1930 年收入 128 万元，1931 年收入 65 万元，1932 年收入 123 万元。

认为当时中国并不具备开征所得税的条件，其说法也得到学界的普遍赞同。国府随即搁置此税的开征进程，证明甘末尔的论断确实具有学理的根据。

有意思的是，五年之后，国府于抗战前夕开办所得税，除了极少数的论著还在引述甘末尔的报告要旨，提醒政府应注意改善税政环境之外，舆论几乎呈现一面倒式的普遍支持。过去在税政学理上被认为是不可或缺的实施环境与必要条件，如今在民族御侮的大前提之下，似乎变得不再是那么不可挑战的至高无上原则。在晚近论著中，更可以发现一些曾经参与税政的人士，以后见之明的姿态，回过头来批评甘末尔报告。有的自喜国人在外国专家审议认为不可实行所得税的恶劣条件中，竟然能够设法克服困难而实行新税的勇气。有的认为中国幅员广大，各地经济情况差异甚巨，适宜所得税的条件未尝不可借实施所得税而逐渐形成，一边摸索，一边改进中国的经济变迁与行政组织，因此，中国受甘末尔言论影响，阻滞所得税的应有发展，实令人扼腕。有的甚至批评甘末尔的见解在赋税理论上亦未必正确，国人慑于其大名而颇受支持，甚至奉为金科玉律，阻碍中国进行税政革新。[①] 上述说法看来也似乎言之成理，问题是，为什么否定甘末尔报告的这类意见在当时并未成为主流？更重要的问题是，为什么国民政府搁置所得税的活动？

长期担任国府财政顾问的杨格，曾留下一份资料，可资解答上面的问题。1929 年间，杨格也参加了甘末尔考察中国财政经济的活动，并且在 9 月 4 日与甘末尔及另外一位专家 O. C. Lockhart，三人联合署名向国府提出关于所得税问题的备忘录。甘末尔等人在这份备忘录中提到，所得税在欧美被普遍视为是一种最令人满意的赋税形态，它伴随着民主体制的发展而成长，此税采取累进税率而能视总净收入的增加而提高税率，故比起其他税制更能视个别公民的能力而纳税。“所得”一词，在现代社会有极复杂的特色。可以观察到的是，所得透过在现金收付时，发展出一套收付与记录的系统，令所得税得到成功实施的大好良机，而这种环境在农业社会中尚未存在。理想税制必须考虑到不同的收入来源

① 刘师舜编著：《邹琳先生之生平：自北伐至抗战胜利服务之第一手数据》，第 48 页；杨必立：《中国所得税研究》，台北：东华书局，1975 年，第 10 页；翁之镛：《税制概论》，台北：财政部财税人员训练所，1973 年，第 85 页。

而课以一般的税率，给予申报者一定扣除额及法定减免，基于个人支付能力的多寡而来衡量累进税制的高低，这是件相当困难的工作。而且，所有的课税作业，都需要受过良好训练的官员来检视，咸信现在中国尚未能达到提供上述可以施行所得税的条件水平。为达到上述目标，中国必须先建立能够有效征税的官府体制，并且改良账目与财政管理的基础。另一件很重要的事是，任何一项新税在开办之初，都必须有力地执行，否则将破坏税誉，政府再想于事后改正这种评价将变得很困难。根据前已提及此税的性质，现今中国状态下引进一般所得税并不明智（unwise），这仅适用于对实施所得税可能性的理解。但是，中国可以考虑一种特殊的或是部分的所得，它比较容易查明，把所得税落在有限的特定阶级所得之可行性。①

这份备忘录的内容与日后公开刊布的说帖作比较，在大原则上是一致的，但此份备忘录所提到“比较容易查明的特殊所得”，在说帖中并未明文记载，经查即为公债持有者的利息与收入。甘末尔等人认为国府可以考虑首先开征公债持有者的公债相关收入的所得税。因为这个项目有明确的会计数据可供稽核，持有者又多属富有资产阶级，是十分理想的税源，只要事先防范持券者的避税行为，应该会有良好的成绩。不过，当时国府的财政收入有大半以上仰赖公债，而公债也正是所谓江浙财阀获利的最大来源。国府若准备对此开征所得税，将立刻面临庞大的社会压力，这是国府在考虑之后，暂行停办此税的主要理由。② 此时财政权威甘末尔的“条件不够说”，正好为国府提供一个既表示尊重专业，又能见诸明文的理由。③

直到 1934 年 5 月 21 日，国府的统治已较为稳固，在以废除苛捐杂税为号召

① E. W. Kemmerer, O. C. Lockhart, and Arthur N. Young, ‘Memorandum of Income Tax (Sep. 4, 1929),’ in Arthur N. Young Papers, Box 33, Folder “Internal taxation, except salt, 1928 - 1937”.

② 东洋协会特别调查部报告第二辑，《紊乱せる支那の财政と现状债务整理问题》，1931 年，第 15 页；小科布尔著，杨希孟、武莲珍译：《上海资本家与国民政府（1927—1937）》，北京：中国社会科学出版社，1988 年。原书为：Parks M. Coble Jr., *The Shanghai Capitalists and the Nationalist Government, 1927 - 1937*. Cambridge, Mass.: Harvard University Press, 1980), pp. 83 - 90。

③《直接税处 1941 年度会议概要（1940 年 11 月 30 日—12 月 5 日）》，《中华民国工商税收史料选编》，第四辑，第 1478 页中的说法是，过去政府办所得税目的在筹款，若款不易筹就可以不办，民国十七、十八年则是为了抵补裁厘的损失而创办所得税，不能不打算盘，当甘末尔顾问团说“条件不够，不能实行”，所以又不办了。其实，甘末尔顾问团的报告曾具体建议部分实施的范围，并未全盘否定中国可以试行所得税。

而举办的第二次会议之中，讨论开征所得税可行性，重提推动所得税之议。会后，财政部长孔祥熙指派赋税司司长高秉坊与整理地方捐税委员会委员梁敬錞等人负责筹办，并于1935年5月13日提出《创办所得税原则》及《所得税暂行条例草案》。草案在1936年6月24日先经过中央政治委员会第16次会议的初步讨论之后，议决为《所得税原则》6项。立法院再据此原则，于7月9日制订《所得税暂行条例》22条，国府即于7月21日颁布条例，随后，行政院于8月18日通过《所得税暂行条例施行细则》，宣布自10月1日起先开征公务人员薪资所得及公债与存款利息所得二项目，其余项目则预定于1937年元旦起开征。至此，所得税正式进入实施阶段。①

二、 税政环境与取得税源的讨论

中国在1936年全面开办所得税制度，完全是因应现实压力的产物，目的在利用新兴税制来控制较为普遍的税源，进而全面推展，抵补锐减的关税收入。把所得税作为战时财政的主力，不仅是国府财政主事者的看法，也是舆论的共识。虽然所得税一直是学理公认的财政改革主轴，国府也加快脚步制定法规，实施改革行动，但不论是官民双方在心中都存在着“中国尚未具备实施所得税的现实条件”的疑虑。甘末尔报告所提出的施行所得税必要条件，在中国经济发展并未有飞跃成长的情况下，当然不可能快速形成合适的税政环境。而且，受到法权尚未收回、租界尚未归还的制约，托庇于外人的公司或洋行即使盈利亿万，中国政府也无法由之取税。从现实环境看来，此时中国仍然未具备推行所得税的客观条件。②

既然中国不具备甘末尔所言的税政条件，此刻实施税政改革，岂不又将重蹈民初屡次推动所得税均归失败的覆辙？财政部门当然必须加以解释，现时环境

---

①《孔祥熙在中央党部纪念周作关于所得税问题的报告(1936年9月28日)》，《中华民国工商税收史料选编》，第四辑，第10页。

② 高秉坊：《中国直接税的成长》，重庆：财政部直接税处经济研究室，1943年，第7页；麦健曾：《新订所得税条例评议》，《国闻周报》，卷12期27(1935年7月15日)，第11页；腾霞：《地方所得税制之参考(上)》，《国闻周报》，卷8期11(1931年3月23日)，第1页；腾霞：《地方所得税制之参考(下)》，《国闻周报》，卷8期12(1931年3月30日)，第6页。

已与民初极大不同。北洋政府筹议所得税时财政系统紊乱不堪，人民不相信其有举办良税之意；现在国府已成功裁废厘金，实施法币政策，是整理租税的大好良机。同时，所得税也不全然只能在工业发达国家中施行，当时已有不少农业国家，如印度、巴西、秘鲁、阿根廷和智利等国，已征收一般所得税，中国自亦可试行。不过，财政部门也承认中国的现实条件不佳，故决定以对特定对象及局部实施为原则，日后再以局部成果作基础，谋求缓和的逐步扩展。于是，财政部在1935年5月，以革新税制与整理财源为目标，拟订所得税原则及条例草案，提请行政院呈送中央政治会议核定。①

财政部的解释，得到部分学者的支持。例如，李权时认为，甘末尔报告中提到中国为税政的试验而实行部分的所得税体制，可以给予“相对的赞同”。此次制定的《所得税暂行条例》及拟开办项目，都属于“部分的个别所得税”，国府以缓进方式的所得税改革进程，正与甘末尔的意见相符合。朱偰则认为，就学理而言，真正的所得税是征收总所得的一般所得税，然而，中国大多数人民尚无独立所得，对资本所得征课收益税系统亦未完备。国府此时因无法征收到真正的所得税而实行过渡办法，对工商界征收资本税，对个人征收劳力收益税，令所有国民皆对国家有直接负担税务的行为及习惯，然后再推行一般所得税。②

另一方面，也有论者质疑国府推行所得税并不切合实际。例如，崔敬伯提出财政与税务受到经济条件的支配，国府的当务之急是应该加强推动经济建设，而不是推行所谓的渐进税政改革。中国的经济与产业架构，缺乏大规模的机械化生产，无法有大宗所得与储蓄，自然不容易实现工业国家艳称的所得税。因此，所得税能否在中国彻底实行，关键在于能否实现工业化。崔敬伯的说法，点出国人对于施行所得税的主要顾虑。中国经济落后，这是众所周知的事实，但是，即便如此，也有学者反对中国因不具备推行所得税的条件，就必须“静待环境酿成”的论调。他们认为，税制的推展施行，固然有待于社会环境的配合，但就各国先

① 朱炳南：《论我国的所得税法》，《社会科学杂志》，卷7期4（1936年12月），第552—553页；曾大宾，《中国租税与政治》台南：著者自印，1968年，第338—339页。

② 李权时：《中国施行所得税问题》，《经济学季刊》，卷7期3，第184页；朱偰：《所得税暂行条例草案之批评及其修正意见》，《东方杂志》，卷33期13（1936年7月1日），第47页。

例,也时见政府在透过施行税法同时促成税制运行的环境。也就是说,随着强大政治力量的介入与动员民力,自然会形成符合时代需求的税制,如果只是一味等待环境成熟,恐怕永无实现之日。[①]

当1935年所得税草案被提出之际,世界经济萧条风潮已深切影响中国,国人为衰敝的经济找寻出路,统制经济的呼声甚嚣尘上。朱偰在该年6月初于《东方杂志》发表一篇《中国今日征收所得税问题》的长文,回顾国府在过去一年之间为求开辟财源,已经考虑兴办的各项新税,包括交易税、遗产税和所得税的筹备概况,并预估在1935年即会有新税措施出现,其中最有希望率先办理者即为所得税。从西方所得税发展史看来,所得税有三条线索可寻:第一是资本收益税,最初为财产税及其他客体税(例如,土地税、房屋税、营业税)的补充,第二是劳力收益税,第三是阶级税。当然,上述纯就税政学理和外国经验的立论,中国的发展历程未必会产生这三种税目,也未必会有一样的变迁趋势。政府此时应该考虑如何借用他国先例与经验,在缺乏成熟的资本主义经济组织的现实环境之中,争取可能的潜在税源。[②]

财政部对于学界提出的税源问题,在制定法规时以实时易取的税源为目标,配合简单有效的征收手续,并且加强行政裁量的权限,规定纳税义务人若是申报不实,政府可以径行决定税额及令其限期缴税,作为筹划未来战时财政的原则。1936年7月21日,所得税的相关法令终于公告实施,财政部长孔祥熙在次日的记者会中,说明征收之时,将"采用陈报办法,由官厅严其查核,若陈报不确实,则国家另以法律严行制裁,故手续颇简单,且并不即采事前登记调查等方法"。孔祥熙同时也宣布,开办所得税之后,将立刻停征过去由中央党部向公务员收取的所得捐。初步规划的征税范围,属于业者项目为全国各公司各银行及资本雄厚之商号,属于个人项目者有全国公务员、自由职业者,以及其他行业其所得超过一定免税限度者。在征收税率上,力求从轻,并且采取累进税制,以适应纳税者

① 崔敬伯:《中国财政的经济基础》,北平:国立北平研究院经济研究会印行,1936年,第11页;崔敬伯:《现代税制类型之检讨》,北平:国立北平研究院经济研究会印行,1936年,第3—4页;胡善恒:《赋税论》,第439页。

② 朱偰:《中国租税问题》,第636页。

负担能力。[1] 经过朝野一年多的讨论，所得税的实施方针至此拍板定案。

三、施行所得税的民情反应

财政部的所得税方案出炉之后，部分论述极力赞扬，以所得税为国家把社会上的盈余，从私人重新吸收到公家的一种手段，国家以此收入举办各种社会事业，如教育、卫生、医药、社会保险、贫穷救济、儿童福利等，社会事业越推广，则民众生活程度越提高，成为以和平方式实施经济平等的社会改革之先导。不过，更多论著偏向于分析中国征收所得税的诸多困难，最重要的是民国以来政局混乱，无法号召全国政治力量进行持续的改革。其次，中国的农工商各业均极落后，营业组织不脱个人或家庭组织，缺乏公司企业组织，营业会计方法亦未近代化，让现代税制无法有推动的空间。一般民众生计艰难，对横征暴敛的政府素无好感，普遍缺乏国家思想或民族意识。加上不论中央政府与地方政府，其财务行政均效率低微，以及外人在中国享有特殊地位等因素，都令开征所得税遭到极大阻碍，过去数度努力的结果只留下条例，即是明证。[2]

论者指出，国民政府在先天不足的恶劣环境下，推动一个屡遭失败的税制。然而，这次所得税改革与过去不同的是，它是国府筹划未来在发生战争非常时期财政政策的主要环节，有势必兴办的现实压力。关于这一点，中国和其他国家有相同的经验，因为西方各国开征所得税的起源，大多数也是因为战时财政而起。所得税虽说是非办不可，但是绝对不能因为应战压力而忽视所得税应有的公平原则，否则动机不正确，求效太急切，将使西洋良税变质，而成为中国财政制度的新纠纷。举办所得税应从社会的观点出发，做到宽其税限、详其减免、轻其税率和严其逋脱的四大要求，以期公平税负。人民心中树立课税公平的新指标，逐渐养成纳税习惯，建立一个现代化的国家财政体系，不应急图收入，方是政府开征

① 朱偰：《中国今日征收所得税问题》，《东方杂志》，卷 32 期 11，第 5—9 页；李权时：《中国施行所得税问题》，《经济学季刊》，卷 7 期 3，第 188 页。

② 吴景超：《新税制与新社会》，《新中华》，卷 3 期 10(1935 年 5 月 25 日)，第 77 页；麦健曾：《新订所得税条例评议》，《国闻周报》，卷 12 期 27(1935 年 7 月 15 日)，第 1 页。

所得税的本旨。①

从上述意见可以看到，当时知识界对于国府开征所得税的尝试，呈现出一种两难的情结。就税政学理和世界各国先例而言，所得税无疑是一种资本主义发达社会的产物，以中国内忧外患交迫的情境，又不能坐待经济进步，时机成熟。于是，他们一方面不遗余力地发表长篇累牍的所得税应当如何如何的论述，另一方面也在爱国情绪的激励之下，宣扬国人应当支持国府的直接税改革。国民政府也着意争取舆论的支持，在草拟施行细则时，广征专家学者及有关团体的意见，并且宣扬在推行之初，将考察社会环境，力求切合实际，以免狡黠者多方幸免，忠笃者独负缴课之责，有失良税本意，可说是完全呼应了学界诉求所得税应有的公平原则。②

学界对于开办所得税的看法，也成为一般舆论的共识。素被视为上海资本家代言喉舌的《银行周报》，在其评论中支持国府的改革，主要论点不外乎是宣扬各国均以所得税制度为国家财政中心制度，中国近年处境艰困，举办所得税以应非常时期财政，实为当务之急，在推行所得税制度后，亦可促进人民与政府间的经济联系，各界人士一致拥戴此良好税制。③

《银行周报》的评论并不全然是偏向支持政府的立场，也有许多站在工商业界立场的发言。归纳要点，首先是政府锁定商家为对象来规划营利事业所得税，然商家前已负担营业税，各行业又均有特殊税目，如屠宰税和烟酒税等负担，因此要求政府在举办所得税前，应该做到同时废止苛税，以免重复课税。根据开征营业税的经验，各省营业税局经常因为难以确定商家营业收入总额的标准，与商民发生纠纷，一旦推动所得税制度，对商家的调查，除了营业总收入之外，还须加上查纯益所得。由于传统商业记账制度十分混乱，常有年终做账时以纸上盈余

① 崔敬伯:《施行所得税问题》,《国闻周报》,卷 13 期 23,第 1—5 页;贾士毅:《民国财政经济问题今昔观》,第 24 页。

② 李权时:《中国施行所得税问题》,《经济学季刊》,卷 7 期 3,第 188 页。

③ 刘振东:《为所得税问题敬告国人》,《银行周报》,卷 20 期 28(1936 年 7 月 21 日),第 5 页;《施行所得税》,《银行周报》,卷 20 期 28(1936 年 7 月 21 日),第 27 页;陈德容:《所得税暂行条例总则之研究》,《银行周报》,卷 20 期 36,第 7 页;子明:《征收所得税问题》,《银行周报》,卷 20 期 27,第 8 页;《所得税实行开征》,《银行周报》,卷 20 期 39(1936 年 9 月 29 日),第 1 页;《工商业请缓办所得税》,《银行周报》,卷 20 期 29(1936 年 7 月 28 日),第 1—2 页。

博取股东欢心，并非真实获利，税局如果将之视为纯益而课税，势必产生纷扰。最后是中外税负的公平性问题，国府虽表示在开征所得税时，外人亦应一律照征，但由于治外法权的作梗，推测所得税非但不能征及外侨，恐怕亦不能征及租界的商人，此须加强外交努力，取得国际的谅解和协助，贸然开征将使托庇于国际势力的富有者逃避纳税义务，更促使更多本国资金流向国外。[①]

如果学界是从学理出发，质疑中国不具备开征所得税的条件，民间则是从现实考虑，反对政府在苛捐杂税尚存的情况下另辟税源。此时政府原本就是因为财源匮乏而筹议新税，自然不可能接受民间的要求。面对这样的僵局，国人最后是在国难迫切的环境之下，很勉强地接受新税制的活动。当新税制的实施已成定局，评论仍在呼吁，国府在所得税及其他直接税税收丰盈之后，斟酌减免关、盐、统等税，同时补助各省裁撤苛杂。[②] 今日看来，这种请求当然是很空泛的，不过，此际大量出现类似的各种言论，显示评论者认为其已表达立场与善尽言路责任，政府也表示将会采纳民间建言，开创税政革新体制。

第二节　关于所得税税政的实务讨论

一、所得税的涉外税源与国内税基设计问题

所得税的相关法令，从 1935 年 5 月草拟，至 1936 年 7 月完成修法程序，历时一年有余，一直受到国人热切关注，时见对政府草案内容提出各种意见及建议。国府在 1936 年 7 月 21 日颁布《所得税暂行条例》后，次日即由财政部长孔祥熙在记者会上宣达政令，对于先前国人对所得税所表达的各式疑虑和意见，提出官方的正式回应。筹议所得税之时，国人一致称许其为进步的税制改革，但在国府将规划落实之际，学界即针对国府的税制设计提出一些质疑。透过孔祥熙

---

① 《论所得税》，《银行周报》，卷 20 期 28(1936 年 7 月 21 日)，第 25 页；《征收所得税问题》，《银行周报》，卷 20 期第 28、23 页。

② 李权时：《中国施行所得税问题》，《经济学季刊》，卷 7 期 3，第 187 页。

的说明，再参照前后的各种看法，可以看到所得税制度在研议过程中的一些实质讨论与变化，大致上可以分为对外和对内的两种层次。

关于对外的层次，主要的课题是如何取得涉外税源。官方与民间均主张，不论是国人或是外侨，原则上凡是所得来自于中国境内者均须纳税。这项主张不是提出口号后即能令下随行，而是必须与外国进行交涉，取得实质认可才能有所行动。官方的立场显得比起民间舆论来得和缓，但是，正是因为官方对于涉外税权交涉采取相对和缓态度，舆论不断提出，所得税在内外有别的情况下，民间必定会有依附外人的逋逃现象，不公平的税务亦将引起商民抗议与众人观望，让税务难以拓展。

孔祥熙表示，中国参酌英、法、美各国的法例，在制定所得税施行细则时，采取相互主义，所有居住国境之内本国人和外国人都应该一律课税，居住未满一年的外国人或其所得来源不出自民国境内，均免课税，但以各国对于中华民国有同一待遇者为限。民间对于上述原则的解读是，外国人在中国内地有所得者须课税，或是已在中国内地一年以上的居住事实者，其所得虽从外国得来，亦一律课税。在治外法权未废的情况下，所谓“民国内地”的“内地”应当不包括租界。如此一来，只要外国人或是本国人在租界拥有住所或是财产营业者，皆无法课税，结果将促使工商业群集于租界，富豪尽量移居租界，逃税之风大为盛行。①

就执行面而言，英美各国先例，不论是公司或是个人，凡是所得源于国境之内或是投资于国内所得，不论身份是国人、外侨、居留民或非居留民，均须负担所得税义务。中国推行所得税，理应效法、英、美各国先例，否则违反公平原则。国人若竞相投资外商公司，以达逃税目的，国内工商定遭打击，因此，政府应妥思如何征课外商公司的对策。同时，国府并未设想到一种状况，即纳税人居于国内而其营利组织设在国外，该类营利所得已经在国外征税之后再汇至国内，法规上并未说明是否应再行课税，如果不课税，未免失之过宽，无异鼓励投资国外。此类所得多由外商银行转汇，政府难以调查汇款数额，将使逃税之门大为洞开。②

① 孔祥熙：《所得税问题》，收入杨汝梅，《国民政府财政概况论》，第 454 页；刘树东：《所得税之研究》，《东方杂志》，卷 33 期 13，第 62 页。

② 陈德容：《所得税暂行条例总则之研究》，《银行周报》，卷 20 期 36，第 8—9 页。

部分较为乐观的言论则认为，本国资产为了避免所得税的负担而竞相出走的情况，不至于太严重，因为商民在国难时期纳税是爱国的表现，社会上无形的强烈爱国风潮，将对奸商产生吓阻的压力。或许在一时之间，不免会有托庇外人以逃税的现象，然而，以往曾有数次国人将财产存于国外银行，结果遭到倒闭的纠纷，加上外国也经常出现通货膨胀与货币贬值现象，想要逃税者应当会评估风险，不会只因为少数税款而将其全部资产外逃，即使真有此事，政府应执法取缔以儆效尤。① 对于涉外税源问题，国府除了应努力与各国进行交涉之外，还须加强对国人税源的掌握及控制，尽量阻止资产外流的现象。

关于对内的层次，则集中于国府在税制设计时，一些将对于民众实际生活发生影响的具体实务。首先，引起注意的是起征点的问题。国府原先在 1935 年 7 月拟订年收入 500 元以下免税，但 1936 年修改成为每月平均不及 30 元者免税，也就是将起税点往下调整为 360 元。对于这个变更，评论回溯 1913 年颁布的所得税条例，当时规定凡普通商号公司的资本额在 2 万元以上而获有盈余者始行征税，认为其立法宽大，避免损害小商。1930 年代的中国面临世纪经济萧条的严酷挑战，应该设法提高课税额，以符民情。② 在审议期间，立法委员张志韩反对调低免税点，他以国内农村破产，百业凋敝，应以薪额较高者为开征对象，并提出仍应回到先前提案，每月在 60 元以内者为免征标准。③ 民间舆论一致认为，从社会现况看来，每月 30 元的免税点，实在订得太低，国府不应只考虑财政收入，丝毫不顾及升斗小民的严重负担。

国府另一项为人批评的税制设计疏失，是刻意取消纳税义务人的抚养亲属免税额规定。这种做法与世界各国施行的所得税制度惯例不符，连一向大力支持国府推动直接税改革的李权时都认为，政府的考虑是免税额的设计将使税收减少，为了增加税收，毫不顾及纳税人的家庭负担状况，未免流于残酷。有人为国府辩护，这是因为中国已经到了生死存亡的非常时期，所得税不得不急行举办，其内容亦因之不得不稍近苛刻。李权时不以为然，因为目前尚未正式进入战

① 《所得税实行开征》，《银行周报》，卷 20 期 39，第 1 页。

② 陈德容：《所得税暂行条例总则之研究》，《银行周报》，卷 20 期 36，第 8—13 页。

③ 子明：《征收所得税问题》，《银行周报》，卷 20 期 27，第 8 页。

时，国府即应以平常态度来办理所得税，作为未来战时财政基础，等到战争到来时再提高税率亦为时未晚。因此，他批评政府的办税方式，把在外国是吸取富人所得的良税，一到中国立即变成吸取穷人膏血的恶税。①

面对外界批评所得税的起征点过低与取消亲属免税额，造成人民负担过重的问题，孔祥熙在记者会中表示，所得税以纳税人的负担能力为课税标准，中国人民生活程度较低，根据各地劳工生活调查统计，每人每年有360元的收入，即已达水平线的生活，故薪给报酬所得即以每月30元为起税点，课以千分之五的轻税，养成人民对于国家直接纳税的习惯。他进一步以各国所得税的税率最少都在4%以上，而中国只有0.5%，证明中国税率极低。因此，政府办税目的不在税收多少，而在厉行税制革新，“纳税人应仰体政府轻赋薄征之意思，忠实不欺，以表现其爱国救国之真诚”。② 国府除了举行记者会外，更透过由中央银行发行的《金融周报》来宣传政府的理念，重点放在中国生活程度低，不能与欧美先进国相提并论。一般穷苦人民每月似无30元以上的收入，月得在30元以上者，应该有能力来缴纳0.5%的最低税率。在工商厂家部分，商店资本在2,000元以下者，在中国已足资糊口，现亦在免税之列，政府只征收资本在2,000元以上者的净利所得，税率不重而负担无多。③ 在决定起征点的议题上，由于国府自认是实行“轻赋薄征”的传统做法，没有民间严重负担的问题，表现得相当坚持。

二、 分类课税与扩大税基的争辩

战前国府开办所得税时，采取分类课税方式，规划的课税范围包括三项，第一类营利事业所得，第二类薪给报酬所得，及第三类证券利息所得。其中，第一类的税负者是工商行号，第二类及第三类的税负属于个人项目。孔祥熙在文告中宣称，中国虽仍为农业国家，但土地所得不纳入课税范围，原因是中国土地长

---

① 李权时：《中国施行所得税问题》，《经济学季刊》，卷7期3，第187—188页。

② 孔祥熙：《所得税问题》，杨汝梅：《国民政府财政概况论》，第454页；李权时：《中国施行所得税问题》，《经济学季刊》，卷7期3，第188页。

③ 张善宝：《所得税开征后之观感》，《金融周报》，卷2期18(1936年10月28日)，第1—2页。

期未经清丈，清代的鱼鳞清册早已散失，无法取得计算所得额的根据，各地时有有粮无地或有地无粮的情况，此时如果征收土地所得税并不公平。因此，政府选择三类试办，将来再作推广。孔祥熙认为，中国幅员广大而人口稠密，加上统计欠周且交通不便，欲施行全部所得税征收，事实上有极多困难，故所得税分类课税法的设计，十分符合现实状况。① 他的看法立刻引起许多论者批评，纷纷指责其遗漏了地主、资本家及投机者的大宗税源，不但税基薄弱，更加深社会不公平的现象，吁请扩大开征范围。

论者以所得税应公平与普遍为主要诉求，提出扩大开征所得税范围。基于税政原则，人人皆须纳税，当时中国已经出现负担不均的情形，如农民、工人、商人、公务人员及公立学校教职员等，皆已对国家有所负担，有时不免过重，但与之恰成强烈对比的是，银行家、资本家、投机家、城市地主或房主及自由职业者，除极少数例外，均对国家毫无直接负担。因此，国府应该在局部推动所得税的进程中，让这些特殊阶级贡献所得，以符合公平及普遍原则。政府可以考虑扩大征收范围，在营利事业所得及薪给报酬所得之外，加列三种项目：资本利息之所得（包括一切证券及证券以外之资本所得，如外汇所得或投机收益）、都市土地房屋之所得（即都市地主、房主所得之租金）、自由职业之所得。除了课税范围不足外，依据外国通例，对财产所得课税的税率，必定比劳力所得来得高，然而国府此次提出的条例却未对财产所得课税，实为重大缺漏。同时，由于采取个别所得税法，无法测知纳税人的负担能力，亦无从充分发挥累进税的效用。②

关于扩大税基问题的讨论，学界存在着两种不同的声音：一是如前所述的对富有资产者课征，方符合公平原则。不过，也有论者不同意这种意见，并且提出事例，支持国府的简单规划。例如，李权时认为，时人所称的资产所得，其课征比重并不逊于其他所得。依所得税条例规定，存款银行者征税一次，投资于实业公司者，公司营利所得既已征税，股票利息又重复征税，以利息存之银行又须征

① 孔祥熙：《所得税问题》，杨汝梅：《国民政府财政概况论》，第 454 页；杨昭智：《中国所得税》，上海：商务印书馆，1947 年，第 34 页。

② 朱偰：《所得税暂行条例草案之批评及其修正意见》，《东方杂志》，卷 33 期 13（1936 年 7 月 1 日），第 48 页；陈德容：《所得税暂行条例总则之研究》，《银行周报》，卷 20 期 36，第 14 页；陆忠义：《中国创行所得税之沿革》，上海：国立上海商学院，1937 年，第 87 页。

税，前后共征税三次。国人宁愿把资产拿到银行存款，也不愿投资实业。现值经济恐慌时期，各项实业衰敝至极，政府若又重复课税，将予实业界重大打击。刘树东也提出，财产所得范围甚广，政府一时之间势难全部包办。例如土地所得，各省因天灾频仍，农村破产，各省县政府催收钱粮已甚感棘手，此时若再加征田租所得，将徒滋纷扰。政府可以考虑办理对大地主的地租、大公司大银行股东的股息红利，及公债执券人与银行钱庄存户的利息所得，课以所得税。但是，扩大开征范围，势必需要增设机关，增加政府的稽征成本，未必符合效益。这一点，即使是主张应扩大税基的朱偰也承认，政府举办所得税，目的当然是在取得收入，决不能赔钱举办，如果税收少而征收经费高，政府将因得不偿失而暂缓实施那些看起来希望不大的项目。①

面对民间提出的各项质疑，国府均以其推行的所得税是符合当前国情的说法，作为回应与解释。面对民间酝酿中的反弹声浪，国府也稍微调整政策，宣布在实施初期，将征课范围缩小为以各级政府机关公务人员薪给报酬的所得，及中央公债利息的所得为限。其理由是这些所得均采课源法，手续较为简易，借以纾缓民气。同时，国府在各地设立机关，让国人意识到实施所得税是势所必然的情境，进行税务的全面开征作业。

国府在开办业务上采取全国开征的决策，显示国府并未接受部分学界人士提出的部分开征建议。部分开征的意见是，从世界历史的经验可知，所得税具有若干条件，其产生地区概为都市而非乡村，往往为工业社会而非农业社会，国府应视中国各地经济的发达阶段而采用渐进方法，分区推行所得税。可作为参考的标准有：人口在10万以上之都市、具有若干股份有限公司组织之银行或其分号，或是多少已经具有工业化情形的地域（如无锡、常州、唐山、上海、天津等地），具有上列条件之一者即可先行所得税制度。② 学界所指出的考虑与现实环境相符，但未被财政部门采纳。推测的可能原因是，国府以先前实施营业税时，即因

① 李权时：《中国施行所得税问题》，《经济学季刊》，卷7期3，第186页；刘树东：《所得税之研究》，《东方杂志》，卷33期13，第59—60页；朱偰：《所得税暂行条例草案之批评及其修正意见》，《东方杂志》，卷33期13，第53页。

② 朱偰：《所得税暂行条例草案之批评及其修正意见》，《东方杂志》，卷33期13，第52—53页。

授权各地制定不同税率，出现邻近二地因税率差距，产生商业营运能力上的竞争与消长，曾引发商民不满的经验。若不采全面实施策略，必将出现税负逋逃的现象，对税务造成不利影响。

总之，在 1936 年间推行所得税的经历中，不论是法规制定或是言论陈述，不论提出者是官方或是民间，均充满学理与现实之间的矛盾。于是，在“今日所得税非办不可”的现实压力之下，官民在实务操作上，也出现对立与妥协并存的现象。一方面高举税政改革理想，一方面也不忘满足战时财政的现实需求，为所得税进行催生。从 1936 年 10 月至 12 月底，财政部兴办所得税的税务人员快马加鞭，先后成立驻沪办事处、苏皖（兼辖南京市）、鲁豫（兼辖青岛、威海卫）、浙赣、湖南、陕、甘、宁、青、新、川康、滇黔、广东、湖北及福建办事处，至 1937 年 3 月，驻冀、察、平津、绥远、山西等省市办事处亦相继设置。短短半年之间，财政部在全国设置税务网，希冀在抗战时期得以发挥作用。①

第三节 战时所得税的发展与困局

一、 扩充课征的对象

全面抗战爆发前夕，财政部虽已在全国各地广设开征所得税的税务机关，但正式开办之后，果真如学界所预测的，对于涉外税源无能为力，而且只限于沿海各省的大城市内推动，税收成绩并不理想。② 在抗日战事遍起以后，众人冀望所得税务能够在战争时期内有突出的表现。存此想法的人非常多，以冯玉祥为例，他在 1937 年 7 月 4 日写给蒋中正的函件中提到，抗战须充实经济力量，举借外债固然可行，国内筹款方法以课征所得税及遗产税最佳。所得税虽已实行，收入为数尚少，应尽量推广，为贫苦大众减轻负担；遗产税可以化私为公，又可导人于

① 张保福：《中国所得税论》，上海：正中书局，1947 年，第 34 页。

② 高桥良三：《变革期支那ノ认识》，京都：人文书院，1939 年，第 178—179 页；纯愚：《新税历程》，无出版资料，封面题戊子年七一节，应为 1948 年，第 15 页。

善,不妨从重征收,为充实国家经济力量。冯玉祥的意见,可以作为军政界的代表。一向认为中国尚未具备施行所得税条件的崔敬伯,在战事爆发以后,也改口认为战争可以为所得税的税政改革提供合宜环境,只要政府在民族的自卫战场上,宣扬人民担起国防战的信念,就能够让国民以承担税负作为保卫家国的具体行动,过去一直困难重重的税政改革,自然可以获得实践的契机。①

财政部于抗战期间推动所得税,因个人所得的统计不易,税务机关把主要目标锁定在工商界的营利事业所得税上面。1939 年时,所得税的税收表现转佳,此年对营利事业普遍征收,税收突破 3,000 万元的预算额,并且超收达 200 万余元,得到社会上的肯定。② 一时之间,出现一些认为所得税自此能够在中国顺利发展的乐观报道。论者指出,自抗战以来,不但战前规划的课税范围已经全部开征,而且实施区域也逐步推广,在宁夏、青海、新疆、西康等省份,均陆续设置稽征机关,税收额亦逐年增长,成为最有希望的一项税目。③ 具有官方色彩的论著,以中国国民党总理孙中山的民生主义为立论基础,提倡以所得税作为解决民生问题与节制资本之道,肯定所得税在税政改革中的领导地位。④ 主管战时直接税业务的直接税署,在出版品中更把所得税提高为具有统核所有直接税的地位。理由是所得税除了营利事业所得税、薪给报酬所得税及证券存款所得税这三大项目之外,在 1938 年开征的非常时期过分利得税,事实上是营利事业所得税中的一种非常时期暴利税。1943 年开办的财产租赁出卖所得税,则是将所得税的范围推广到财产所得和农地所得的范围。至于遗产税是一种不劳而获的意外所得,可以纳入个人收入来加以课征。⑤

不过,并非所有的论著均赞同所得税能够在战时税政上发挥领导作用。所得税采取局部的分类课税方法,在战前即曾引起税基不普遍的质疑,战时国人仍

---

① 《冯玉祥函蒋中正(1937 年 7 月 4 日)》,国民政府档案(微卷),档号 200A/408,《内政建议》;崔敬伯:《中国财政的新阶段》,北平:国立北平研究院经济研究会印行,1937 年,第 19 页。

② 张保福:《中国所得税论》,第 35 页;东亚研究所:《抗战支那の经济建设(翻译)》,资料丙第 223 号 D,支那奥地资料汇报第五辑,1941 年,第 11 页。

③ 粟寄沧:《中国战时经济问题研究》,桂林:中新印务股份有限公司出版部,1942 年,第 136 页。

④ 刘不同:《民生主义之租税制度》,重庆:青年书店,1941 年,第 23 页。

⑤ 赵懿翔:《中国所得税实务》,重庆:财政部直接税署经济研究室,1944 年,第 2 页。

然不断讨论应该如何扩充征课范围。1938 年初，学界建议国府应考虑开征财产所得所得税。理由是，战前财政部门因避免被批评为重复课税，免征财产所得税，但是既然公司商号在已经负担营业税的情形下，又缴纳营利事业所得税，这也有"复税"之嫌，显然出现双重标准的不公平待遇。战时大后方都市房主提高房租，各地出租船只、码头、厂基等，均取得巨额收入，均因税法规定而无法向其征税，不但极不公平，更坐失税源。①

除了地主、屋主在战争期间获得丰厚的财产所得外，过去一直被视为是弱势族群的农民阶级，在 1938 年因农产丰收，粮价又因战争关系而日渐高涨，收入情况颇有改善，因此也有人提出政府应考虑将农业所得亦纳入征课项目。各国实施所得税先例，对于源自农业、土地及房屋等方面的所得均须课税，战前制定《所得税暂行条例》时，正值农村经济破产，田赋负担已重而未议开征。但是，当时的农村破产情境系指贫农或中农而言，地主阶级并未丧失纳税能力，何况农民生计日见充裕，自应开征所得税，以符合公平普及原则。②

也有论者指出，国府的所得税制度只征课工商业所得，不涉及农业所得，还规定工商业的亏损不得抵免所得税，这将使人民考虑其资金流向，从事工商业的资本渐移转于农业，工商业界因而衰萎，终将影响全民经济。③ 此外，分类征课的手续固然简单易行，但严格说来只能算是一种收益税，其纳税额并不能充分表现个人的纳税能力。政府应设法实行综合所得税制度，以所得总额累进计税，才能充分发挥所得税的特质。④

二、调整税负与力求巩固"战税"地位

战前施行的所得税法，因起征点过低及未对家庭负担有减免规定，致使其未能与个人负税能力相配合，这些问题在战后仍倍受批评。评论指出，战后物价上涨，低起征点的规定造成税源显得散漫零碎，征收费增加，稽征不便，易起人民逃

---

① 田文彬：《抗战期中我国所得税法应有之改革》，《东方杂志》，卷 35 期 10(1938 年 5 月 16 日)，第 8 页。

② 盛斯谋：《非常时期之我国所得税》，《东方杂志》，卷 36 期 2，第 35 页；张保福：《中国所得税论》，第 84 页。

③ 刘不同：《推行战时租税制问题之商榷》，《东方杂志》，卷 35 期 17(1938 年 9 月 1 日)，第 13 页；潘序伦、李文杰：《所得税原理及实务》，长沙：商务印书馆，1939 年，第 320 页。

④ 潘序伦、李文杰：《所得税原理及实务》，第 311 页。

漏之心。政府在税制设计上,对于低阶税级与高阶税级之间的关系并未作妥善规划,其差距既非等差级数,又非等比级数,高阶税级的累进程度比较缓和,高所得者相对占便宜,也增加中下级所得者的负担。同时,依照税政常理,资本所得应课以高税率,劳动所得应课以低税率。然而,国府对个人的利息与工商业的营业所得采取累减税与比例税,但却对劳动所得即个人的薪资所得采取累进税率,这种设计被批评是"实为无理之至"。①

抗战期间检讨所得税施行问题,主要焦点是富有资力者设法逃税,让固定薪水阶级承担税负的不公平现象。战前之评论即提出此问题,并呼吁政府设法补救。国府当时表示,制定所得税法规因事属草创,难期完善,其名目不称之为"法"而称"暂行条例",就表示这是试验性质,如果施行之后出现流弊即予修改。抗战以来,所得税的实施已有明显弊端,自须相应修改,其中以工商界的税务问题最大。各公司在所得税开征之前,时常利用增资的名目,虚张股额以提高资本额,并且提存较大额度的折旧费用,增加销货成本,以降低所得纯益额,使其税率获得减轻,达到免税或减税目的。如此一来,公司大资产家利用法律规定逃避税责,无法规避者则落在固定收入的薪水阶级身上。②

税制规定营利事业所得,并不是依照其年度的所得绝对额,而是根据所得折合资本实额的百分比来决定税率,在4%以下者免税,各地公司往往利用重估资产名义,减低所得税的负担。而且,由于课税范围不广,土地房屋租赁所得之类的财产所得未予课税,加上税率设计上对于营利事业所得及薪资所得课以累进税,对证券存款所得则课较轻的比例税,都让国人觉得,所得税是一项对富人有利的税制。③

对于学界不断呼吁必须对课征富人资产所得税的要求,财政部在1943年5月以修订及颁布《所得税法》《非常时期过分利得税法》及《财产租赁出卖所得税法》作为响应。这三项与所得税相关的税政法规,其法律位阶由"暂行条例"升格

① 田文彬:《抗战期中我国所得税法应有之改革》,第9—14页;刘不同:《推行战时租税制问题之商榷》,《东方杂志》,卷35期17,第13页;潘序伦、李文杰:《所得税原理及实务》,第312页。

② 马寅初:《所得税条例应即修正之理由》,《财政评论》,卷2期3(1939年9月),第1—4页。

③ 粟寄沧:《中国战时经济问题研究》,第141—142页。

为"法"。从制度层面来看，自是显示政府对此税制的重视，然而在现实情境以及财政部的内部训令中，对于已经明令公布并且通饬施行在案的三项税法，仍不乏人民对于新税法避重就轻与迟延观望的报告。财政部只能发出制式公文，下令各税政单位努力推行，并加强经济调查，作为钩稽商账的根据，做好税源统计，这正反映出其对征收作业并不具有太多的信心。①

各界评议之中最为重要的看法是，政府在开办所得税时以应付战时财政为主要诉求，舆论界公认所得税具有"战税"的特质。但在战事正式开打之后，反而迟迟不见国府运用所得税的战税特质，进行扩大税基及提高税率，以达到所得税富有弹性的特色，这让战前极力支持国府所得税改革的学界颇为失望。世界各国开办所得税的经验，充分证实所得税均受到战争的刺激而发生，以战时税目出现，为补充战时财政需要而被实行，围绕着战时及战后的需要而发展。嗣后，再从临时收入的财源地位，随着经济社会的逐步发展而确立税政基础。中国的所得税虽然不是在战争时期才创办，但也是在战前一年举办，无疑是颇富战时意味。所得税具有富于弹性的优点，过去英美诸国在战时均提高税率以增加税收，中国开办所得税以筹备战时财政，若在战时却不提高税率，扩大征收范围，则失去开办所得税的意义。②

所得税在战时得到初步发展，财政部门也冀望它能够善尽"战税"的角色；但是，不论扩大征收范围或是提高税率，都不是简单易办之事，这不但需要获得参政会等民意机关的支持，也需要衡量人民的负担程度。于是，政府决定取法英美等国的战时经验，缩短所得税的申报与缴税时间，尽速取得税收，作为主要的调整措施，让它发挥"战税"的部分能力。③ 不可讳言的是，在整个抗战期间，不论

---

① 《财政部训令国库署(渝直所字 3982 号，1943 年 5 月 18 日)》，国库署档案，367/484，《征收所得税》；杨寿标编著，《中国财政统计大纲》，上海：中华书局，1946 年，第 86—87 页。

② 钟淦恩：《我国现行直接税之检讨》，《财政评论》卷 2 期 3(1939 年 9 月)，第 81 页；田文彬：《抗战期中我国所得税法应有之改革》，《东方杂志》，卷 35 期 10，第 7 页；朱偰：《推行战时税制与彻底改革财务行政》，《东方杂志》卷 35 期 7(1938 年 4 月 1 日)，第 5 页。

③ Arthur N. Young, "Period covers and dates of payment of American and British Income Taxes," in Arthur N. Young Papers, Box 74, Folder "Taxation, 1942". 根据杨格的报告，英美各国从 1936 年到 1939 年间的所得税，政府都是在年中(6 月底到 8 月底)颁布税率等相关规定，人民在次年春天缴交申报表及税款，从 1940 年起，税率规定的颁布时间改在 10 月下旬，并规定次年的 1 月 1 日至 3 月 15 日为申报期间，3 月 15 日开始缴款。

哪一项赋税，对于战时财政的挹注均十分有限，国府绝大部分战费来源仍是银行垫款与发行货币，日渐严重的通货膨胀造成社会不安，所得税距离国人冀望其扮演的战税角色，仍有一大段距离。

检讨所得税为何不能达到战税地位的言论之中，国人首先提及的仍然是涉外税源问题，以租界、外侨或外侨银行为中国实施直接税的阻碍。不过，更多的言论则指出，国人纳税意识薄弱，商民逃税成风，税务机关不但无能去催缴税款，还把已收税款迟纳国库，这都是削弱所得税作为战税地位的重要因素。所以，国人不应该把所得税推行不力的所有责任都推给外人，而是应反省自身作为，如果国内有巨额收入者凭借势力，可以不纳税或是少纳税，却责备外侨为什么不纳税，当然无法获得舆论的支持。①

1942 年，中英及中美新约签订之后，中国至少在名义上取得税务自主权，财政部宣布在华外人此后应依法一律纳税，直接税署亦下令各省机关即日起开始征课。此后，以所得税为首的各项直接税，如果不能实时发挥国人期待的作用，愈发证明过去国人每以无法开征涉外税源，视为阻碍直接税的最大因素，其实只是在民族情绪下的一种自我安慰，或是自我辩解的遁词。从战时评论看来，中国实施所得税的问题，实出于中国本身的条件不足，以致造成推进战时税制改革的困难。②

第四节　所得税的简化稽征作业争议

一、抗战后期大后方的简化稽征作业

所得税的推展困境，不断出现在战争期间财政机关的各式报告之中，征税单位只能定期以“亟应共同协助，取得联系，方易奏效”等空泛词藻作为报告的结

① 崔敬伯：《中国财政的新阶段》，第 13—14 页。

② 张保福：《中国所得税论》，第 84 页。

语。[①] 到了1944年8月间，财政部为因应财政紧缩的压力，同时也是为解决征收所得税的环境困境，提出一项被财政学者视为开倒车的做法，那就是以“简化稽征”为名，实行备受批评的包税措施，此一做法持续实施到战后复员时期。

关于简化稽征的决策过程，在第六章中已有说明。简单地说，财政部门认为，工商业界盛行假账逃税，依据学理实行申报查账的方法，结果是狡黠者逍遥法外，这对于正当纳税的厂家反而不公平。因此，不如通过商会组织，采取集体评定的标准计税制度，就政府所需要的税额，进行公开评议和公开认缴作业。税务机关对工商业界运用简化稽征的方法，一并课征所得税与战时过分利得税（详见第八章），统称二税为“所利得税”，在抗战末期成为直接税体系的共同主角。实施之后，战时利得税因为税率高且税额多，甚至取代了所得税在直接税中的领导地位。正常税目的收入少而非常税目的收入多，这现象也显示出，战争对于国家税政的正常税目与非常税目的地位，产生相当大的转移的作用。

税务机关在大后方推行的所利得税简化稽征作业，必须获得同业公会的支持才能顺利进行。以重庆的盐商同业公会的经验为例，1944年底，重庆直接税局为开征1943年度的所利得税，送交一份“所得税及利得税标准税额清册”给公会，饬令以公开评议方式填报评议意见书，再送交直接税局的审查委员会进行审议。公会不愿奉令，答以会员因为政府限价政策的影响，致使营业大都亏本，无从评议，呈文要求另定办法，或者实行查账复位税额。重庆直接税局所利得税科收到呈文之后，再度把原已交付的“所得税及利得税标准税额清册”发给公会，并要求公会通知加入会员的盐店前来开会，按照标准税额数字决定税额。盐业公会在12月30日召集会员开会，直接税局派人到场视察，依据清册标准税额进行公开评议。会场中，各盐店负责人纷纷指称，食盐贸易受到历年限价措施影响，盈余锐减，甚至亏本，政府要求的标准税额，每店高者至1万余元者，低者至1,000余元者，恐怕均无力照缴税款。盐业公会决议，盐店在限价政策之下，实无盈余可言，曾呈请政府给予补贴，但政府并未回应。今日虽召集开会，亦无法进行税额的评议工作，税务机关可以向财政部的盐产专卖机关，查核其发给各盐

① 《财政部训令国库署（渝直所字3982号，1943年5月18日）》，国库署档案，367/484，《征收所得税》。

店的销售盐斤登记清册，调查所得状况，再依法查账决定所利得税；或是采用摊派方法酌量课税，直接通知每店应负担税额数目，通令照缴。① 盐业公会把简化稽征的事务责任，再一次丢还给税务机关。

盐业公会的反应并不是单独的案例，类似场景在重庆各乡镇不断出现。由于各业公会均不愿遵章行事，重庆直接税局为了摆脱无效率的案牍往返而税收却依然短缺的困境，在1945年7月12日，召集各业公会理事长的联席会议，谋求业界的合作。会场上，众议纷陈，向政府提出对税务政策的各式主张。例如，纸张公会认为，政府虽规定商会公会在评议时可派员出席陈述意见，但实际执行过程中备询人员过少，无法了解全业盈亏情形。现行规定抽查各业账册5%到20%的做法并不合理，因公司行号的经营状况因资本、经营方法及人事关系等因素，使收益大大不同，故政府的规定是“以少摊多，难其公允”。出版业公会的意见是，会员分散四方，战时因交通不便而不易纠集，若要实施查账作业以决定税额并不可行，请改由商会或公会自行详议后再送审，比起采用查账方法来得合理。针织公会的意见是，税务机关在审查时，不应将各界申报的支出项目及费用比率随意剔除，并应在开审查会十日以前通知市商会转告各业公会，俾有充裕时间可作准备。药材公会代表则认为，为节省时间，可依据营业总额来摊缴税额。

重庆直接税局局长杜岩双在会议中允诺，尽量采纳各公会代表的意见，并在审查前先通知商会转告各业理事长准备数据，来参加审查作业。抽查账册时，如发生不公平之处当然可以要求复查，至于因亏损而无法纳税者，依法也可提出证明，在限期之内请求复查。现因战时物价变动甚大，税局决定依开业行号的现实情形来研拟征税标准，并以抽查1943年度当年的账据来确定纳税标准，并不要求必须达到先前“所得税及利得税标准税额清册”的固定数字。各业公会代表认为官方已采纳其要求，于是协调各属商家，让税务得以顺利开征。②

---

①《重庆市承销盐商业同业公会呈重庆市直接税局(盐缴字第1183号，1945年1月6日)》，重庆市直接税局档案，档号273/592，《关于征收所利得税的来往函件(一)》。

②《为研究所利得税简化稽征办法召集各业理事长联席会议纪录》，重庆市直接税局档案，档号273/593，《关于征收所利得税的来往函件》。

1945年，大后方实施的简化稽征作业，得到公会的配合而持续进行，税局也对资本额较大的重要工商业者，认为具有较佳的盈利水平而要求查账核税。例如，吴蕴初经营的永利化学工业公司，在年度结算之后，检送营利事业亏损报告表、资产负债表、财产目录、管理费用明细表等制式数据，并在呈送税局的公文中，陈述年度营业总决算亏损1,700余万元，并说明造成亏损的各种原因，以供查核佐证，这种公文格式也成为各厂的通例。①

所得税在开办之初，以合理客观的税目出现，标榜其以清楚调查税源作为课税依据，但在执行过程中，绝大多数的工商企业账册不是亏本就是纯益少，税务人员根本不相信这类账册的可信度，于是采取估计核税法，但此又遭到“任意估计核加”的强烈批评。税务机关认为，战时租税负担加重，出现专门指导纳税人撰写纳税报告的业者，教唆人民脱税之法与避重就轻之道，并提出“虚盈实税”说，作为商民反对查账的论据。但是，“虚盈实税”所称的账面虽属盈余，所存实物却日渐减少损失的论证，本身是否成立仍有问题。事实上，工商业者除了一部分资本短少者，可能须待货物售完后始得继续进货而有赔本之虞外，资本雄厚者因流动资金充足，无不一面进货一面销货，甚至于所购进者较所销售者多，以防币值损失，同时维护产业发展。②

关于“虚盈实税”说，民间业者振振有词，务税工作者则持否定态度。例如，翁之镛某次在直接税署召集的所得税座谈会上云：“某企业家接到催缴所得税百余万元的通知后，声明无钱缴纳，要请求银行借款，但不到一年，又自动对外捐助数亿元的巨款，这究竟是否虚盈，实可玩味。”不过，此说法在战时评论中颇为流行，并且成为批评国府战时财经措施失当的主要论据。此类论著批评战时国府在辖区内以工商业者为主要课征对象，但在通货膨胀之下产生问题，即业者账目

---

① 《永利化学工业公司呈重庆市直接税局(渝字第344号，中华民国34年7月26日)》，重庆市直接税局档案，档号273/627，《调查征收所利得税的来往文件(二)》。

② 中国租税研究会编印：《中国所得税史》，无出版资料，第23页；关吉玉：《避税斗争》，《租税研究》，卷1期1(1938年3月29日)，第7—8页；余世雄：《恢复查账制度的认识与准备》，《广东直接税导报》，卷2期2(1947年2月15日)，第7页；郭镜秋：《营利事业所得税查账问题——以汕头分局业务例》，《广东直接税导报》，卷2期10(1947年10月30日)，第10页；直接税署：《直接税之现状与改进计画》，《广东直接税导报》，卷3第3—4期合刊(1948年5月)，第2页。

上获得盈利，实际上则是亏损，按虚假的营利征税，不啻杀鸡取卵，严重摧残工商业者。①

不论工商业者是盈是虚，依照规定，税局在收到财务报表后，还需要查核。不久，抗日战争结束，工商厂家急于迁移至原所在地的复员区域，税务机关难以稽核税额，直接税署亦忙着处理以重庆为中心的大后方税务单位，与以上海为中心的复员区税务单位之间的税务联系。加上国府对于过分利得税是否应停办尚未议定决策，在这段青黄不接的时刻，直接税署的业务，集中于办理以追讨所利得税的旧欠，及开征以遗产税为主的税务，为将来复员阶段的税务工作稍事准备。②

二、 复员时期的税务查账要求与简化稽征的再起

至 1946 年 7 月，国府终于开始进行复员时期的直接税税政决策的规划工作。这次税政规划的原因，是国民参政会提案，以战时利得税已经因战争结束而失去执行的理由，没有继续存在必要，要求政府撤销饱受批评的战时利得税。财政部门认为，复员需要庞大财源，不能立即取消战时利得税。双方折冲之下，于 8 月底改以制定课税范围较小的“特种过分利得税”作为替代方案，让国府得以继续向其认定获得暴利的工商业者征税。工商业界在战后的主要税负名目，包括“特种过分利得税”和一直存在的所得税这两项，不论官方或民间均统称其为“所利得税”。从税政名目看来，复员时期仍是采用与战时相同的“所利得税”，对业者来说，税负并未因战争结束而有所改变。国府也延续抗战后期的简化稽征模式，在所得税部分实施“改征为包”，规定依照生活指数调整，以达“款易举而不扰民”的目标，并且下令各地设置“所得税联合申报委员会”，办理统筹纳税

① 白苇：《论假账问题》，《广东直接税导报》，卷 3 第 1—2 期合刊（1948 年 4 月），第 6 页；孙翊刚主编：《简明中国财政史》，北京：中国财政经济出版社，1988 年，第 270 页。

② 《财政部重庆直接税局指令（总收字第 2430 号，1946 年 4 月 3 日）》，重庆市直接税局档案，档号 273/628，《一九四四至一九四六年度所得税缴纳情况报告》。

活动。①

战后的复员期间，直接税署多次下令各地税局持续推动所得税的稽征活动。为求达到效果，各地税局不约而同要求当地商会合作。以天津市为例，税局在1946年初，先是命令各公会提供所属会员名册，以建立税籍资料，接着在同年8月初，命令商会办理所得税相关活动，限在8月底前完成研究法令，组织联合申报委员会，自9月至10月整理分类税征收资料并办理申报，10月至12月查定税额及通知缴税，自11月至次年3月办理纳税。②

天津直接税局的一纸公文，能够获致多大的效果颇令人怀疑。到了1947年3月，原订开始纳税的进度显然完全落空，税局只好一方面要求各地商会切实填报所属会员资料，并要税局洽催商会合作办理。税局当然知道不能完全依赖商会的合作，故也同时举办工商单位普查，在天津市分成8区同时举行，编制业领户册的税籍，随后展开催缴作业。③

在国府最重视的税收要地的上海地区，也经历相似的活动过程。上海直接税局于1946年初，多次函请上海市商会及各同业公会协助催饬各业限期申报。不过，由于全国商会联合会于1946年4月间在南京集会，要求国府豁免1945年度的营利事业所利得税，上海市商会随之响应，各商家对于申报手续采取观望态度，开征成绩当然极不理想。至6月下旬，财政部正式批驳商会的要求。商会方面当然知道政府绝不可能豁免所利得税，于是函告上海直接税局业已筹组税务专门委员会，办理相关事宜，并声称随后即会把调查资料提供直接税局，作为计算税额时的参考。1946年8月间，税局通知商会立即呈报调查成果，商会答以"催报困难，无从汇送"，显见两个月前的公函来往只是拖延缴税的缓兵之计。

---

①《拟具救亡图存紧急措施十项（1946年）》，T. V. Soong Papers, Box 54, Folder 3 "Politics and government"；财政部直接税署印：《所得税法规》，1946年7月，第43页，此书收录于 Chang Kia-ngau Papers (Hoover Institution Library and Archives, Stanford University), Box 8 "Miscellaneous items relating to Northeast China such as economics, finance, and transportation"。

②《天津市政府社会局函天津直接税局（会组字第369号，1946年4月1日）》，天津市社会局档案，档号J25-2-2722，《直接税局函索各公会名册》；《财政部天津直接税局公函天津市政府社会局（津直一字第424号，1946年8月20日）》，天津市社会局档案，档号J25-3-672，《直接税局函为所得税加紧推行请协助（1946年8月）》。

③《财政部直接税署训令天津直接税局（1947年3月25日）》，天津市直接税局档案，档号J64-1-477，《奉令洽催调查各业公会会员、资本营业数额案》；《天津直接税局营利事业所得税办理情形（1948年1月23日）》，天津市直接税局档案，档号J64-1-645，《呈报所得税及印花税办理情形》。

在众所瞩目的情势下，上海直接税局势必要做出成绩，于是祭出法规中的“径行决定”手段，对付民间的延宕之举，提出“三十五年度营利事业所利得税紧急抢征计划”，自行搜集资料，核计全市各单位营业总额与资本总额，比照全市所利得税预算分配数，决定出资本所利得税额率、销货所利得额率，及平均所利得额率，最后则是填发缴款通知书，并限期缴纳。财政部批准上海直接税局的计划，下达指令要求其把握时间，于十月内完成征收工作。① 1946 年间，各地所利得税的简化稽征作业，就在慌乱之间匆促进行，但是所能获得的实际收入相当有限。以上海为例，原定征收所利得税 600 亿元，在各商会要求之下减至 300 亿元，而且配合采用简化稽征法，限其在年底缴库。②

1946 年年底，行政院长宋子文针对工商界的所利得税稽征方式作出指示：大行业恢复查账，小商行实施部分简化稽征。1947 年初，直接税署召开业务会报，讨论所利得税的征课方式，基本原则是建立分区分业的个别稽征查账核税制度。因为，如果采取上年的标准稽征制，则营业差者亦须纳税，营业好者反而少纳税，不利国库收入。若要查账核税，以一名查账员一天可查一家为标准，估计从 1947 年 4 月至 8 月不停地查账，全国至少需要 2,000 名以上的查账员，这对直接税署而言根本是件不可能完成的任务。③

直接税署为达成任务，决定分区选择重要工商城市进行查账，调查所得及计算税率。首批列入查账计税的城市，包括：上海、天津、汉口、重庆、青岛、南京、无锡、吴县、镇江、杭州、鄞县、绍兴、芜湖、蚌埠、南昌、九江、长沙、武昌、成都、泸县、福州、厦门、广州、汕头、南宁、贵阳、昆明、北平、唐山、济南、开封、西安、兰州、

---

① W. P. Mills, “The Chinese Income Tax Law and Its Enforcement in Shanghai (Jan. 14, 1946),” in Arthur N. Young Papers, Box 76, Folder “Taxation1944 - 1946”;《上海直接税局呈财政部(沪直一字第 2851 号，1946 年 8 月 30 日)》，财政部档案(台北)，档号 249/1904，《上海直接税局营利事业所得税》。

②《财政部直接税署代电重庆市直接税局(1946 年 11 月 2 日)》，重庆市直接税局档案，档号 273/628，《一九四四至一九四六年度所得税缴纳情况报告》；郑君可：《解放前上海的税收制度》，上海市政协文史资料委员会编：《上海文史资料存稿汇编》，第四集，《经济金融》，上海：上海古籍出版社，2001 年，第 165 页中陈述：“1946 年财政部全国关盐直货四项岁入预算总额 6,255 亿中，直接税占 28%，上海市又占全国直接税征收预计总额的 50%，为 875.7 亿元。经税工严厉查核催征，结果超过 1,000 亿。”此说是事后浮夸之词，并不真确。

③《第 24 次直接税署会议记录(1947 年 1 月 9 日)》，财政部档案(台北)，档号 248/934，《直接税署业务会报记录》。

沈阳、大连，总计35个大城市。①

被点名查账的35个大城市之中，以上海的执行动向最受关注。接着，上海直接税局以业务规模较大、账簿较为完善、资金运用较为灵活三大标准，选择金融信托业和棉纱业这两项产业的业者作为率先执行的代表。② 上海直接税局和中央银行合作，由中央银行派遣有经验的查账员到各银行查账，稽核出许多不实的申报者，重新核定税额之后，新税额较原申报额有增加至100倍以上的成案。③ 有了这次经验，直接税署更加认定工商界要求简化稽征，根本就是为了要逃避庞大税款负担，财政部也支持直接税署的主张，在所利得税作业中进行查账。由此可知，财政部决定恢复税法原来规定的申报及查账审查方式，作为决定税额的依据，是着眼于可以取得充分的税收，以筹措复员经费。

实施查账法时，繁琐的申报及审查程序，使得稽征速度相当缓慢。财政部原本规定，各地须在3月15日前申报，其后不得不下令延展至4月15日。上海市直接税局在4月15日的期限截止之后，统计在限期之内申报者有48,690单位，未申报者有19,192单位，查定税款额30,831,260,820.51元，占总数的28%。税局决定，对于逾限申报的单位，由税局查账并且径行决定税额；至于尚未查账而自行送交申报的单位，则仍然接受报表，为争取税收，亦填发缴款书，但在记录中注明收到日期，以备查考。④

1947年5月1日，直接税署召开业务会议，讨论上海地区查账计税的进度。此时，上海市的申报单位已达预定的90%，但是，各申报单位多称营利微薄，甚至亏本无利，无能缴税。上海直接税局认为必须加强查账，否则无法完成任务；然而，税局本身具有查账技能的人员甚少，再向中央银行借将，中央银行表示愿

---

① 《第23次直接税署会议记录(1946年12月27日)》，财政部档案(台北)，档号248/934，《直接税署业务会报记录》；《三十六年度第一类营利事业所得税稽征办法(三十六年一月十三日从伍字第975号院令核准)》，第四条，《行政院档案》，档号64/311，《上海直接税局所得税查账办法》。

② 《上海直接税局呈财政部(沪直一36字第7285号，1947年3月15日)》，财政部档案(台北)，档号249/1904，《上海直接税局营利事业所得税》。

③ 《第33次直接税署会议记录(1947年6月1日)》，财政部档案(台北)，档号248/935，《直接税署业务会报记录》。

④ 《上海直接税局呈直接税署(沪直一36字第11345号，1947年4月20日)》，财政部档案(台北)，档号249/1905，《上海直接税局所得税征免减退》。

意协助代办金融信托业的查账工作，其余各业则应以税局为主体，中央银行派员从旁协办，婉拒直接税局的代办要求。最后，直接税署指示上海直接税局，先从税源丰富的大商号认真查账，切实核税，在 7 月底以前完成查账工作。税局认为，上海市征税成果具有指标作用，如果上海一市的查账工作能够办通，就可确立个别查账核税的制度，展望下一年度的税收将会更有希望。①

随后，上海市税局雷厉风行展开查账计税工作，但在查账时层出不穷的税吏扰民报道，受到参议会议员的激烈攻击，要求财政部恢复抗战末期实施的简化稽征法。上海市参议会的主张是直接税署订出上海市 36 年度所利得税预算总额，再由直接税局依据各业已申报应纳税额，会同各业同业公会就各业 35 年度实际营业状况，求得分类标准纯益率，公告各业，公平计算各业各商之应纳所得税额及过分利得税额。② 上海各工商界此时亦纷纷向市政府及直接税局陈情，以小型工商业界均未实施会计科目，加上法币贬值，若以现行法规进行查账，绝大多数商户均须承担最高额度的税额，实已不堪负荷，要求以简化稽征法取代查账法。③

对于上海市如风起云涌般地要求恢复简化稽征的活动，直接税署坚持立场，认为商民反对查账，纯粹出于维护自身既得利益的考虑。税局指出，先前上海金融业经过中央银行查账后，核定税额较原申报额大幅增加百倍以上，业者生怕若再查出假账而被吊销营业执照，因此反对查账。棉纱业方面，战后此业获利丰厚，业者不愿政府明了获益实况，故借口虚盈实税而反对查账。再者，少数具有野心的企业领导人以反对查账为名，借以巩固领导权，这些都是造成上海商界反对查账的因素。上海直接税局虽然语气强硬，但是为了争取征税进度，也不得不稍作调整。税局对外宣布提高查账标准，扩大标准计税范围，把应该纳入查账的单位缩小到约 1,600 个单位，其余约 5 万个单位采用标准计税法，采取分业抽查

① 《第 31 次直接税署会议记录(1947 年 5 月 1 日)》，财政部档案(台北)，档号 248/935，《直接税署业务会报记录》。

② 《消除工商界不安定因素之对策》，《公信会计月刊》，卷 10 期 6(1947 年 6 月 15 日)，第 135 页。

③ 《上海市政府函直接税局(沪秘四 36 字第 16192 号，1947 年 6 月 27 日)》，上海直接税局档案，档号 Q433-2-308，《本局关于各企业要求解释、减免所得税问题的呈文和直税署的训令以及与市商会、各有关稽征所的来往文书》。

5%至10%的营业正常商号，核定各业利润水平，作为课税标准。税局强调，标准计税法是在做了调查之后，得到客观的课税依据，这与先前的简化稽征形同摊派有明显的不同。①

上海商界及参议会均要求改采简化稽征法，以取代查账法，这与既定政策产生重大歧见。财政部直接税署在6月30日广邀工商界及学术界代表，召开一次座谈会。担任主席的直接税署署长王抚洲，在致词时宣示税务单位的立场，以所利得税原先的设计就是查账课税，自1944年因应战需而实施简化稽征，形成税局与商会讨价还价，迹近摊派包税模式，违背能力负担原则。上海市各商申报应纳所得税额不足500亿元，而税局依据抽查估计应在10兆元以上，可见申报缺乏真实性。政府此次改以分区分业，分别采用查账计税与标准计税并行办法，以沪、津、穗等35个较大都市为查账计税区域，若营业额与资本额较小之商号仍采标准计税办法，此法较迹近摊派的简化稽征为佳，但因仍须查账而不受商家欢迎。政府为保障税收，仍有行使查账法的必要。②

学界大多认为简化稽征迹近摊派，如果公会组织健全，执行公允，尚可推行。但是，许多商人根本就没有参加公会组织，简化稽征法即无法推行。会中也有人反映，各同业公会对于各会员营业情形比较清楚，所以实施简化稽征要比查账来得公平。查账的做法对于账册完备的公司及企业较为公允，但中国经济情形落后，规模较小的企业者只好采用标准计税办法。③

1947年的所利得税查账稽征工作，在纷扰的情势中勉强推动。各地工商业不断向政府陈情，指直接税局在开征所利得税时无端苛扰，税局人员在每月查核账簿时刻意刁难，商民为了讨好税吏，避免麻烦，在税吏平时到各店买货时，给予无价或是半价优待；到了端午、中秋、春节等，各大商店常设宴请酒，又筹集款项馈送征收人员。报端不断出现税务人员舞弊贪污的报道，均让直接税署越来越

---

① 《第33次直接税署会议记录(1947年6月1日)》，财政部档案(台北)，档号248/935，《直接税署业务会报记录》。

② 《直接税署所得税座谈会记录(1947年6月30日)》，《中华民国工商税收史料选编》，第四辑，第1557页。

③ 《直接税署所得税座谈会记录(1947年6月30日)》，《中华民国工商税收史料选编》，第四辑，第1558—1561页。

难为查账政策提出有力的辩护。① 随后，日益严重的财政压力，直接税署至1948年初，不得不放弃查账计税的大原则，转而采取估缴做法。

在1947年中，国府检讨所利得税的征收作业，即有意见提出，若依正常途径征税，实不足以应付目前急需，为补助国库收入，不妨试行按月预征办法。1948年2月初，直接税署署长王抚洲与上海市工商界领袖商谈营利事业所得税的估缴问题，决定各业依照1947年缴纳的税额，先按6倍估缴税款。② 6倍估缴的消息传出之后，《上海商报》在3月7日刊登该报举办“三十七年度营利事业所得税稽征办法座谈会”的记录，上海市商会也在3月19日以快邮代电呈文财政部，商界齐声指责国府不以实际所得为课税对象，只根据财政需要而作出所得税6倍估缴稽征办法，这是以行政命令变更法律的违宪行为，而且上海市况不佳，预估其可能所得还不如采取摊派来得有效。③

财政部在获知民间激烈的反应之后，于4月12日发文给上海市商会，解释6倍估缴只是“暂缴”，日后还须根据实际所得核定税额，多退少补。财政部也坦承，战乱时期军需浩繁，国家岁出增加甚巨，应增税以资挹注，之前提出的按6倍估缴，还算是从低的规定，摆明了政府就是急需税款，要求商民勉力提供。④

为了扭转舆论的批评声浪，直接税署商请行政院新闻局召开记者会，并且为新闻局准备资料，宣示政府的立场。就官方说法，营利事业所得税采取6倍估缴，是根据税法制定的一种稽征手续，属于行政命令的范围，并没有变更税法。在估缴之后，还是需要根据申报额来查账核定。同时，1948年的年度国家岁入岁出预算，与所得税的税收预算，增加的倍数都在20倍上下，现在拿6倍估缴，不过是先缴一部分的税款，所以，6倍估缴仅是应缴税额的一部分，将来查账结果，除营业确

---

① 杨绽青：《我在湘乡直接税局的经历》，《湘乡文史资料》，辑4(1989年1月)，第113—114页；曹季彦：《抗战时期河南第九区的赋税》，《河南文史资料》，辑6(1985年11月)，第72页。

② 《王云五函(1947年6月18日)》，T. V. Soong Papers, Box 60, Folder 4 “Kwangtung-Xiamen affairs files”；《直接税署业务会报记录》(1948年2月20日)，财政部档案(台北)，档号248/926，《直接税署业务会报记录》。

③ 《直接税署业务会报记录(1948年3月9日)》，财政部档案(台北)，档号248/926，《直接税署业务会报记录》；《上海市商会快邮代电(代37字第122号，1948年3月19日)》，财政部档案(台北)，档号252/645，《上海直接税局营利事业所得税》。

④ 《财政部代电上海市商会(51083号，1948年4月12日)》，财政部档案(台北)，档号252/645，《上海直接税局营利事业所得税》。

有亏损者之外，全都还要补税，这等于分期缴税，并不是预征。根据过去申报缴税的经验，时常拖延时间，为了适应戡乱急需与收缩通货，此项措施实有必要。①

经过多方会商后，上海的所得税实施部分简化稽征，指定特定行业，由同业公会理事长、上海直接税局帮办及税局指定的会计师，三方共同协议出一项计税标准，经过三方签证后，发给各公会交给会员进行申报作业。② 其余未采取简化稽征的行业，或未加入公会的商家，则须依 6 倍估缴办理，限在 5 月 15 日前缴库，若税额较大以致一时难以筹措的商号，则在核可之后，于 5 月 15 日前先缴半数，其余未缴之数至迟于 6 月 15 日完纳。这项决定，随后也成为各地税局办税的基本模式。③

1948 年 7 月 21 日，国府为因应内战紧张情势，调整税务机关，将直接税署与掌理货物出厂税的税务署合并成立国税署。国府进行合并二税务机关的理念，完全从现实收入的角度着眼，希望透过过去直接税征收过程中的所利得税资料，配合各地工厂驻厂人员的验货抽查，掌握工商界的实际营业和获利情形，实时提供政府燃眉所需的税收。但是，在混乱激变的局势中，国府财政部门究竟能从工商界课征多少所利得税，已无从稽核。

所得税实施简化稽征与定额估缴，结果是只做到争取税款及时纳库。税政工作者认为，纳税义务人不必申报、税务机关不须查核、一切法规等于虚订、税政研究者将税法束诸高阁等现象，完全印证了税务服膺于财政需求的指导原则。④

小结

学理上一向被视为是直接税主干的所得税，在初入中国财政体系时，受到国

---

① 《代拟行政院新闻局答记者问》，财政部档案（台北），档号 249/809(2)，《送新闻局直接税遗产税数据（二～三）》。

② 以烟叶业为例，其计算公式是：由营业额或资本周转率算出之营业额，再乘以 7.78 计税。参见《上海市商会函财政部上海直接税局（收文一字第 8443 号，1948 年 5 月 4 日）》，财政部上海直接税局档案，档号 Q433－2－297，《本局关于所得税估缴、计算问题的呈文和财政部等训令以及与市商会、各稽征所等来往文书》。

③ 《上海直接税局长黄祖培签呈直接税署文（1948 年 5 月 9 日）》，财政部档案（台北），档号 252/645，《上海直接税局营利事业所得税》。

④ 朱世杰：《略谈本年度下期营利事业所得税》，《诚信月刊》，卷 1 期 12（1948 年 12 月 1 日），第 4 页。

人热切期待，有“赋税中最优良之税”之称。所得税在抗战时期以“战税”的姿态，成为国府改革税制，进而奠定财政基础的要目。在西方历史经验中，所得税最初发生的型态就是一种战时税，用来补充战时财政之不足。嗣后，各国政府以充实临时经费为由，以之作为临时岁入的税源，再趁着资本主义的经济发展道路，逐渐扩充及奠定基础。有了税制发展史的前鉴，国人对于政府在备战之时创办所得税，自然给予高度的评价。

从大量的报刊论文对于所得税的讨论，可以得到一个清晰的图像。就税政学理现实条件而论，所得税无疑是一种资本主义发达社会的产物，中国其实并不具备客观的实施条件。1936 年开办所得税的活动，完全是国府在内忧外患交迫的情境下的主观决定，希望利用新兴税制，规划战时财政的主力。因此，财政部在制定法规时，以实时易取的税源为目标，配合简单有效的征收手续，作为筹划原则。国人深知中国开办所得税时的困难，同时也在爱国情绪激励之下，宣扬国人应当支持国府的直接税改革。

正因为国人对所得税有极大的期许，当它在尚未建立起良好纳税习惯的中国推行，立即出现普遍的漏税逃税风气，于是又须仰赖税吏的苛扰调查，才能维系税政的要求。民间社会普遍使用“苛扰”这种传统的批评词汇，表达其厌恶的心理，而无法使用富有学理的遣词，象征人们对直接税这项新税制的认识，基本上是把它和传统的苛捐杂税等量齐观，这也相对意味着新税在现代中国的引入和植根的程度，委实相当浅薄。

国民政府推行所得税，从抗战前夕至复员时期的发展历程，前后 14 年期间，税政主事者不时处在学理和现实之间摆荡。战事需求之下，被视为落伍的摊派手段，以简化稽征为名渗入了直接税体系，也泯灭了身为直接税最重要的公平原则。直接税的主帅所得税，由于税务执行者不断出现与现实环境的妥协，以及放弃制度理念的事实，证明了理想与现实上的绝大差距。

第八章　国民政府实施战时过分利得税的政策与反应

第一节　战时利得税的制定历程

一、战时利得税的认知与讨论

战时利得税在直接税体系之中是一项特殊的税制，在西洋各国的税政理念上被视为是因战争而起的临时体制，在征课手续上，它则以所得税的辅弼姿态出现。① 欧战期间各国征收战时利得税，特别分辨“利得”与“所得”二者的差异，所得为先有资本或劳力而获得利润，利得则指由于特殊环境变迁的不劳而获，或称为“景况所得”，政府对战争时期工商业获得超过平时标准的利润，课以重税，使战时景气利益归于政府，以供战费之用。②

---

① 王丕烈：《战时利得税之研究》，《租税研究》，卷 1 期 2(1938 年 4 月 29 日)，第 19—27 页。此税于第一次世界大战陆续在欧洲各国实施，最早是 1915 年的丹麦，至 1917 年扩增至 13 国，欧战结束之后全部废止，故被视为战时税。

② 马寅初：《论战时过分利得税》，《战时经济论文集》，上海：作家书屋，1945 年，第 79 页；钟淦恩：《我国现行直接税制之检讨》，《财政评论》，卷 2 期 3(1939 年 9 月)，第 81 页；王逢壬：《中国非常时期过分利得税的检讨》，《财政评论》，卷 1 期 2(1939 年 2 月)，第 39 页；姚企文：《战时所得税(2)》，《银行周报》，卷 22 期 46(1938 年 11 月 22 日)，第 2—3 页；段逸珊：《非常时期过分利得税之理论与实际》，重庆：独立出版社，1944 年，第 1—5 页；匡球：《中国抗战时期税制概要》，北京：中国财政经济出版社，1988 年，第 69 页。

全面抗战爆发后，国府除了持续推广所得税之外，也立即注意到可以从战时暴利中取得税源的可能性。国府财政官员援引英国的税法 Excess War-profits Tax 为蓝本，制定开征战时过分利得税的法规，学界曾将本法译为“战争溢利税”。中国制定本税之前，日本已经以战时利得税的名目开征新税，四川省政府也以战事需要为由，开征战税。国府为避免各省自行开征税目的流风再起，在 1938 年底修法，明订本税为国税，大后方各地普遍开征，至抗战结束时仍未中止，实施到 1946 年底。①

财政部在拟定条例草案时原本以“战时利得税”作为税目，经国民参政会审议后改名，在 1938 年 10 月 28 日颁布《非常时期过分利得税条例》，让国府透过税制改革来支应战局的财政需求，1943 年 2 月 17 日又修订《非常时期过分利得税法》，故此税的正式法律名称是“非常时期过分利得税”，但一般报章评论多仍习称为“战时利得税”。依法令规定，凡是公司商号或个人经营的利得，超过通常一般应得利益，政府就过分利得部分加以课税。本税的征课重点是“过分利得”，当时也有人把“战时利得税”与“超过利润税”二者混而为一。简单地说，战时利得税系针对因战争而获得的利润所课之税，战后即告结束；超过利润税则因利润可能在战后持续存在，战后亦继续施行的可能。国府在立法时避用“战时”之名，也隐含着该税不限于战时，社会超过利润税皆应由国家所取用的说法。②

战时利得税从制定到实施的过程，也是将原为地方税目收归为中央税目的一项改革。抗战开始不久，各地舆论即不断抨击战时暴利行为，许多学者撰文呼吁征收战时利得税，各地方政府也纷纷出现以地方税形式征收的战税。例如，四川省政府在 1937 年 8 月以“限制战时各种盈余，以免物价膨胀，受奸商操纵”为由，筹划征收战时利得税，10 月初颁布《四川省工商业战时利得税征收章程草

① 当时各种论著虽然都提到本税征收理念及技术均是“仿欧战先例”，却仍有学者从中国传统的征税经验去寻求先例。如当时任教华西大学经济研究所的段逸珊，就提出：“南宋时元人围金人于汴梁，死者甚多，当时医师僧道及棺木肆等均利市百倍，于是金人课之以重税，此为战时利得税之滥觞。”证明在历史上，政府早有向工商业界征收由于战争获致暴利的做法。见段逸珊：《非常时期过分利得税之理论与实际》，第 16 页。

② 塞力格曼著，胡汉译：《租税各论》，第 1102—1103 页；唐孝刚：《非常时期之财政》，上海：中华书局，1937 年，第 37 页中说：“战时利得税在英文为 Excess war profits tax，德文为 Kriegsgewinnsteuer，也有人译为‘战溢税’或‘溢利税’的。该税是课于因战争而获得意外收入的人们的一种税，在欧战中实于税制上划一新纪元，各交战国均一律采用着。”即是把战时利得税和超过利润税混为一谈的实例。

案》,决定自10月15日起,先从成都、重庆、万县等重要城市试办。四川境内中外人民凡是经营工商业者,均应缴纳战时利得税,税率为战时利益超过资本额10%开始课征30%,依次累进至超过资本额30%以上者即课税70%,并成为四川省境内的一项地方税。①

战争期间,时见各地少数工商业者因战事获致暴利,舆论要求政府向暴发者征收战税的报道。例如,1938年初,武汉市面棉花市价一市担20元,此时民间已不用旧式木机纺纱织布,用新式铁机必须使用洋纱,洋纱因受到日军封锁而难以进口,少数纱厂收购廉价棉花制成棉纱,再高价出售,棉纱价格飞涨至每市担66元以上,实际加工费不过每担10元。武汉棉纱工厂因战争而获厚利的情况一经披露,当地舆论哗然,要求政府应向其摊派公债或是征收租税。② 各地方政府借助舆论力量,师法四川省政府的做法,制定专门向工商业课税的条例,成为普遍的现象。③

舆论支持国府向工商业者征收过分利得税,是因为战争确实提供攫取高于平时利得的环境。其因素很多,包括:中国沿海重要工业区沦陷,导致物资供应量大减;战时兵员增加,大批农民调服兵役,使农产品供应量益形减少;沿海交通受到封锁,国外货品难以输入;遍地战乱,使得在前方或沦陷区的人口向内地迁移,内地各城市人口骤增,物品需要量随之大增。简言之,战时利得是因为战时价格变动、巨额需求,以及运输隔绝等因素,引起消费扩张的利益。不论政府或是民间,均认为此将使物资供需失调,引发物价高涨,业者囤积居奇大获暴利,各界均认为,征收利得税具有正当的理由。④

---

① 段逸珊:《非常时期过分利得税之理论与实际》,第93页;费文星:《中国直接税概要》,上海:世界书局,1947年,第5页;殷锡琪:《创办战时利得税之研究》,《东方杂志》,卷35号7(1938年4月1日),第15页;《四川省工商业战时利得税征收章程草案》(1937年10月),《中华民国工商税收史料选编》,第四辑,第491—494页。

② 陶希圣,《工商业因战争所得之利益应分别加以限制或保护案(1938年)》,《蒋中正总统档案·特交档案/经济/经济建议》,卷10—8,《工商业因战争所得之利益应分别加以限制或保护案》。

③ 李锐:《怎样课征战时利得税》,《财政评论》,卷1期1(1939年1月),第212页;据1939年初的统计,当时向地方工商业征收战税的省份有四川、广东、广西、福建、云南及贵州省。参见《我国战时地方财政概要》,《财政评论》,卷1期1,第249—269页。不过,当时李锐也指出:"抗战以来,各省亦有对于战时利得税之征课,制定税法期诸实行者,但能着成效者甚少。"可见此一新税制在实际推行时并不顺利。

④ 匡球:《中国抗战时期税制概要》,第71页;高汉锹:《战时财政与统制经济》,长沙:商务印书馆,1938年,第262—264页。

社会各界普遍认为，奸商在战时大发国难财，一般工商企业也因战时物价高涨，获得丰厚的战时利得，税负能力增加，自应课税，以免造成社会上财富不合理分配与物资浪费，违背战时经济节约原则。也有学者点名批判获致暴利的行业，如五金业、纺织业、制药业、粮食业和运输业，均利市百倍，其他如汉口与重庆等处房价，竟超出平时10倍以上。激愤的评论更指出，部分商人对日常必需品任意增价，获得特别财富，此种行为等于抢劫。过分利得的性质既属掠夺，自须课以重税，社会风气才能安定。①

二、战时利得税的筹划原则

战争的破坏，使国府向来倚为税收重心的关、盐、统三税来源锐减，开辟新税源成为当务之急。1938年7月12日，国民政府向国民参政会提出“推行战时税制案”。国府此次提出的调整税制计划，预定开征的新税有三项，即战时消费税、战时利得税与遗产税。其中，除遗产税条例尚在审议阶段之外，其余二税各有其诉求：战时消费税以节约社会消费为主旨，分奢侈品与消费品为两类课税；战时利得税以节制大后方营业居奇牟利为主旨，依照所得税办法课税，并采取分级累进税率，以达平衡负担目的。国府预估三项新税的收入仍无法与损失税收相提并论，然而，尝试建立战时财政体制的意义却是相当重大。国民参政会通过调整税制案，财税人员立即着手筹划开办各项新税，以及推行战时税制。②

财政部由政务次长邹琳及常务次长徐堪二人负责规划开办新税的工作，他们在7月22日向蒋中正提出的报告中，说明战时利得税的征收原则。财政部认为，政府征收战时利得税的对象，是战时工商各业因为物价变动、人口迁移、消费扩张、运输紧张等因素而获得暴利者，此税与所得税同时并征，征税标准为溢利

① 袁梅因：《现行战时消费税之检讨》，《经济汇报》，卷6期12(1942年12月)，第50页；王沛南：《论非常时期过分利得税》，《财政评论》，卷4期6(1940年12月)，第31页；段逸珊：《非常时期过分利得税之理论与实际》，第88页；李鸿寿：《非常时期过分利得税之计算》，《银行周报》，卷22期44(1938年11月8日)，第1页；闵天培：《当前财政问题》，汉口：中山文化教育馆，1938年，第31页；《所得税事务处关于加强稽征过分利得税的训令(1940年3月26日)》，《中华民国工商税收史料选编》，第四辑，第920页。

② 国民政府交议：《推行战时税制案》(国民参政会第一届第一次大会第七次会议提案，1938年7月12日)，秦孝仪主编：《中华民国重要史料初编——对日抗战时期第四编战时建设(三)》，第366—367页。

超过 8%者，即为战时利得额数，累进课税至 50%为止。①

财政部决定征收原则之后，拟定《战时过分利得税原则草案》，与立法院财政委员会及经济委员会在 8 月 9 日举行会谈。财政部的提案指出，欧战期间各交战国为达增加财政收入及寓禁于征两大目的，对国内工商界因战事而获过分利得者举办战时过分利得税。抗战以来，中国工商界亦有获过分利得者，各界主张仿办这项临时税制，明示这些利得为不正当，针对获过分利得的工商业界课以重税，达到增加财政收入及约束发国难财的作法。②

国府规划本税时，依据各国先例，定位为战争时期的临时税制。条例草案第一条规定："抗战期内有左列过分利得之一者，除依所得税暂行条例征收外，依本条例加征非常时期过分利得税。"③马寅初对政府的草案发表论文，说明本税的性质与作用，他认为战时过分利得与平时获得收益不同，又与战时的一般利得不同。此税的重点在"过分"两字，仅就因战时意外收入课税，且只限于战时，不能维持到战后。参政员刘不同也认为，所谓超过利润者是指非常时期的利润，而大战过后，不景气多随之而来，无从继续开征此税。时任直接税处处长的高秉坊亦言，本税为抗战期中的一种临时措施，俟时局恢复正常，重新调整所得税法时，即拟予废止。④

财政部采纳当时经济学界的建议，规划税制的相关内容。⑤ 首先为课税对

① 《邹琳、徐堪呈蒋中正(1938 年 7 月 22 日)》，《蒋中正总统档案・特交档案/财政/赋税》，卷 11—2，《拟具非常时期维持旧税举办新税办呈请核定施行由》。

② 《战时过分利得税原则草案》及说明(1938 年 8 月)，《中华民国工商税收史料选编》，第四辑，第 21 页。

③ 四川省训练团讲义：《所得税与遗产税》，出版地不详，1940 年，第 12—13 页。

④ 马寅初：《论战时过分利得税》，《战时经济论文集》，第 79 页；刘不同，《战时超过利润税》，《东方杂志》，卷 35 号 1(1938 年 1 月 1 日)，第 15 页；高秉坊：《近年来我国税制之改革》，《财政评论》，卷 2 期 2(1939 年 8 月)，第 24 页；高秉坊：《中国直接税史实》，重庆：财政部直接税处经济研究室，1943 年，第 26 页。

⑤ 将财政部的《战时过分利得税原则草案》，与马寅初的《论战时过分利得税》一文加以比对，可以明显地看到政府对于学界论点的引述程度。政府提案的第一项与第五项，完全采用马寅初提出征收本税四项原则中的第一项，"战时过分利得税应单独举办，不与现行所得税合并，但为求征收事务便利与节省行政开支起见，应由所得税机关兼办"，连行文遣词都袭用马氏的论述。政府提案第二项的课税范围与第三项的税率标准，亦与马文的见解完全相同。政府唯一未在草案中采用的建议，只有马氏主张中的第四项，"由战区移入内地之工厂及因战事受重大损失之营业应予免税"，不过此点意见在日后修订时亦被实行。因此，政府可以说是完全采纳了学界的建议，来筹划本税的施行内容，政府所能增添者，只有确定开征时期与明令本税为中央税。详见马寅初：《论战时过分利得税》，《战时经济论文集》，第 79—84 页；《战时过分利得税原则草案(1938 年 8 月)》，《中华民国工商税收史料选编》，第四辑，第 21—23 页。

象范围，不论是自然人、法人组织或自由职业，经财务机关认为系利用战争投机而获过分利得者，皆应征税；农业免税，但经营农产品者仍应征税。税率方面，依学理原应选定一个战前基础年线，得出各业在战前两三年前的平均利润作为依据；然而，事实上一般业界过去的利润数字并不易收集，新兴行业亦无过去利润可稽，政府决定按照各业界在营业时的资本额作为标准，取得战时利得税的课税税率。经讨论后，国府决定以美国的战时高额利得为标准，将营利事业的起征点定为超过其资本15%者，其他事业的利得若超过资本20%者，皆视为战时过分利得，在所得税之外，加征收战时过分利得税，税率最低为20%，最高为60%。① 最后，国府规定战时过分利得税为中央税，各省市政府均不得举办，中央在征收后得以一部分收入酌给地方，以资补助，此税的性质遂由地方税改为国税。②

征收作业上，此税不另设机关，而是附属于所得税项下，由其负责税务作业，这也是依据外国先例而来的设计。学界指出，英国采用战时利得税，即源于其推行所得税的经验，若无完善所得税为基础，也就不容易推行过分利得税。因此，利得税可以视为是所得税的扩充。国府认为，开征所得税将近三年，已有初步成果，推行利得税，应可获得成效。③

财政部与立法院商议之后达成数项共识，包括：第一，课税范围增加“财产租赁所得”项目，凡财产租赁所得超过其价值12%者，即为战时过分利得。第二，原草案规定税率最低为20%，最高为60%，修改为最低10%，最高50%。第三，原草案规定起征日期自1938年7月7日起征，改为自7月1日起征，每半年结算并征收一次。第四，征收事务由所得税征收机关兼办，以统筹兼顾，节省征

---

① 《战时过分利得税原则草案(1938年8月)》，《中华民国工商税收史料选编》，第四辑，第21页。曾任重庆市直接税局长的杜岩双在《中国所得税纲要》，重庆：财政部直接税署经济研究室，1944年，第540页曾说明为何决定20%作为起税标准：过分利得的决定标准，在分析上海27家著名银行定期一年存款利率，平均为七厘五毫，即7.5%，营利事业经营固多风险，估计较平均存款利率提高一倍，作为平时利润率，实亦合理。后因商民请求，将平时利润率由15%提高至20%。营利事业利润达资本20%者，俗称二分利，在平时虽营业鼎盛之商号亦不易达到，如有获二分利者，同业莫不争相羡慕，足见以20%为平时利润率，其超过部分认为过分利得之规定与事实相符。

② 《战时过分利得税原则草案(1938年8月)》，《中华民国工商税收史料选编》，第四辑，第22—23页；李锐，《怎样课征战时利得税》，《财政评论》，卷1期1，第212页；王逢壬，《中国非常时期过分利得税的检讨》，《财政评论》，卷1期2，第39页提到，美国的过分盈余税以8%为标准，战时高额盈余税以15%、财产租赁的盈余税以12%为课税之开始。

③ 吴仕汉，《中国直接税制度》(著者自印，1940年)，第77—78页。

收费用及征收手续。第五，税收收入一部酌给地方，属于行政问题，不必明文规定。[1] 财政部根据上述共识，再拟定《战时利得税条例草案》17 条，于 8 月 29 日送立法院审议。立法院审议后，将《战时利得税条例草案》修订为《非常时期过分利得税条例》，于 10 月 28 日通过，并公布实施。[2]

当时立法院将本税改名为“非常时期过分利得税”，其理由为：欧战时期征收战时利得税的国家，并不限于作战国家，征税年限也不只限于战争持续时期，而多维持至战后若干年。工商业因战争获致厚利，事实上在战前的准备期及战后的复员期均有可能，无法以战争的爆发或结束而加以明确分期，使用“非常时期”一词可以比“战时”更具有弹性征收空间。[3] 根据条例规定，凡公司、商号、行商、工厂或个人资本在 2,000 元以上之营利事业，官商合办之营利事业及一时营利事业，其利得额超过资本额的 20％，财产租赁之利得超过其财产价额的 15％，除依照《所得税暂行条例》课征所得税外，还要加征非常时期过分利得税；两类利得税均采用六级超额累进税率，其最低税率为 10％，最高为 50％。1939 年 7 月，本法曾稍事修订，修订主要内容为提高免税额，营利事业过分利得和财产租赁过分利得的免税额，从原来规定的 15％和 12％，分别提高为 20％和 15％，并且调整累进税率的级距。[4] 1943 年 2 月 17 日，国府再一次修订本法，公布《非常时期过分利得税法》，调整征税范围。财政部以财产租赁已另征所得税，取消财产租赁过分利得税，专办营利事业的过分利得税，同时，增加累进级距及提高税率，将 6 级超额累进税率修改为 11 级，最高税率从 50％提高到 60％。这次修订的条文，一直沿用至战争结束。[5]

---

① 《庞松舟、崔敬伯致财政部的报告》(1938 年 8 月 11 日)，《中华民国工商税收史料选编》，第四辑，第 22—24 页。

② 《财政部检送战时利得税条例草案及说明书致立法院公函》(1938 年 8 月 29 日)，《中华民国工商税收史料选编》，第四辑，第 16 页。

③ 段逸珊：《非常时期过分利得税之理论与实际》，第 2 页。

④ 殷崇浩主编：《国民政府时期的税收》，北京：光明日报出版社，1991 年，第 430—431 页。

⑤ 匡球：《中国抗战时期税制概要》，第 71 页。

第二节 战时利得税的实施与税务争议

一、新税开征与税率调整

战时利得税法通过立法程序，订于1938年7月1日开征，然因重庆、成都两市及其他省县商会先后请求缓办，国府改为1939年1月1日开征，并在开征后半年，又将起税点提高。[①] 政府自承，无论就经济演变、社会环境与商人心理等条件，人民不愿开征新税是很自然的。政府为了表示体恤民情，每在推行新税察纳民间缓免的请求，时有展缓办理之举。[②] 舆论对于政府明令开征后却展缓办理，无法令出即行的现象颇有批评。例如，1940年4月4日《大公报》认为，从前政府对于课税不惜多方搜刮，课税有预征至若干年以后者，今日政府对于应有税务反而过于持重。政府既已顾念商艰，修正利得税的相关规定，应积极开征，不能因商人迭请而有所瞻顾，以免商民牟取暴利，损害国计民生。[③]

国府在抗战后期顺利开征利得税，同时明令废除在四川、云南、湖南、江西等地开办的利得税或商业捐。由于工商业者同时须缴纳所得税与利得税，直接税处于1941年3月27日，规定宽恤小商及救济战时损失的相关办法，准许商号得于其纯益中减除下列二项：一是每年利得额在5,000元以下小商，准予扣除600元的免税额；二是一般营利事业，准予逐年提存利得额十分之一，作为抵补空袭受灾等因战争所受损失之准备金，暂不课税。由战区迁入内地的工厂，若因战事遭受重大损失，经呈报查明属实者，亦准予免税。上述办法，让商户的负担稍得减轻。[④]

---

① 费文星：《中国直接税概要》，第5页；匡球，《中国抗战时期税制概要》，第71页。

② 《直接税处三十二年四至六月工作总检讨报告》，财政部档案（台北），档号250－2149，《本处税务报告工作计划》。

③ 《暴利课税》，《大公报》（重庆），1940年4月4日；《战时的税收问题》，《新华日报》（重庆），1940年5月28日。

④ 吴仕汉：《中国直接税制度》，第78页。

舆论肯定战时利得税具有四项优点：其一，税制简明，易于推行。其二，起税点较高，顾全商民正当利益。其三，税率低减，累进缓和。其四，内迁工厂免税，有助于后方工业之发展。不过，论者也指出税制设计上的一些缺失，包括未能有效限制过分利得，未能协助平价工作，财产评价规定未妥与税率累进太单纯。同时也提出一些具体的改进建议，例如要求高额利得税者承购公债，使过分利得可以有效移转，以及增加税率累进级数。但是，此后国府并未对税制再作调整。①

战事进入后期，政府希望者从直接税、统矿烟酒税及专卖三者汲取收入。其中，利得税随着商业活动而增加，以1940年各所得税与利得税的比较，约为1与1.5之比，税入较所得税更多，国府决定加强征收。② 学者认为，各国实施过分利得税，经常随战时情势而升降其税率，英国在欧战期间利得税曾五易税率，故赞同调整战时利得税的税率，是一项可行的应变措施。③

1943年2月，财政部修订此税税法，增加累进级距为10级，累进税率提高至60％，俾以充裕税收。国民参政会第三次大会开议时，决定为增加财政收入与充实国库，缩减富裕阶的购买力与稳定物价，必须提高税率，同时进行摊派公债的行动，通过提案，把现行税率最高者50％增加至80％，随即将决议案送交行政院，要求修订税制。④

行政院收到参政会的决议案后，认为此税若以最高税率60％计，加上营利事业所得税率已提高至20％，二者合计最高已达80％。以中国商民缺乏负担重税习惯而论，税率已经不轻，决议仍维持原提案。财政部指出，现行利得税规定，利得超过资本额60％者一律征50％，并且采取缓和税率，目的在求新税能顺利推行。现开征此税已满两年，社会工商业获利在两三倍以上，为增益库收与平衡

① 姜又赓：《改进非常时期过分利得税刍议》，《经济汇报》，抗战三周年纪念专号（1940年7月），第207—209页。

② 《今后财政增税计划（1941年）》，蒋中正总统档案，《特交档案/财政/赋税》，卷11-6，《今后财政增税之计划》；中国国民党五届八中全会主席团提，《动员财力扩大生产实行统制经济以保障抗战胜利案（1941年4月2日）》，《中华民国重要史料初编——对日抗战时期第四编战时建设（三）》，第252页。

③ 段逸珊：《非常时期过分利得税之理论与实际》，第88页。

④ 《参政员韩汉藩等25人提案（提案第一一〇号、1942年10月）》，国防最高委员会档案，档号003-2278，《举办财产登录以利税收而平均负担》。

社会负担，自应提高税率，一方面增多税级，一方面提高累进程度，使租税政策趋于合理。[①] 不过，税率固然有调整的必要，但是不能太高。至于如何决定适当的税率，有人建议将过分利得全部归公，有人则认为全数归公不切实际，且会斲丧工商业的活动意愿，应由提高累进级数即可。[②]

利得税的税率修订案，最后是仍依照行政院的规划而通过。部分期望政府透过提高利得税税率以遏止暴利的学者，并不满意这种小幅度的修改，认为税率虽已酌量提高，仍不足以遏止暴利。然而，对国府而言，激烈的社会正义并不符合现实利益。[③]

二、 征税过程中的官民分立局势

过分利得税采取申报方式，以一年计算一次为原则。纳税义务人必须在年度结算日起一个月内，向主管征收机关报告其利得额。申报完毕后，由征收机关进行调查并决定应纳税额，然后通知缴纳。若纳税义务人对于决定之税额表示不服，得请求复查，惟请求复查时应先将税款缴清，如复查结果应予退税，主管机关应将税款退还。纳税义务人如逾期不报告利得额，征收机关可以径行调查，决定其应纳税额，并限令缴纳，纳税义务人对径行决定的税额不得请求复查。[④]

在开征过程中，最受批评之处是，虽然明文规定商民自行申报，实际执行时却多采径行决定方法，税吏上下其手，商民饱受苛索。1941 年 8 月中旬的一份公文指出，财政部川康直接税局重庆分局在开征 1941 年度所得税及利得税时，根本不查阅商家账簿报表数据，一概采取径行决定，决定纳税额往往超过原申报额数倍以上，而且在发出查定通知书并未附上查定理由，纳税人对于重税当然无法心服接受。[⑤]

---

① 《财政部对积极动员人力物力财力确立战时经济体系一案办理情形报告书(经秘政字 169 号，1941 年 10 月 29 日)》，国防最高委员会档案，档号 003 - 1622.1，《动员财力扩大生产实行统制经济》。

② 《国防最高委员会函国民参政会(仁伍字 11743 号，1943 年 5 月 27 日)》，国防最高委员会档案，档号 003 - 2278，《举办财产登录以利税收而平均负担》；段逸珊：《非常时期过分利得税之理论与实际》，第 96 页。

③ 孙九录：《当前之国家财政与社会经济》，《东方杂志》，卷 39 期 17(1943 年 11 月 15 日)，第 20 页。

④ 匡球：《中国抗战时期税制概要》，第 71—74 页。

⑤ 《经济部反映重庆直接税分局滥用径行决定权与财政部往来文电(1941 年 8 月至 10 月)》《经济部代电(8 月 16 日)》，《中华民国工商税收史料选编》，第四辑，第 890 页。

税吏在征税运用自行调查及径行决定税额为手段，行政裁量权过大，无怪乎民间啧有怨言。税务人员则辩称，他们不采用工商业界的申报额，而运用自行调查与径行决定的作法，是因为商人根本不据实申报，从账目上无法反映其获利情况。商人多以较高的市场价格进行交易，以较低的官价来记账，一方面取得市价厚利，另一方面又借官价逃税。①

税务机关为应付商民逃避税负，决定采取奖励告密措施。财政部在 1940 年初颁发《过分利得税告密人赏金暂行办法》，规定告密人可获得查报所漏应纳税额 10%的赏金，最多不得超过 500 元。告密人在纳税义务人缴纳税款后，向当地主管征收机关申请核发赏金。此办法实施一年以后，由于物价波动，赏金 500 元的上限已失去吸引力，再度修改规定，赏金仍以所漏应纳税额 10%为准，最高金额不得超过 5,000 元。在修订法规时，税务人员曾建议提高告密所得为罚金的半数，重赏之下必勇于告密，让商人忌惮而不敢尝试逃税，但此建议并未被采纳。②

学界认为，为应战需而使用非常手段，实属无可厚非，但是财政部的奖励告密之举，只会造成社会骚动。实际负担税负的工商业者，自然很不满意政府的开征与告密做法，相率抗缴税金。商民的抗缴事件，因政府动用军警镇压而平息。舆论立即指出，现行利得税因为税额不高，以及征课对象仗势规避甚至公开抗税，致使新兴税制的推行发生困难，难以达到取缔暴利与防止财富不公分配的理想。③

尽管民间对利得税的批评不断，此税的收入却仍大幅增长。本税在 1939 年度的收入为 10,351,868 元，1940 年预算额为 2,400 万元，实际纳库额为 29,226,132 元；1941 年预算额为 4,500 万元，实际纳库额为 66,099,751 元，超过

---

① 段逸珊：《非常时期过分利得税之理论与实际》，第 79 页；《经济部反映重庆直接税分局滥用径行决定权与财政部往来文电（1941 年 8 月至 10 月）》，《重庆直接税局呈（9 月 28 日）》，《中华民国工商税收史料选编》，第四辑，第 891 页。

② 《财政部颁发过分利得税告密人赏金暂行办法的训令（1940 年 2 月 26 日）》，《中华民国工商税收史料选编》，第四辑，第 919—920 页；吴宝田：《营利事业所得税及过分利得税资本确定问题》，《直接税月报》（重庆），卷 1 期 6（1941 年 6 月 1 日），第 17 页。

③ 段逸珊：《非常时期过分利得税之理论与实际》，第 81 页；《抗战史料财政部分》，史料档案，档号 504/24，《抗战史料财政部分》；《过分利得税有规避抗缴者，其影响不仅税收减少》，《中央日报》（重庆），1941 年 6 月 13 日。

预算额2,100余万元;1942年预算额为6500万元,实际纳库额为359,320,783元,为预算额的5倍,已经与所得税并列为战时财政的主要税收。至1943年,预算额为10亿元,实际纳库额为1,237,952,451元;1944年,预算额为21亿元,实际纳库额为1,998,065,000元,1945年的收入为3,730,179,000元,利得税在抗战后期3年的收入数目,均已超过所得税,成为直接税中主要的收入来源。[①] 因此,对政府来说,这项战时的租税政策,虽然没有完成达到迅速合理分配财富的理想,却已经完成其预算编列的要求,成为国府战时财政的一项重要岁收要目。

第三节　征税技术与税负问题

一、 征税技术的调整

利得税以工商营利事业者及财产租赁者为征收对象,税务单位又以径行调查决定税额为主要方法,于是,正确估算业者的利润所得,成为征收技术的基本问题,估计太低则税收减少,估计太高又招致民间反抗。战时曾有人建议,由政府举办普遍的财产登录,中国国民的国内财产与在外国银行存款均应登录,以防止脱产。财产登录有案可稽,不但财产税、所得税、利得税与遗产税等,均有课税根据,公债亦可依此为准而进行摊派。[②] 然而,此建议因牵涉相关作业庞大,根本无法进行。

即使税务机关能够掌握到部分业者的财产资料,作为征收稽查的依据,也会引发税制公平性的问题。众多投机营利商人不设固定商号,查税人员无法从账目或是商号登记资料去调查,难以稽征利得税。因此,要了解工商业收入情形,必须从货运登记作业着手,才能控制税源。前已述及财政部在抗战后期办理货

---

① 《抗战史料财政部分》,史料档案,档号504/24,《抗战史料财政部分》;段逸珊:《非常时期过分利得税之理论与实际》,第26—30页;《蒋中正总统档案·特交档案/财政/赋税》,卷11-6,《今后财政增税之计划》;宋同福:《战时过分利得税》,《经济汇报》,卷10期10(1944年11月),第61—62页;《1936—1945年度直接税各类税收统计表》,《中华民国工商税收史料选编》,第四辑,第1696—2004页。

② 《参政员韩汉藩等25人提案(1942年10月)》,国防最高委员会档案,档号003-2278。

运登记,以掌握税源的相关活动。简单地说,政府认为商人行踪不可捉摸,但物资来往必须经过交通孔道、集散商场、关卡与堆栈,比较容易控制,行政院于是命令各地海关及货运稽查处与税务机关合作,税收稽征机关派员参加货运检查工作,在各地军事委员会运输统制局及各战区货运稽查处,共同办理货运登记作业,控制货物的运输量,估计工商业的业绩,做到“跟货寻税”的目标,掌握应纳税款的商人。①

政府以物资流向掌握税源的做法,对行商已有所规范,却仍无法对从事美钞、公债及黄金等金融操作业者,予以税制上的惩治。批评者认为,利得税课税范围,仅营利事业及财产租赁利得两种,其余如外汇及投机利得均未纳入,课税范围太过狭隘。政府不应加重固定薪资阶级及工商业者的负担,而是必须找出非固定薪资阶级的自由职业者、投机者及黑市活动者,让这些逃税者尽其纳税义务,使战时财政负担不致全落在固定薪资阶级及固定工商者身上,这正是直接税制度成败的关键。②

一向为商民诟病的径行决定税额方式,在1944年有了改变。财政部取消货运登记作业,把个别估计改为在同业估计与公开评议之后,并且以当年抽查的所得数目决定当年税额。1945年初,直接税署再对利得税研拟四项改进办法:税额不受预算限制,恢复申报兼采查账办法,简化评议程序,以当年抽查资料为核税依据。③ 这次修改的原因,主要是作为再度恢复查账的准备,不过,由于本税在战争结束不久废止,未及付诸实行。

二、 虚盈实税下的税负问题

抗战后期的物价腾涨,使得一般在战前已设立的厂家,因资本额受通货膨胀

---

①《行政院训令经济部(勇伍字1983号,1941年2月6日)》,经济部档案,档号18-23-23(3),《各税法案:货物、烟酒、营业、印花等》;《行政院函国防最高委员会(经秘政字169号,1941年10月29日)》,国防最高委员会档案,档号003-1622.1,《动员财力扩大生产实行统制经济》;朱偰:《中国战时税制》,重庆:财政评论社,1943年,第44页。

② 朱偰:《论我国战时之租税负担力》,《中央日报》(重庆),1944年12月3日;陈德容:《非常时期过分利得税条例之研究》,《银行周报》,卷22期45(1938年11月15日),第4页。

③《财政部一年来重要工作(1945年4月2日)》,史料档案,档号504-159,《俞鸿钧在国民政府纪念周报告词·财政部一年来重要工作》;《直接税署三十四年度一至三月份重要工作简明报告》,财政部档案(台北),档号250-2151,《本署税务报告工作计划》。

影响而大幅缩水，账面上的营业所得几乎均成为过分利得，后方各工商业者几乎全数纳入利得税的纳税范围，成为舆论关注的焦点。1941年时，大后方业界纷纷要求增加资本，以便减轻利得税负担。① 商家希望增加资本额的要求，政府均视为意图逃税而予以拒绝，民间则批评政府完全以税收为重，在物价高涨的战争时期，实施不合理的虚盈实税办法，不但有碍纳税风气，更削弱生产能力。②

税政主管机关并非不了解通货膨胀对工商业者的不利影响，然而，批评工商业假账成风的报道不断，政府认为必须详细查核商店增资的真实性，以免商店利用增资机会来制造假账，以致丧失税制的公平性。③ 同时，政府因先前已列出宽恤小商及请求救济战时损失办法，认为已顾及商界权益。相关规定包括：每年利得额在5,000元以下的小商，准予扣除600元之免税额；一般营利事业则可逐年提存利得额十分之一，作为抵补空袭等战事损失的准备金。后来又规定，内迁工厂准许提列全部纯益，作为内迁之必要费用，再以其所余纯益数额来计算税额。接着，财政部通令大后方工商业界，对于战时已登记的财产不准举办增资，以防止无限制膨胀资本而逃漏税额，并要求后方工商业界暂时不必决定资本额，改由地方直接税局视其全年销货数额，编列各行业的资本周转率统计材料，来调整其资本额，作为决定应纳税额的依据。④

---

① 《吴蕴初关于解决所利得税虚盈实税问题呈及财政部批(1945年2月至3月)》,《吴蕴初致财政部呈(1945年2月23日)》,《中华民国工商税收史料选编》,第四辑,第948页;潘序伦:《对于现行所得税及过分利得税税率之意见》,《财政评论》,卷5期5(1941年5月),第125—127页;吴宝田:《营利事业所得税及过分利得税资本确定问题》,《直接税月报》(重庆),卷1期6,第8页。

② 《调整工业资本与税制问题》,《经济汇报》,卷6期11(1942年12月),第49—50页。石抗鼎认为,对于各业"决算所结巨利,多系账面虚数,而非实际财产"的现象,可以对存货采取后进先出法来估价,以减少利益总额,压低税率,然此建议亦未见实行。参见石抗鼎:《我国非常时期过分利得税之检讨》,《经济汇报》,卷4期1(1941年7月),第34页。

③ 吴宝田:《营利事业所得税及过分利得税资本确定问题》,《直接税月报》(重庆),卷1期6,第8—11页;包超时:《中国所得税逃税论》,重庆:财政部直接税处文化经济研究室,1943年,第8—18页。当时政府官员时常引述马寅初的论点,认为资本家凭借提高资本额,达到免税或减税目的,成为逃税的利益,这是现行所得税制度设计的一个疏失,故不愿意在战时利得税上对课税资本额的规定有所放松。参见马寅初:《所得税暂行条例应即修正之理由》,《财政评论》,卷2期3(1939年9月),第3—5页。

④ 《财政部三十四年施政方针草案·直接税部分(1944年5月22日)》,财政部档案(台北),档号250-2150,《财政部直接税署税务报告工作计划(民国三十三年)》;吴宝田:《营利事业所得税及过分利得税资本确定问题》,《直接税月报》(重庆),卷1期6,第11—15页;段逸珊:《非常时期过分利得税之理论与实际》,第86页。

舆论赞同政府主动查核工商业界的资本额，作为课征利得税的依据。一般认为，战时大后方的工商业者，一方面受到政府政策的扶助，一方面又受到物价波动之赐，资本利得超过一般人民勤劳所得的百倍以上，政府不应再予优待，否则大多数国民将深感不平。[①] 工商业界对政府要求增加资本以减轻税负的期待，在未获政府首肯与舆情同情的情况下，可说是完全落空。

工商业者无法同意国府与舆论对其在战时获致巨利的说法，为争取发展空间而与政府进行长期磋商。例如，永利公司负责人吴蕴初在1945年呈文财政部，指出舆论动辄批评工商业界造假账，应该课以高额利得税，这其实是倒果为因的说法。事实上，利得税的制度设计不良，使之成为业界的沉重负担，后方大多数工商业界不得不以造假账作为因应之道。当时各业所得盈余，除去60%利得税及20%所得税，已是所余无几，还须摊派乡村储蓄及公债，资产日益减少，长此以往，必至停业之境。吴蕴初建议，如果政府不准厂商增资，应按物价指数重新估算资产，作为课税依据，或是依照注册资本的投资时期，分别乘物价指数，计算出最接近的合理数目。吴蕴初的要求虽然有学理依据，财政部仍以“注册资本依投资时期分别乘物价指数之伸值办法，与资产伸估增加资本办法意义正同，自亦未便办理”的官样文章，拒绝他的要求。[②]

持平而论，利得税的课税基础，一直是以制定当时的工商业者资本额为依据。经历了严重的物价上涨效应，账面看似惊人的盈余，在依据战前物价指数折合之后已大幅缩水。但是，由于财政部不准业者调整资本额的关系，造成盈余与资本之间的高倍获利率，使业者必须承担高额利得税的税负。此外，政府一直无法解决金融投机者的暴利课税问题，以及由之形成的税基不公平现象。让工商业者在战争结束之后，振振有词地向国府要求，废除这项对工商业者的发展十分不利的税制。

---

① 黄季虬：《论现行直接税税率》，《财政评论》，卷5期5（1941年5月），第128页。

② 《吴蕴初关于解决所利得税虚盈实税问题呈及财政部批（1945年2月至3月）》，《吴蕴初致财政部呈（1945年2月23日）》，《中华民国工商税收史料选编》，第四辑，第948—950页。

第四节　战时利得税的废止与评价

一、废止战时利得税的讨论

抗日战争结束之后，各地商民团体认为战后百业衰敝，利得税应该随着战争的结束而停征，多次向政府请愿要求正式宣布停征。但是，财政部在1945年11月公告，各业仍须照缴利得税，理由是本税适用于非常时期，战事结束后，百废待举，需财浩繁，非常时期仍未过去，自应照征利得税。各地工商业界大为不满，纷纷致电财政部，以政府在战后准许农业所得者免缴田赋一年，工商界在战时亦受重大损失，理应比照办理，免缴所利得税一年。如果不准商家不缴，至少也应减少或是缓征。政府对这些要求的响应，都是一律不准。①

1946年初，中国国民党召开第六次全国代表大会，检讨各项战时工作，并且规划战后的复员重建。行政院在会议中报告战时稳定财政的相关活动，认为战时利得税是一项“税收畅旺，均能超过核定预算，与所得税相辅为用，收效至宏”的良税。② 但是，作为民意机构的国民参政会，对这官方说法大加抨击，并在1946年7月提案，要求政府明令撤销。参政会在提案中举出，中国实行直接税以来，适值抗战期间，国家为增加税收，于营业税和所得税外，复课以过分利得税。人民遭重重征收，难胜负荷，致使营利事业商号不得不改造账簿，以图减少纳税额，更有甘愿向税务人员行贿者，风气颓隳，早已为人诟病。今抗战胜利，自应明令立即撤销此项战时税制，以舒民困。③

---

①《财政部致重庆市商会代电(财直一字第17002号(1945年11月20日发))》，重庆市商会档案，档号84/744，《关于各行业评议会员所得税及请减免税额和意见、解释税法等各文》；《重庆商会通知(34商全字第1606号，1945年12月22日)》，重庆市各商业同业公会，档号85/1311，《重庆市参议会指令、税务通知》。

②《行政院工作报告·有关稳定财政及管制粮食物价部分(民国二十七年至三十四年)——对中国国民党第六次全国代表大会报告》，《中华民国重要史料初编——对日抗战时期第四编战时建设(三)》，第310—311页。

③《参政员严鍔等七人提案(审四第二十一号)》，国防最高委员会档案，档号003-1210，《战时利得税请明令撤销》。

这项提案送至国府之后，国府认为战后各项复员工作需要经费，实不愿放弃向工商业取得税收的名目。况且，本法在参政会通过时，并不是以“战时利得税”为名，而是以“非常时期过分利得税”为名，当时也有战时利得应可在战后征收的主张。参政会则坚持，这是一项对工商业营收予以双重课税的苛政，民众在战时因爱国情绪而勉强缴纳，如今战争结束，本税即应撤销。

参政会开议期间，各省参议会也纷纷提案免征所利得税和废除利得税。财政部一律批示，国府在设计过分利得税时，用意在应付非常时期的财政支出，兼以平抑物价；现抗战虽已结束，复员仍须巨额财源，加上物价仍继续上涨，此时获有过分利得者，自仍应依法课税。财政部的批示，表明其认为本税应该继续推行的立场。[①] 经过数度协商，财政部与参政会各退一步，财政部同意撤销战时利得税，参政会则通过制定《特种过分利得税法》，将起税点提高至60%，并限定及缩小课税范围，让政府继续向工商业征税，进行战后复员的工作。接着，《特种过分利得税法》制定完成，于1947年1月1日颁布实施，国府明令废止《非常时期过分利得税》，然而在此之前，经过查报应缴纳的利得税税款仍须完纳。[②]

二、战时利得税的评价

战时利得税制定之初，得到舆论的支持，政府与民间均期许此税制不只是单纯地满足开辟财源和充裕战费的财政需求，还有积极实施统制经济，惩治战时发国难财，协助平抑物价与稳定金融，达到安定金融之经济目的。论者以本税实现有钱出钱原则，对暴利者课以重税，以平衡纳税负担，是实行民生主义节制资本的一种过渡办法，在战时实施，更具有增进国民精神教育与加强国家观念的作用。[③]

在社会正义的光环下，国府顺利开征战时利得税。然而，实施之后，陆续显

① 《重庆市商会通知((卅五)商参字第3795号(1946年7月20日)》，重庆市各商业同业公会档案，档号85/712，《关于一九四六年度各项税务和会费、经费及有关税则等》。

② 《行政院函国防最高委员会(节京伍字10092号，1946年8月26日)》，国防最高委员会档案，档号003-1210，《战时利得税请明令撤销》。《重庆市商会通知((卅五)商参字第4939号(1946年12月20日)》。

③ 《加紧稽征过分利得税》，《时事新报》(重庆)，1940年5月14日；段逸珊：《非常时期过分利得税之理论与实际》，第85页。

现许多税制设计的问题，使其赖以护身的社会正义光环失色不少。首先，战时利得税法是根据获利程度来制定的，并未依获利的来源或企业的性质而有所区分，令其税基的公平性大打折扣。就获利的来源应有所区分这一项目而言，政府对正当业者和囤积业者均征收同一等级税率，就受到民间批评，此种轻重不分的作法应予修正。

其次，同是正当经营的企业，因企业性质不同而会有不同获利程度，应该视其性质而有课税等级的差距。时论指出，过分利得税法把公司商号与行栈工厂一律看待，工商两业适用相同的税率。实际上，商业的周转率，本较工业为速，其利润亦较工业为厚，因此应对工商两业各订不同的税率，以符合事实根据。[①]

再次，本税以工商业者及财产租赁者为课税对象，农业地主则免税的做法，也引起批评。在所得税应向财产及土地课征成为共识之后，1942 年 3 月中国国民党召开第五届九中全会时，也随即出现“应将战时利得税课税范围扩大到农业收入方为公允”的提案。提案中叙述，据调查统计，拥有 30 亩以上之地主为全国农民的 30%，但其耕地达全国农地 79%，可知大部分耕地握于小部分地主之手。后方物价飞涨，农产品尤甚，各省地主所得平均指数上增有高至 20 倍者，此种收益乃是因战事所促成。地主得此暴利，生活日趋奢侈，大量囤积剩余米粮，百物上涨皆因米价太贵。如果政府对地主的战时农业所得课以利得税，既可充实战费，又可抑制物价。更何况工商业已开征利得税，对农业过分利得课税，自属公允。[②] 此提案送交财政部，作为 1943 年制定非常时期过分利得税法的参考，然而并未被采纳。同是获得战时暴利，却有不同差别待遇的处置，更令人质疑本法的公平性。

此外，由于起税点和累进比率的设计，营利事业过分利得超过资本额 60% 者，其超过额一律征收至 50% 为止。营利事业获利在资本额数倍以至数十倍以上者，因物价上涨效应而比比皆是，纳税能力大者与纳税能力小者负担同一税

---

① 《所得税的几个问题》，《新华日报》（重庆），1944 年 3 月 10 日。

② 《国防最高委员函行政院（国纪字第 24808 号，1942 年 3 月 16 日）》《王委员秉钧等十二人提案（提案第五十四号）》，国防最高委员会档案，档号 003－1993，《五届九中全会关于参照非常时期过分利得税条例征收地主农业过分利得税》。

率，被批评是优待大额利所得，苛待小额所得。论者也批评，税法对于征属（家庭中有从军人员的纳税户）未予优待规定，对阵亡将士家属的政府抚恤金征收过分利得税，将会影响国人为国尽忠的意愿。此问题在1943年制定的《非常时期过分利得税法》中，取消财产租赁利得纳入过分利得税的范围而获得解决。①

舆论认为，政府在征税之余，应该注意培养税源的工作。国府每称外国的战时过分利得税率均较中国为高，英美各国有达90％至100％者，中国只累进至60％而已，故利得税的负担并不重。殊不知，外国在课以高额战时过分利得税的同时，提供工商界许多相应的补助措施，帮助他们能在战时顺利营运。政府不能只向民间收税，而不付出丝毫培养税基的努力。② 良好的租税政策，除了提供政府必需的财政来源之外，还具有促进生产和改善分配的作用。战时利得税的制定初意，确实是希望达到完善租税的政策目标；然而，本税的实施历程却不得不迁就军事倥偬的现实环境，无法完成租税公平的社会正义目标。舆论对本税遂由拥护转为责难，令这项因应战局而起的税制，在战争结束后立即失去存在的理由。

战时利得税在实施过程中所出现的上述问题，在其他税制上也不难见到类似的场景。由于本税并非是一项单纯为解决财政需求而制定的税制，它更是蕴涵着社会正义的作用，以致会有如此多的意见和批评。总之，国府未能实现本税在制定之初的理想，而以税收的成长为满足，本税遂与一般战时罗掘的财源无异，丧失以租税手段导引社会合理化发展的作用与资格。

小结

战时利得税在制定之初，以取缔暴利的诉求及矫正社会财富不均的正义光环，得到舆论的支持。实施之后，陆续出现许多执行上的问题，官方与民间为此

① 《所得税的几个问题》，《新华日报》（重庆），1944年3月10日；黄季虬：《论现行直接税税率》，《新蜀报》（重庆），1941年3月30日；段逸珊：《非常时期过分利得税之理论与实际》，第89页。

② 《重税富户问题》，《商务日报》（重庆），1944年6月1日。

展开学理与实务的论析，也对此一战时新税制产生不同的评价。借由此税从制定到实施的历程，可以看到比其他直接税更多关于政府政策的形成与民间评论的反应。

整体而言，战时利得税从制定到实施，从地方税到中央税，是国民政府为解决战争所带来的财政危机而做的一项因应措施。国府在规划本税之初，以“条例”为名，视之为暂时性质的法规，后因执行期间税收情况良好，远超过预算额，故在修法时提高其法律位阶为具有常态性质的“法”。同时，国府与民间原先均把本税定位为一项战争时期的临时性税制，但从国府在战争结束后一直不愿将本税取消，而在迫于舆论压力下，不得不将本税废止之际，却又另行制订《特种过分利得税法》的做法看来，向能够快速得到大量收入的工商业界征税，对任何一个政府都是难以抗拒的诱惑。然而，工商业界在战时勉力捐输的热情既已随着战事的结束而消退，国府的打算自然无法得到民众的支持。

政府在战时推动的直接税制改革，就租税法理而论，的确是一项较为完善的租税政策，其功用除了提供政府财政来源外，还兼具有促进生产和改善分配的用意。战时利得税在制定之初，也是希望能够达到完善的租税政策目标。不过，由于国府在设计本税的条文本身有相当大的缺失，许多暴富者拥有逃税空间，失去税制的公平性，加上通货膨胀效应与实施技术问题，让这项具有导引社会合理发展的良好税制，无法发挥其应有的作用。

总之，本税在制定之初的社会正义理想，在现实环境的实施过程中未能充分落实，本税遂与一般战时罗掘的财源无异，丧失以租税手段导引社会合理化发展的作用与资格。抗战结束后，本税被代表民意的国民参政会提案废止，为中国近代直接税制改革历程，留下战时动员民力的一页经验。

第九章　扩大直接税体系：遗产税、印花税与营业税的战时经验

第一节　遗产税的讨论与活动

一、 遗产税的修法规划

在近代中国税制发展历程之中，遗产税向被视为是直接税体系内重要性仅次于所得税的主要税目。从北洋政府时期至国府奠都南京初期，国人引介遗产税的学理时，或从社会公平的角度出发，认为遗产税可以实现赋税平等；或以财政收入着眼，认为此税税源调查及征收手续较为简易，可成为岁收大宗，提供政府作为开办各项业务的行政经费。国府初掌政权，在 1928 年 7 月召开的第一次全国财政会议上，遗产税被视为是宣扬孙中山“节制私人资本”理念的适切工具，会中通过开征遗产税的提案，随即展开筹备工作，后以评估中国尚未具备实施本税的现实条件而宣告中止。及至 1930 年代，直接税受到财经主政者的重视，视为未来战争时期最有希望的财源。于是，遗产税和所得税一样，再度出现在财政

改革的待办名单之中。①

1934年5月，财政部召开第二次全国财政会议，拟办新税以改良中国财政问题，兴办遗产税亦在其列。会议提案指出，遗产税是近代国家收入大宗，各国次第施行，英国遗产税占其年收入9.8%，法国为5.7%，日本也有2%的比重，重要性已不容忽视。以中国人口4亿5,000万，假定每年开征遗产税以6,000万元计算，已占1933年度国家岁入概算的十分之一，对困窘的财政颇有帮助。与会者认为，遗产税受到内在及外在条件的双重制约，以致未能实施。内在因素是各地战乱频仍，东北事变又起，民众颠沛流离，难以举办遗产税的调查登记事宜；外在因素则是，在治外法权尚存的情境下办理遗产税，恐有产业移转外人，或将现款改存外国银行的问题。上述情形与推动所得税时所面对的处境相同，如果要突破困境，必须先办理个人的户籍登记、财产登记和人名登记，建立初步的税籍资料，否则无从着手。②

财政会议结束，财政部同时进行遗产税和所得税的修法工作。所得税在1936年颁布实施，相反地，原先被官方和学界都认为比较单纯易行的遗产税，反而迟迟未能完成立法工作。当时国人以为开办遗产税较为易行的原因，主要是“就租税主体而论，遗产税远较所得税为少。就租税客体而论，遗产税较之所得税易于调查。就征收经费而论，遗产税较之所得税为省”。也就是说，此税初办之时，课征目标的地方富人并不多，税源比较容易调查，政府只要宣传在法律上不保护未经办理注册的遗产，即足以推动遗产税活动。同时，人民各种收入均有相应的租税负担，土地所有者纳田赋，工商企业者纳营业税，房屋所有者纳房捐，公务员纳所得捐，但是遗产继承人所得财产属于偶然利得，却无须缴税，就均衡

---

① 关于遗产税是否应纳入直接税范围，学界有不同意见，有的以“此税负税法所指定的担税人所自付纳的租税”而定之为直接税，有的以此税不具定期性(regularity of recurrence)而定之为间接税。同时，在英美各国的先例，“法律家和法官之以为遗产税为间接税，那是因为遗产税大抵是从印花税出来的缘故，或者是因为遗产税大抵是先由执行遗嘱者或管理遗产者或公证人代付的缘故，或者如美国之中央遗产税是宪法上只准抽取间接税的缘故”。参见李权时：《遗产税理论》，《李权时经济财政论文集》，上海：商务印书馆，1933年，第283页。

② 全国财政会议秘书处编：《第二次全国财政会议汇编》，南京：财政部总务司，1934年，《第四组审查报告》，第278—280页。

租税负担而言，遗产税也应该比所得税先来征收。①

财政部正式开征所得税，乐观宣布，只要顺利推行遗产税，即可完成整个直接税的系统。对于遗产税迟迟无法完成立法程序，官方的解释是，因为当时官方与学界对于遗产税的征收原则，究竟应该采取“总遗产税制”或是“分遗产税制”，彼此立场不同，争论未决，以致条例未能尽速公布。直到全面抗战爆发，遗产税的开征进程不容再缓，国府于是在 1938 年 10 月公布《遗产税暂行条例》，并以简便的行政手续为考虑，采取总遗产税制，至 1939 年底正式完成立法手续，明令定于 1940 年 7 月 1 日起开征。②

依据官方说法，国府的征收理念与学界的主张不同，政府主张“总遗产税制”，民间则坚持“分遗产税制”。为了获取民间的支持，国府并未在战前即制定出遗产税法规。学理上所谓“总遗产税制”，是指只要发生继承遗产的行为，政府计算遗产金额之后，即依照规定比例课征一次遗产税；“分遗产税制”则是在计算遗产金额之后，依照继承人与被继承人之间的亲疏关系，课征区分等级的遗产税。政府出于手续简便的考虑，主张总遗产税制度，学界则认为必须符合各国遗产税先例，采取区分亲疏等级的分遗产税制度，否则不但违反公平原则，更无法达到利用遗产税征收不劳而获的用意。③

官民之间的学理争辩，并不会是阻碍国府制定遗产税法规的主要原因。当时讨论遗产税的论著，对于中国应实行总遗产税制或是分遗产税制，都同意就学理而论，分遗产税要比总遗产税来得公平。但是，如果国家需款孔急，又须达到节制资本，则不妨先实施总遗产税，再徐图转变为分遗产税。④ 1936 年 3 月初，财政部再以实践总理遗教为号召，规划出以总遗产税制为原则的执行方案。行政院命令与此项税制有关的财政部、实业部、内政部和司法行政部等部门，于 3

---

① 童蒙正：《关于我国征收遗产税之意见》，《东方杂志》，卷 33 期 13（1936 年 7 月 1 日），第 73—74 页；金国宝：《中国财政问题》，《中国经济问题之研究》，上海：中华书局，1935 年，第 88 页。财政部负责推动所得税事务的高秉坊在第二次全国财政会议的提案中亦云，遗产税“与贫民丝毫无关”。

② 《十年来之重要财政设施（1937 年 4 月 18 日）》，秦孝仪主编：《革命文献》，第 73 辑，《抗战前国家建设史料——财政方面》，第 118 页；中国国民党中央执行委员会训练委员会编印：《中国战时经济问题》，重庆，1943 年，第 52 页。

③ 朱偰：《推行战时税制与澈底改革财务行政》，《东方杂志》，卷 35 期 7（1938 年 4 月 1 日），第 9 页。

④ 李权时：《遗产税问题》，上海：世界书局，1929 年，第 67 页。

月19日会商与遗产税有关联的户口调查及财产登记等事务的配合事宜。与会机关代表认为，中国的民俗习惯和家庭组织形态与西方各国不同，加上各项配套措施如户籍及财产登记手续亦未臻完备，难以立即举办遗产税。虽然各政府部门均表示在执行上有困难，国府认为这些问题可以在实施后逐渐得到改善，仍然宣布不久即将开征遗产税，而且将实行“总遗产税制”。[①]

对于政策宣示即将实行的“总遗产税制”，国人多能体谅政府“顾及实际情形”的现实考虑。当然，学界为了表达对学术理念的坚持，持续主张若日后推行有成，仍应回归“分遗产税制”方为正当的理念。依据学理，“分遗产税制”不但可以区分继承者与死者的亲疏关系，计算继承人数多寡，也考虑到孤儿嫠妇的特殊情形，提出不同的适用税率，当然合乎公平原则。不过，评论也指出，“总遗产税制”有其长处，其行政较为简便、征收费用较为节省、就总额课税而适用较高税率使国库收入较多，同时也便于稽核，因此较易推行。从以上叙述看来，学界并没有因为坚持税制理念而执意反对政府实施“总遗产税制”。[②]

既然学理的坚持不是问题，那么，阻碍推展遗产税的原因为何？从国府在订定决策之后，与各地方政府的指令回复及往返报告之中可以发现，1936年初各方提出中国实施遗产税的各种困难，仍然不断在各地出现，而且远比想象中的还难以解决。主要的问题是，国人习惯以堂名或别号来登记财产，历经祖传父移，不需要更名或是重新登记，明知有遗产亦颇难进行调查。[③] 关于此问题，早在1934年间，内政部因公布施行《户籍法》及其施行细则，曾要求各省政府依法办理省民的户口及人事数据的登记事务。然而，财赋要地的江苏、浙江、安徽和湖北各省，有的以境内水旱灾情严重，民困财绌而无力登记，有的宣称因划归不稳定区域，纷纷要求暂缓施行《户籍法》。内政部随后又接获军事委员会南昌行营

① 《行政院函司法行政部(第1014号，1936年3月3日)》，司法行政部档案，档号154/290，“本部参加审查遗产税暂行条制”；财政部：《实施所得税遗产税计划案》(南京，1936年，无页码)引孙中山民生主义第一讲的内容，作为提案说明。例如：“多征资本家的所得税遗产税，发达全国的运输和交通事业，以及改良工人的生活和工厂的工作，社会便极有进化，大多数便得享幸福。”“社会之所以有进化，是由于社会上大多数的经济利益相调和，经济利益相调和，就是为大多数谋利益，大多数有利益，社会才有进步。”

② 张景璞：《中国今日征收遗产税问题》，《东方杂志》，卷33期14(1936年7月16日)，第50页。

③ 张景璞：《中国今日征收遗产税问题》，《东方杂志》，卷33期14，第47页。

的电文，指示豫、鄂、皖、湘、闽、浙、苏、赣、陕、甘10省办理保甲户口编查，缓办《户籍法》所规定的户口及人事登记事宜。于是，户籍登记的活动宣告暂停。事隔两年，财政部推动遗产税时，立即面临无案可稽的窘境。①

评论认为，中国私人产业向来缺乏调查，而且从未向政府办理登记，政府必须先解决调查遗产的实务困难，才有实施遗产税的可能性。为了便于调查，政府必须先决定免税额标准，而且不宜定得太低，以免行政庞杂，引发扰民批评。②地方政府因为即将承担遗产税的调查作业，希望比照营业税的模式，交由地方政府来征收，成为地方税的其中一支。然而，财政部则认为，遗产税的性质与所得税一样同属直接税，预期税源丰厚，决定将其纳入国税系统。1935年7月，立法院决议通过财政收支系统法，明定遗产税为中央税。开征之后，中央政府分润15%的收入给省政府，25%给县市政府，理由是本税从估价财产调查、催收税款到防止逃税等事项，均须地方政府协助。③

关于遗产税的分配与使用，各方有不同的意见。民间呼吁应该比照外国遗产税法，以遗产税收入划归教育和慈善机关基金的规定，要求将部分税款移归下级地方政府，作为发展公益事业之用；地方政府则要求在开办之后，提拨部分行政经费；教育部也向行政院要求，以遗产税的部分税收作为普及教育经费。财政部面对各界的要求，均回复以“遗产税款尚未征收，将来如何动用自须统筹办理”的官式文章，始终不愿松口。④ 财政部对于攸关权益的收入分配问题，迟迟没有正面承诺，于是地方政府采取消极态度，遗产税的活动也就为之无形停顿，由此可见，实际的税收分配问题，才是决定的关键。

1938年初，财政部重新规划停顿了将近两年的遗产税活动，在战时财政首重收入的大原则下，仍以先前的总遗产税制理念来制定条文。财政部经过数年

---

①《内政部咨财政部(第1401号，1939年6月13日)》，内政部档案，档号128/226，《财政部为推行遗产税法厉行户籍登记》。

② 蔡次薛：《我国举办遗产税之意义及其立法精神》，《东方杂志》，卷35期24(1938年12月16日)，第13页。

③ 朱博能：《遗产税论》，杭州：正中书局，1940年，第45页；金国宝：《遗产税》，上海：商务印书馆，1937年，第18页。

④ 朱公言：《遗产税原理及实务》，上海：中国著作人出版合作社，1938年，第21页；《教育部呈行政院(总七文第9318号，1939年4月20日)》《财政部函行政院秘书处(8864号，1939年5月17日)》，行政院档案，档号64/46，《全国教育会议议决请速征遗产税案》。

来对国内现实环境的认识，意识到中国初办此税，短期之内很难期望会有太大的挹注效果。学界也指出，依照各国先例，遗产税最初只是一种注册费或是手续费，到了 19 世纪末，才因采用累进率而成为一大税源。①

当《遗产税法》终于在 1939 年底完成立法手续，并宣布将在次年 7 月开征时，财政部为了让法规能够顺利运行，在 1940 年 6 月呈文行政院，以遗产税的征课性质及程序与地方政府有密切关系，例如登记户籍、调查人事变动、评价财产、催收税款，及防止逃税等繁杂业务，应依据《财政收支系统法》的规定，未来遗产税的纯收入将提出 40%分给省市县政府，充作教育经费，其中省政府为 15%，市县政府为 25%。② 这次的新宣示给予地方政府实际的财源，希望能激起地方的配合意愿。然而，各地方政府因战时事务繁杂，对为数不多而且还指定用途的补助款，并没有太大的兴趣，在收到财政部的公文之后，只是虚应故事的敷衍了事。

财政部在 1940 年 7 月开办遗产税时，对外的宣传口号重点是：为长期支持战局，在不增加一般民众负担原则下，筹议举办遗产税。为表示税法之宽，财政部在 1940 年度的预算额提列 200 万元，这个数目是 1934 年拟议开征时，估计一年将有 6,000 万元收入的 3%左右。财政部为顺利开征此税，寻求地方政府在行政作业上的合作，同时，也由于遗产税是因个人死亡而发生财产移转时征课的一项新税制，对于产权归属、查缉逃税与强制执行等案件，皆须商请各地司法机关协助，于是设法聘任当地司法机关的代表，担任各地的遗产评价委员会委员。③ 一时之间，各地出现热烈推行遗产税的动员景象。结果，1940 年度的实收税款数目只有 2,565 元，只完成预算额度的 1%左右。这样的成绩令财政部十分失望，若再回顾战前的估计数目，愈发显示财政部门的评估过分乐观。④

遗产税的征收成绩不理想，官民双方各有不同的检讨。民间评论侧重于课

---

① 朱偰：《推行战时税制与彻底改革财务行政》，《东方杂志》，卷 35 期 7，第 9 页；龚家麟：《我国遗产税暂行条例平议》，《东方杂志》，卷 35 期 23(1938 年 12 月 1 日)，第 29 页。

② 《财政部呈行政院(渝直字第 1906 号，1940 年 6 月 18 日)》，行政院档案，档号 64/329，《遗产税收入分给各省市县暂行办法》。

③ 《财政部咨司法行政部(渝直字第 7438 号，1940 年 7 月 3 日)》，司法行政部档案，档号 151/1092，《协助遗产税通令案》。

④ 姜庆湘：《中国战时济教程》，出版地不详：科学书店，1943 年，第 98 页。

税范围的设计不良，认为直接税署宣称中国遗产税课税范围以“属地主义”为原则，即凡在中国有固定住所而在中国境内发生遗产继承行为，即应纳税，故外国人在中国留有遗产亦应纳税；同时，又以“属人主义”作为补充，即中国人在国外有遗产者亦须纳税。[①] 这样的设计，看似把课税范围的可能性作了最大的扩充，但事实上根本行不通。首先是重复课税的问题，尤其在与外国有关的案件中极易出现，中国若无法取得外国谅解，根本无法向这些遗产税案征税，流于徒法而不能行，反而失去法律尊严。取巧的国人只须撤销国内住所，或将财产逃避国外，即可规避遗产税。再加上依税法规定，三年以上的生前赠与或是财产分析，不纳入遗产税范围，富者只须规划分散财产即可免税，大开逋税之门。学界于是呼吁政府，应同时举办赠与税，弥补税法上的漏洞。[②]

官方的检讨，指向税务单位的执行效率低落，以及各地方政府的消极不配合，使遗产税的推行受到局限。直接税处对于学界所称的税法设计缺失，宣称可以在开征之后得到改善，即使过去并无财产登记可考，只要发生继承事实，临时再加以调查估计亦能生效，同时也进行财产登记，达到要求的成绩。因此，遗产税推展不力，并非出于学理或税制设计的关系，实而是缘于各地方税局并未积极活动，未能普遍打开局面。直接税处在抗战时期的主要业务，集中于所得税与过分利得税的稽征工作，又以进行工商业界的查账为主要业务，这些源于工商活动而且集中于城市的税源，比起散置于乡镇的个人遗产税容易调查，税额较大而且税源亦较广，很容易做出成绩。反之，遗产税的工作耗时费力，却不一定能有所获，难怪各税局纷纷以业务繁重而无法兼顾为由，回报上司的指令。[③]

直接税处对于各地税局的消极应对，发函各分局要求纠正风气，严厉指责其办理遗产税是虚有组织名称，实际无人负责，要求各局主管应对各项税目平均发

---

① 张淼：《中国直接税制度》，金华：国民出版社，1941年，第66页。

② 邓启农：《论中国战时遗产税》，重庆：正中书局，1941年，第24—25页；粟寄沧：《中国租税制度及其改革》，桂林：广西建设研究会，1941年，第94—95页。

③ 四川省训练团讲义：《所得税与遗产税》，出版地不详，1940年，第16页。张淼：《中国直接税制度》，第93页。

展，不能仅专注于有大宗收入的所利得税，使遗产税迟滞推进而影响税制发展。[①] 由于直接税处判断遗产税的实施成绩不良，问题是出在执行单位的工作效率上面，遂以提升执行效率为目标，进行一连串的稽征工作竞赛活动。直接税处从 1942 年开始，下令各分局举办遗产税的稽征工作竞赛，这项活动不久后加入印花税项目，通称为“遗印竞赛”，一直持续到抗战结束。

二、 战时遗产税的推展活动

直接税处为改善各地税局稽征不力的现象，发动“遗印竞赛”。活动内容首先是整顿税局，要求呈送局内负责遗、印二税的人员职位姓名名单。建立负责人员的名册之后，直接税处随即展开预算的分区配额竞赛活动，完成或超过配额者，可依比例得到记功或赏金，未达到目标者则遭到记过处分，迫使直接税各分局在业绩的压力之下动了起来。在遗产税的部分，各地通衢要道出现许多倡导布告，内容不外乎是“抗战正当紧要关头，建国须待分途并进，充裕国库，实为我全民应尽之责任，平日捐助，尚且踊跃输将，况属国家正税，岂可规避义务。遗产所得来自偶然，非亲手缔造可比，在各国俱重加课征，本税税率既轻且微，如尚隐瞒不报，将何以对国家民族，更何以向先人亡者”等文字。同时也发布公告，凡是在 1940 年 7 月 1 日《遗产税暂行条例》公布之后发生的继承事件，财产在 5,000 元以上者，纳税义务人均应于十日内到指定地点领取表格填报，若逾限不报，一经发觉或密报查实，即依法罚办。[②]

在抗战后期，国府对于直接税的主要税目，如所得税与战时利得税，采取简化稽征方式，但此方式并不适用遗产税，各税局以其“性质特殊”，维持查征作法。[③] 遗产税在行政竞赛之下，确实有明显的成长，不过税政主管对其成绩并不满意，尤其直接税处是在 1944 年 4 月间升格为署，势须承担较过去更多的税额

---

① 《财政部川康直接税局代电（直印字第 1002 号，1942 年 4 月 20 日）》，重庆市直接税局档案，档号 273/913，《关于遗产税稽征工作竞赛办法、规定及办理征免等有关问题的函件》。

② 《财政部川康直接税局重庆分局通告（1943 年 1 月 29 日）》，重庆市直接税局档案，档号 273/913，《关于遗产税稽征工作竞赛办法、规定及办理征免等有关问题的函件》。

③ 《财政部宁绥税务管理局代电直接税署（直税一字第 575 号，1944 年 12 月 9 日）》，直接税署档案，档号 337/3243，《查禁包征》。

责任。为增加税收，直接税署发出电文给各地税局，提高 1944 年度的标准。对于各地税局报告查征工作的困难，例如户口与财产素无翔实调查与登记、死亡事例缺乏确实报告，评价委员会不易召集开会等理由，直接税署作出批示：这些问题固然都是事实，但税务工作者必须在困难环境中谋求解决之道。直接税署进而要求各税局，应该在每一个个案中摸索解决方法，多方探询，不断累积数据。由于此税的税源目标容易查寻，只要各级工作人员奋力推行，不难达到预期限度，工作自可顺利开展。①

至 1945 年间，“遗印竞赛”虽仍于各地热烈进行，一些地方税局报告当地推行困难，财政部也只好宽予处置。例如，邻近中共边区的陕晋税务管理局洛川直接税分局，在此年 4 月呈报，因辖区邻近边区，环境特殊而推行不易；又如，湖南税务管理局益阳直接税征收局在 5 月初呈报，税局受到战事影响而不断搬迁，完全没有征纳单位，难以推行遗产死亡的查征工作。对于这两件报告，财政部均准予备查。② 财政部深知，在严峻的现实条件之下，竞赛的赏罚亦无法让税务人员完成任务。

税政主管机关除了运用竞赛活动，来激励税局的工作意愿之外，另一项提振开征成绩的手段，就是透过密报的管道，以发给奖金的方式，吸引民众检举当地的逃漏税案件。早在 1938 年底，《遗产税暂行条例》仍处于讨论阶段，舆论即提到运用检举给奖的方式，配合申报与查核的作业。财政部认为，遗产税属于直接税体系，应以纳税义务人自行申报为原则，税务机关加以主动查核，告密只能作为防弊的补充手段，不必大张旗鼓地宣传奖励，以免引发民众反感。③ 在进行公开倡导遗产税制度时，政府侧重于激发民众的爱国情操及道德意识，而在执行的阶段，则仰赖于税务人员的主动与认真查核。

经过一段时日，税政机关考核遗产税的实际工作状况，发觉不论是激发民众

---

① 《财政部川康直接税局重庆分局代电各税局（渝遗字第 60 号，1944 年 5 月 17 日）》，重庆市直接税局档案，档号 273/913，《关于遗产税稽征工作竞赛办法、规定及办理征免等有关问题的函件》。

② 《陕晋税务管理局洛川直接税分局代电财政部（洛华税字第 305 号，1945 年 4 月 11 日）》、湖南税务管理局益阳直接税征收局呈财政部（铭税字第 1399 号，1945 年 5 月 2 日），直接税署档案，档号 337/3196，《遗印竞赛报告》。

③ 龚家麟：《我国遗产税暂行条例平议》，《东方杂志》，卷 35 期 23（1938 年 12 月 1 日），第 37 页。

的爱国情操，或是税务人员的努力查核，效果都不如民众密告来得迅速有效。因为民众在密告时，必须清楚提举出逃漏税者的正确居处及财产情况，透过这些知情者所提供的情报，税务部门掌握信息，课征高额税款，进而完成分配的税负额度。尤其是在抗日战争结束之后，许多富有财产者纷纷迁回收复区，对大后方税局发出的缴税通知置之不理。税局在抗战后期所建立的数据，也因为时势变化而形同废纸，对欠缴或逃税者均无从追讨，只有仰赖密告提供具体线索。

告密确实发挥了发掘税源的作用，然而各地税局因地制宜、漫无标准的给奖方式，一再招致批评。于是，财政部决定统一混乱的给奖办法，于 1946 年 10 月 14 日颁布《财政部遗产税告密给奖办法》，重点包括：凡遗产纳税义务人或报告人未遵定时间，即继承之日起两个月内，报告死亡事实及提出遗产清册，或隐匿遗产意图逃税者，告密人得向直接税征收机关书面报告（第二条）。告密奖金数额，以所漏应纳税额 5%为准，且无最高限制（第四条）。告密奖金由征收机关于纳税义务人缴纳税款时，通知告密人具领（第五条）。[①] 在战争结束前后的数年之间，不论是在大后方或是收复区，官方对遗产税的正式查核工作，与来自民间的告密行为，共同成为办理税案的常态模式。

从 1947 年到 1948 年间，国民政府的遗产税实施区域，由抗战时期的西南大后方移至东南收复区，征收活动维持先前的主动查核与接受告密的模式。由于遗产税是在抗战时期，由国民政府在大后方勉强推行的新税，对收复区的行政机关和居民而言，都是一项新的税政。财政部认为，为了能够在收复区顺利推动遗产税，应该与内政与地政机关合作，搜集户籍与地籍数据，建立完整档案的前置作业；同时也应加强宣传工作，让遗产税在收复区生根。在内战的紧张局势之中，财政部把过去在大后方推展遗产税的做法，陆续照搬到收复区来实施。再者，国人遗产税案主要以不动产为主，财政部争取地政署的合作，请其在碰到遗产税案时，提供各地区地价情报，协助税务经办人员进行不动产价值的鉴别与估价工作。同时，也请求地政署命令各地政机关，日后在办理因继承而移转土地所

① 《财政部遗产税告密给奖办法（1946 年 10 月 14 日财政部京直二第 3179 号训令公布）》，财政部档案（台北），档号 251/505，《上海区直接税局遗产税计划》；陈孟坚：《新遗产税法之检讨》，《广东直接税导报》，卷 2 期 1（1947 年 1 月 15 日），第 11 页。

有权的登记时，先查验申请人是否已经持有遗产税缴纳或免纳证书，如果不能提出此项证书者即为漏税户，请其将资料通知当地遗产税稽征机关。[①] 除了地政机关外，财政部也商请司法行政部、卫生部和各省市政府等机关，请其协助搜集资料，并派出所属税务人员到各地调查人口死亡单位及财产数据。在其他的行政机关看来，财政部的各项要求，根本是加重负担之举，配合的意愿极低。各地税局人员虽然奉令前往各行政机关，洽商提供遗产税的数据，却只得到"未奉层峰明令"的回复，于是不得不回报"办理甚感困难"。[②]

财政部检讨抗战结束后在收复区进行的遗产税成果时，认为社会客观条件未能配合，故此税开征七载而绩效仍未大彰。各地税局为了让民众能够接受遗产税的理念，须加强宣传工作，开拓社会条件。此时的宣传手法，是在各地张贴简单的口号式标语，其中以下列各条最为常见："君子耻借荫余，志士贵能自立。继承遗产，赶快报税。""征收遗产税可以消弭社会财富集中之畸形现象。""遗产税是现代最公平合理的税制。""征收遗产税，可以鼓励勤劳，消灭惰性。""缴纳遗产税，国家保障其继承权利。""遗产税以百分之三十分拨地方，举办公共事业，纳税即系实现先人乐善之遗志。""隐匿遗产，人人可以举发，举发者可得税额百分之五的奖励金。""逾期不报或滞纳遗产税，要受一倍到三倍罚款的处罚，法院要扣押财产拍卖抵偿。""逃避遗产税是国民最大的耻辱，而且耻及先人。"[③]从标语的内容看来，劝告与警示性质均有。此时的宣传工作，在鼓励密告的部分多所着墨。以重庆的经验为例，重庆直接税局除了在通衢小巷广为张贴标语之外，还在报纸及杂志上刊登遗产税的告密办法及补充办法，并制造玻璃版送到电影院中放映，同时在各地张贴简化发给奖金手续的公告，以奖励民众告密。1948 年的前三个月，重庆直接税局就收到告密案件 100 余件，意图逃税者受到社会上的无

① 《财政部函地政署(京直贰字第 17742 号，1947 年 1 月 10 日)》《财政部函地政部(京直贰字第 34786 号，1947 年 5 月 17 日)》，内政部档案，档号 125/2236，《财部通知所属地政机关协助直接税机关》。

② 《财政部指令上海直接税局(指令 15641 号，1947 年 6 月 21 日)》《上海直接税局呈财政部(沪直四字第 3442 号，1947 年 6 月)》，财政部档案(台北)，档号 248/650(1)，《上海区、东北区各机关协助稽征遗产税》。

③ 《财政部函内政部，(京直贰字第 27639 号，1947 年 3 月 27 日)》，内政部档案，档号 129/123，《遗产税宣传事宜》。

形压力，自动报缴者比起往年来得踊跃。[1]

财政部并不希望各地直接税税局以告密作为查征遗产税的主要手段，与内政部协商，希望各县市政府命令乡镇公所，在人口死亡登记表上注明遗产时值，按月汇送遗产税征收机关，以便建立各地的遗产案件数据库。内政部回复，现行户籍法及登记书上的项目，并无必须登记财产的规定，如果要求人民在申请死亡登记时，必须加注遗产价值，为求符合实情，必须派员调查，在人力不足的情况下，反而影响户籍登记的工作。因此，内政部只承诺，如果财政部需要人民的死亡登记资料，可以随时与当地户籍机关联系，其余如调查及估价遗产的事务，仍须由财政部自己负责。经历多番文电往返之后，还是回到财政部办税的模式。[2]

到了1948年底，财政部发出通电给各稽征机关，指示办理遗产税开征活动的各项原则。这份电文的指示相当详尽，然而因为国共内战的紧张局势而未及付诸实施。在此，可以将之视为财政部在总结战时数年的办税经验之后，对于未来继续推动遗产税时，提供一份具体的施政蓝图。依这份指示内容，财政部要求税局每月派员赴主管户籍或卫生机关（如各市警察局、民政局、卫生局）及医院、殡仪馆、寿材店等处，搜集人口死亡资料，作为调查课征依据；同时，税局也应与当地地政、契税、田赋及房捐等有关机关妥为联系，随时取得有关财产登记资料，以利稽征。为了争取地方行政部门的协助，应宣传遗产税为国地共分税，今后拨给地方成数可能再予提高。此外，遗产税告密给奖的措施可以补助调查工作之不足，此时仍应配合实施。[3] 从以上的指示看来，国府税务人员，在经历战时推展税务的经验之后，对于征税的行政技巧已经可以掌握，甚至可以说是相当熟练。

民国直接税业务之中，收入大宗的所得税和过分利得税的大部分税基出自于工商业者，相对而言，遗产税则是不折不扣、税及个人的“直接税”。关于所利

---

① 《重庆直接税局呈直接税署（廉二发字1073号，1948年4月19日）》，财政部档案（台北），档号251/508，《重庆区直接税局遗产税计划》。

② 《台湾省政府代电内政部（参柒未世府纲丁字第61011号，1948年9月11日）》，内政部档案，档号128/580，《遗产税应由遗产税征收机关办理》。

③ 《财政部关于遗产税稽征机构应办事项的代电（1948年10月8日）》，《中华民国工商税收史料选编》，第四辑，1269。

得税的课征，战时国府曾经利用商会的组织及摊派的手段，来完成税额目标。但是，在遗产税上，财政部不论是透过主动征集，还是接受告密的手段，都必须做到深入地方去建立个人的税籍与税务资料，才能落实税政的要求。就这一点而言，遗产税的收入占国府的岁收比例虽然极为微小，从中央到地方政权机构，却透过遗产税的课征活动，试图把管理力量下伸到地方，甚至及于个人。

第二节　印花税纳入直接税体系的活动

一、抗战前期印花税的实施概况

印花税是中国直接税体系之中最早被引入实施者，此税在民国初年实施，先于1911年10月颁布《印花税法》13条，稍后在1914年12月修正，1915年1月公布修正《关于人事证凭贴用印花条例》，完成立法的程序。北洋政府时期，印花税虽屡遭商民反对，每年仍约有300万元左右收入，成为军阀少数能够支配的财源之一。在国民政府完成北伐与掌握政权以后，承袭北洋时期印花税的实施框架，并且把北洋时期各省纷杂的印花税法加以汇整，于1927年8月由中央政治会议第119次会议，议决国民政府财政部《印花税暂行条例》9条，并于是年11月通行各省照办，继续在各地开征印花税。在第一次全国财政会议期间，国府官员及各界代表讨论印花税的征收技术，改进中央掌握权力等事务，后又在1935年与1936年经过两次修正，命令各地方政府矫正摊派之风，不得招商包征或勒征。①

大体而论，印花的贴用，除了作为货品的完税证明之外，以商业账簿收据为最大的销售用途。至于个人使用的人事凭证，如毕业证书、婚书、执业证照或是游历证照等，使用额度远不能与商业用途相比。国民政府主政前期，财政部专门设置印花税处来处理税务。1930年裁厘改办统税之后，由于许多纳入统税系统的货品均须粘贴印花，作为完税凭证，尤以卷烟和酒类等物资为大宗，于是另设

---

① 鲍亦荣：《近六十年来我国租税制度》，台北：大同书局，1970年，第11页。

印花烟酒税处经办此项业务。后又在 1932 年 7 月撤销印花烟酒税处，由各统管物资的相关税局来负责印花贴售事宜。

曾有论者以印花税在税政学理上有它的独特性，若根据其使用方式与用途性质，可以在税政分类上，于直接税与间接税之外，另外增辟一项"行为税"，方为妥洽。就个人在其凭证上贴用印花而言，这是属于个人直接负担的直接税；但是，若商品因须贴用印花而提高售价，则税负实已转嫁给消费者，如此又应属于间接税。因此，不妨以此税是因为执行某项行为，或是购买某项专门商品而产生，另列"行为税"。① 民国时税务庞杂，不论政府或是人民，对于税政学理并无太多的理解或是认识，甚至可以说，人民对于学者津津讨论的税务性质分类的各式论述，其实并不感到兴趣。财政部也认为，印花税在初入中国时，是以个人凭证及商业文书账簿作为课税标的物，日后虽然加入商品完税凭证的性质，仍应维持其最初的分类；或者，不必强加学理分类而只要能够实施收税，也未尝不可。于是，印花税在国民政府由税务署负责开征事务的时期内，并没有依附在直接税或是间接税的税政体系之下，而是与关税、盐税、统税和所得税四项税目并列，成为国民政府的五项国税，在各地以独立姿态广为推行。

印花税得到国府的注意，是在 1934 年第二次全国财政会议结束之后。印花税在这次会议的结果中，成为抵补裁废苛捐杂税的一个重要税目（参见本书第五章第三节相关叙述）。依照规定，原为中央收入的印花税，以一成归省或直隶行政院的市政府，三成归县，二成归边疆贫瘠省份，作为准备抵补之用，命令各省即刻将经征印花税款，统交由财政部，作为分拨之用。② 财政部长孔祥熙在事后说，中央政府为达到财政中央化的目标，同时减轻人民负担，势必要废除苛捐杂税。要让地方政府愿意放弃这些税目，中央政府必须相对付出一些税收作为交换。拿出六成的印花税税收作为补偿，是他所做的决定。他认为，像印花税这样

---

① 张弧在其"北京法政专门学校讲演"（1922 年 2 月 24 日）中提到直接税、间接税和行为税的三种分法，并将印花税列于行为税之中，并且提出"默察各国趋势，必至直接税与间接税相辅而行，以行为税介于二者间为之调济"的论断。参见财政部档案（南京），档号 1027/860，《关于租税问题之讲稿》。

② 财政部地方财政司编：《十年来之地方财政》，重庆：中央信托局印制处印，1943 年，第 24 页；《财政部呈行政院（1934 年 9 月 6 日）》，《税务公报》，卷 3 期 3（1934 年 9 月），近代中国史料丛刊三编，第 62 辑公牍印花税，台北：文海出版社，1991 年，第 55 页。

的税收，本身是中央政府所拥有的税目，而又能够拨给地方使用，惟有使用这样的方式，才能把地方和中央结合起来，成为未来准备战时财政的基础。①

进入抗战时期，国府为增加税入，普遍调高各项国税税率，并调整国税项目，补充地方的税收比例，印花税亦不例外。② 1937年10月，修订《非常时期征收印花税暂行条例》，作为提高原法定税率的法源基础。同时，财政部也编印了一册《非常时期商民对于税花印应有之认识》，在各地发送，倡导商民依法粘贴印花与正当缴税。本书主要内容在宣传进入非常时期的印花税税务，根据新修订法规，漏税案件不论其行为是故意或过失，只要一经检获就至少罚金5元；各地的检查较战前更为严密，商民如有短漏印花情事，不只损失金钱，同时将扣留营业凭证，营业将大受窒碍。商民若揭下使用过的印花涂改使用，还须受徒刑及罚金处分。③

印花税的宣传效果因发送范围实在太小，远不能达成其预定需求。1939年2月初，财政部川康区税务局发函给税务署，以其先前核发2,000册的《非常时期商民对于税花印应有之认识》根本不够发放，要求再补送2,000份。从川康区税务局转述税务署公函可知，税务署发出2,000册宣传手册，要求各税局酌量县市大小来分配，转发给县市商会散发商民备阅，并令其广为宣传。但是，川、康两省幅员辽阔，仅四川一省即辖有148县，如果2,000册都发放在四川境内，平均每县仅得13本，而重庆、成都两市及西康省各县还不算在内。不禁令人怀疑，分发小册子究竟能够达到多少宣传效果。④ 印花税在抗战前期的税收成绩不佳，财政部决定将其划归到直接税体系之内，加以整顿。

二、直接税体系兼办下的印花税税务

1940年6月，财政部为了调整税政体系，同时也为了统核各项税款的支用

---

① The Reminiscences of K'ung Hsiang-hsi (As Told to Juila Lien-ying How, February 10 to June 10, 1958, Rare Book & Manuscript Library, Columbia University), p. 89.

② 国府在抗战时期调整国税补助地方的税目，主要包括印花税（调整为30%）、遗产税（25%）和营业税（30%—50%）。参见《财政收支系统实施纲要（1942年1月18日）》，重庆市档案馆编：《抗日战争时期国民政府经济法规》，北京：档案出版社，1992年，第335页。

③ 中国国民党中央执行委员会训练委员会编印：《中国战时经济问题》，重庆，1943年，第53页；《非常时期商民对于税花印应有之认识》，税务署档案，档号340(9)/915，《非常时期商民对于税花印应有之认识》。

④《财政部川康区税务局呈税务署（乐审字第468号，1939年2月13日）》，税务署档案，档号340(9)/915，《非常时期商民对于税花印应有之认识》。

状况，借直接税处成立的契机，令直接税处接办印花税事务。此后，印花税的实施进入直接税体系。

直接税处从税务署手上接办印花税，就直接税处的机关本位而言，兴办所得税、过分利得税及遗产税，是学理上明文有据的直接税，但印花税不能算是直接税体系中的成员，故在其官方文书中称“兼办印花税”。至于此税为何交给直接税处来承办，官方的说词是：直接税的征收机关到1940年时已经相当普遍，加上直接税征课调查的对象就是商人簿据凭证，这些文件又是印花税的最大税源，既然直接税处的业务之中本来就有稽查商业簿据凭证的项目，为了精简业务，印花税即可交直接税处来接办。直接税处在公开文书中明言“印花税虽非直接税”，明显流露出直接税税务工作者的优越意识，并且还有“接办后收入较上年度增一倍”一语，暗讽印花税征收工作在税务署时代表现不佳，这让原来任职税务署的人员颇为不满。一般论著虽然不像直接税处把印花税视为外来的负担，但也认为，财政部是出于稽征的考虑，才把印花税改归在直接税体系之内。①

直接税处接办印花税之后，主要进行的整顿业务包括“补充存花”（即当时大后方各地普遍缺乏印花税税票，须加以印送）及加强检查两方面。前项由中央信托局在后方大量印制，定时定量分派各地贴用，同时也制定《检查印花补充办法》，命令各县市负责检查印花的人员严格执行，及时通知补充印花。后项则制定《印花检查考成办法》，视税务人员稽查逃漏印花税的成绩高下，分别予以奖惩。② 直接税处认为，此时人民仍未养成依法纳税习惯，时见漏贴税票，故应加强检查，以维护税收为工作重点。其中，各县政府及警察局因法规明令有检查专责，每月应指派警察二人，在商业繁盛区域负责检查商家簿据贴用印花的情形，但须遵守法律，不得滋扰商民。③

---

① 张淼：《中国直接税制度》，金华：国民出版社，1941年，第144页；财政部直接税处编：《八年来之直接税》，重庆：中央信托局印制处印，1943年，第13页；徐日清：《直接税实务概要》，上海：中国文化服务社，1948年，第81页。

② 中国国民党中央执行委员会训练委员会编印：《中国战时经济问题》，重庆，1943年，第53页。

③ 林蔚人：《印花税之沿革》，南京金陵大学文学院编：《经济财政论丛》，成都：南京金陵大学文学院政治经济系，1940年12月，第9页。

税局经常透过地方商会的力量来推销印花，这不免令人有与商民讨价还价，一如往昔包税制度的印象。报章杂志上时见狡黠商民伪称，业已获得印花税的包税权，私自向人民征收税款的报道。各税局也陆续查获数起假冒商会包税名义，而向商民收税的事例。主持税务工作的直接税处人员，费尽唇舌到处解释，把印花交给商会代销并不是包税之举。但是，对民众来说，代销和包税这两件事没有多大的差别。如果真要说有什么差别的话，国民政府的商会代销比起过去的包税制度，增加了一些强制命令与任务分派的性质，相对地减少了一些交易与报酬的成分。这次国民政府并不像过去军阀时代一样张贴布告，明文招商包税，以及给予抽成报酬；这次税局也不是把所有的印花交给特定的个人或是商店去经销，而是交给各同业商会分派到所属的会员店家。对于被迫购买印花的商民来说，结果都一样是分派认销。直接税局对于商民的反应，也只能以“一般商民对包税制度印象过深”一语来聊充解释。①

为了推广印花税销量，财政部中有人提出建议，仿效邮局把邮票直接印在明信片上的办法，将印有印花税票的结婚证书，交给邮局定价发售。这项建议送到直接税处后，认为现行《民法》上并未明文规定人民结婚必须订立婚书，此法难以推行；如果勉强实施，反而增加额外业务，妨碍正常税务工作。在此之前，财政部也曾经制印上有印花税票的单据用纸，在重庆及江西等地试办，亦未见成效。于是，此建议最后不了了之。②

在抗战后期，直接税处鉴于印花税和遗产税这两项税目是经办业务之中成绩最差者，展开“遗印竞赛”，以达成分配预算额度的成绩而决定奖惩。在印花税方面，各地税局收到公函后，多以委托商会代为销售的方法，勉强完成预算。③

① 《直接税署代电财政部(渝视发字第2128号，1944年9月28日)》，直接税署档案，档号337/3243，《查禁包征》。

② 《直接税处陈述财政部长官会议所议直接税诸问题办理情形致财政部秘书处函(1943年5月12日)》，《中华民国工商税收史料选编》，第四辑，第53页；关于在结婚证书上加印印花后交给邮局出售的建议，在1940年间已经出现，前引林蔚人著《印花税之沿革》一文，即曾简略提到类似的做法。不过，财政部官员将其纳为正式议案，则应在1943年间，所以才有直接税处的正式回复。

③ 《财政部宁绥税务管理局代电直接税署(直税一字第575号，1944年12月9日)》，直接税署档案，档号337/3243，《查禁包征》。

印花税的绝大部分收入必须仰赖商业活动，当1944年至1945年间，日本对大后方加强军事活动或进行封锁时，商业贸易立即受到严重影响。各地税局纷纷呈报时局困难，税政机关亦无法要求其达成预算。例如，1945年初，广西税局呈报，由于日军发动一号作战，广西邻近沦陷区人心惶惶，经商交易一落千丈，加上桂林、柳州、梧州、南宁等地相继沦陷，交通断绝，行商货运随之停滞，印花税源锐减。广西税局在1944年上半年印花税每月均达35万元以上，主要收入以行商发货票上所贴用的印花税票为大宗，因时局不稳而收入锐减，税局虽加紧抽查稽核，每月收入仅8万元之谱，前后大相悬殊，统计1944年收入仅达原预算六成以上，此为时局使然而非人力所能补救。① 像上述报告所称，能够达成六成预算的税局，在西南各省中已经算是相当好的成绩，部分税局还因战事而中断了课征活动，税政机关亦无法继续进行竞赛，课征印花税的活动遂无形中止。②

抗日战争结束后，印花税仍然留在直接税体系之内，后又随着直接税署业务整并为国税署，再度以国税名义在全国推行。1946年间，印花税回到睽违数年的收复区，财政部向各地税局颁布应收税额的预算数目，透过各地的工业协会和商会推行分级课税活动。开办之后，税务人员抱怨，收复区商民受伪政权多年统治，对国府法令与租税义务"形同秦人视越人"。各地税局把工作重点放在商界的发货票、银钱货物收据及账单三项，派出外勤人员进行普查或抽查，宣传人民在买卖货物及收付款项时，开具发票收据，同时也配合告密措施，冀以提振税收成果。③

印花税在经历战时直接税体系的收编活动之后，其税收成绩及税政评价，自此依附于直接税之内，成为其中的一个环节。因此，复员时期发生在直接税体系诸税的稽征问题，由于负责机关与税务人员来自同一来源，在印花税项目也出现类似状况，成为国府税政的共同问题。

---

① 《黄卓芳报告(1945年3月20日)》，直接税署档案，档号337/3196，《遗印竞赛报告》。

② 国家税务总局主编：《中华民国工商税收史：直接税卷》，北京：中国财政经济出版社，1996年，第366页。

③ 《天津市政府训令财政局(丙秘贰字第4396号，1946年7月27日)》，天津市政府档案，档号J2-3-1756，《印花税(1946—1947年)》；马弘绪：《三十五年度广州分局业务概况》，《广东直接税导报》，卷2期1(1947年1月15日)，第14页；杨亨华：《我国现行印花税制度》，《广东直接税导报》，卷2期1，第9页。

第三节　营业税纳入战时直接税体系的活动

一、抗战时期直接税处接办营业税的讨论

抗战时期，营业税是另一项被国府以行政命令纳入直接税体系的税目，本书前已于第六章第五节叙述国府的政策考虑。对于直接税的主事者而言，营业税和印花税一样，严格说来都不能包括在直接税体系之内，因此，站在本位立场，对此二税的说法是“兼办印花税”和“接办营业税”。其中，印花税有一部分是属于个人必须直接承担的税负，营业税的性质则纯粹是商业税，在程序上属于可以转嫁的间接税，只是因为直接税处在业务上对工商厂家有查账作业的方便，才交由兼办和接办。①

国府筹备推行所得税之初，曾有评论认为，工商业界税目已经过多，在营利事业所得税部分，又与营业税的征课对象重复。而且，就学理而言，营业税直接归诸营利者来负担，从当时习见的“不能转嫁”作为直接税的标准的话，营业税本身其实已经具备了直接税的性质，故建议政府考虑合并征收，以简手续。② 不过，就现实层面而言，国府早已决定将营业税归地方征收，若又与所得税合并开征，地方政府将认为中央强夺财源。财政部考虑到地方的可能反应，于是，营业税与所得税并征之议并未被采纳。

裁厘之后实际推行的营业税，因执行过程中缺乏调查店家实际营运数据，只好利用地方商会分摊的方式，再转变成为定额分派。如此一来，由店家缴纳的营业税，势将税负转嫁于消费者。论者批评，中国实施的营业税，调查技术不良，缺乏税务人才，完全不顾能力原则，事实上推行的是“贩卖税”（sales tax）。还有学者认为，营业税到了中国连“贩卖税”都不能算，因为“贩卖税”至少还要调查要调

---

① 高秉坊：《中国直接税的成长》，重庆：财政部直接税处经济研究室，1943 年，第 17 页。

② 王丕烈：《所得税与营业税并征问题》，《银行周报》，卷 21 期 28（1937 年 7 月 20 日），第 8 页。

查实际的营收状况，中国则实施定额分派，故只能称之为“商铺捐”，这样的营业税，很难和标榜合理公平的直接税制度联想在一起。[①] 就现实层面而言，国府早已决定营业税归地方征收，若又与所得税合并开征，地方政府将认为中央强夺财源。财政部考虑到地方的可能反应，于是，营业税与所得税并征之议并未被采纳。国府虽因考虑地方税源问题，此时并未对营业税与所得税办理合并征收，但二税都在争夺同一个税源，彼长则此消而产生排挤效用，政府早晚都要处理税源重叠的问题。事实上，所得税全面施行之后，各省营业税即受到影响而收入顿减。中央政府与地方政府对于财源的分配与掌握，成为决定营业税是否纳入直接税体系的焦点。[②]

1940 年 6 月，直接税处顺利接办工商业重要的税入来源印花税之后，有了这次的成功经验，让财政部对扩充直接税体系的做法更具信心。既然被视为不属纯粹直接税的印花税，可以因为税制设计上具有部分的直接税成分，以及因为直接税在行政上有调查工商账簿与掌握税源的方便，与印花税在稽征过程中有类似条件的营业税，自然成为下一个被整合的目标。于是，财政部再于 1941 年 5 月，透过“改订财政收支系统以划分国家及自治财政案”的提案，一方面把田赋透过征实的形态，收归财政部接手；另一方面，则把一向被列为地方税的营业税，划归由直接税处接办，全面体现出财政中央集权的强烈企图。

在确定营业税与隶属直接税系统的所得税即将合办之后，评论指出，此项改革可以提高税政效率。营利事业所得税和营业税的税源重复，中央与地方各自设局征收，在税务行政上极不经济。至于具体的合办方式，学界建议把营业税改为中央税，纳入所得税系统，与营利事业所得税合并征收，由中央政府依据各省原有营业税收入与经济情形，酌予补助短缺经费，达到税制简化与减少征收费用

---

① 王丕烈：《所得税与营业税并征问题》，第 8 页；权时：《各国营业税近状》，《银行周报》，卷 21 期 42(1937 年 10 月 19 日)，第 11 页；田文彬：《抗战期中我国所得税法应有之改革》，《东方杂志》，卷 35 期 10(1938 年 5 月 16 日)，第 15 页。

② 李权时：《税制新论》，《财政评论》，卷 2 期 2(1939 年 8 月)，第 8—10 页；此文分析所得税与营业税的差异：所得税系属能力税系统，而营业税则系属享益税系统，前者为国家税，后者为地方税。前者系根据纳税义务人纳税能力之多寡，比例的或累进的，向国家尽其分摊公共经费之义务；后者系根据纳税义务人享受地方政府保护之轻重，累进的或比例的，向地方尽其分摊公共经费之义务。

的效果。①

直接税处奉令接办营业税，提出“人事不动、比额不短、事权划清、税款纳库”的四大原则，但在正式接收1,449个营业税机构局所之后，立即裁并为815局所。根据1942年的统计，原直接税的工作人员为2,269人，被接收的营业税人员为10,455人，人数是直接税人员的4.6倍。经过裁汰之后，任职于直接税处的总人数增加为12,592人，其中包括由营业税处转任者为7,736人。事实上，直接税处在接办营业税半内之内，以学历及绩效等原因裁汰掉原营业税人员2,719人，同时增聘2,587人，几乎和被裁撤者相等。也就是说，直接税处总人数12,592人之中，属于直接税原体系者，由原来的2,269人增加为4,856人，约占总数的四成；属于原营业税系统者，在职人数则有减无增，而且裁汰工作还在持续进行。直接税处把经过自己考训的人员视为嫡系部队，对于原营业税人员不免抱有轻视和偏见，并在战时关于接办营业税言论中明显地呈现出来。对于这项变革，连部分直接税处人员也都认为这种“以小吃大”的模式，将使被接办的营业税人员心生不平，不利于税政的正常发展。②

原营业税人员对直接税处人员流露的优越感，虽然内心不悦，但既被整并，只好承受。两税人马在同一机关，不断相互攻讦，影响税政的正常运行。财政部也注意到两税人员之间的不和谐，以支持直接税为原则，极力加以调解。孔祥熙在1942年底，回顾此年内营业税接办的经过和成果时，提到：

> 自关税自主、裁废厘金以后，各地方兴办一种营业税，以抵补收支之不足。当时因为裁废的税捐，多半属于地方收入，所以将营业税交由各省征收，以资抵补。自八中全会决议改进财政收支系统，凡属国家财政系统之税收，均由中央接管，接管各项租税之中，除田赋一项已由本部接办征实外，其余税收中之收数最大、税源最普遍者就是营业税。因为营业税的课征，以营业额为标准，与所得税中的营利事业所得税同一对象，性质相近，故将营业

---

① 粟寄沧：《中国租税制度及其改革》，桂林：广西建设研究会，1941年，第213—214页。

② 直接税署：《中央接管后之营业税》，南京，1946年6月，第1—3页；包超时：《中央接管营业税之经过及一年来整顿之概况》，《直接税月报》，卷2期4、5、6合编(1942年6月1日)，第39页。

> 税交由直接税征收机关接办，合并征收。此项工作，就表面看，似乎简而易举，但实际检讨，却甚艰巨。因为营业税在各省办理已有十年历史，一旦收归本部接办，当然各省当局及其主管人员咸能明了中央政策，翊赞成功。但其以下人员中之较上乘者为维持固有地位，其下乘者要维持其不法利益，难免从中挑拨播弄，阻挠中央大计之推行。其次，各省过去征收办法不一，人员参差不齐，种种困难，都是意中之事。但接收经过的事实，各省地方之协助无不备至，以前之顾虑一扫无余，一切尚称顺利。①

孔祥熙以“一切尚称顺利”，将中央政府取得地方大税时引起的反弹，轻轻一语带过，但知其事者均知其间委实包含着众多难以公开陈述的人事纠葛。

直接税主事者对营业税的排斥态度，在财政部高层的调和之下，至少在公开场合中，需要对上级表示已经改善双方的紧张情况。直接税署署长高秉坊在1944年9月11日召开的直接税夏令业务讲习会上，宣扬中央接办营业税，不仅裨益战时财政，而且也符合地方权益。至于论者每以营业税和营利事业所得税，二者均以工商业者为课征对象，是否造成重复课征问题，高秉坊规划把营业税作为第一类所得税的一种预缴税款，解决重复之弊。具体的步骤，所得税每年算一次，营业税是按月缴纳，年底核算所得税时，扣除已缴营业税。如此一来，商号平时缴纳营业税可说是所得税的预缴，没有缴营业税，自然无所谓复税问题。② 这次的公开谈话，显示财政部把营业税纳入直接税体系的做法，不只是将之归因于战时的临时需要或是税务工作调整，而且也在学理中找到二者相互接轨的共通点。此后，营业税在直接税体系之中，也占稳一席地位。

二、 战时营业税的税政活动

营业税随着国府在抗战期间将统治势力伸入大后方的程度而逐步拓展，其

---

① 《孔祥熙在直接税处1943年度业务会议上的讲话(1942年11月30日—12月5日)》,《中华民国工商税收史料选编》,第四辑,第1537页。

② 高秉坊:《直接税的使命(1944年9月11日)》,直接税署编:《直接税夏令业务讲习会记实》,重庆: 直接税服务社,1944年,第18页。

中以四川省的实施较具成绩，故本节主要以四川省的状况，说明战时国府进行的营业税税政活动。

在抗战前期的1938年初，后方民众极力反对营业税的开征活动，国府不得不适时以减低税率来因应，勉强加以推行。根据财政部的报告，1938年4月初，四川省成都商会以当地罢市抗议营业税的风潮，请求酌予减轻民生日用各业的税率，以维商业生机。财政部将抗争状况向蒋中正报告，蒋中正指示从当年4月份起，在不妨碍军费范围内斟酌核减税率。四川省政府在奉到蒋中正的指令之后，召开省务会议决议，决定营业税率自4月份至6月份止暂行核减为按营业总收入额2%征收，同时规定7项免税标准，经公告调整之后，全面执行开征活动。①

至1941年初，四川省政府认为商民已较能接受营业税的开征活动，酝酿调高税率，由省长张群提案，以因应战时支出与维持预算平衡为由，将营业税税率全面加征1%，并将加征的部分订名为"国难费"。四川省临时参议会通过了张群的提案，将实施了3年多的2%营业税税率，提高成为3%。② 财政部收到四川省政府请求核备的公函之后，呈报行政院，说明过去四川省营业税的办理情形比起其他省份来得苛扰，频生民怨，然而在战争的非常时期状况下，也不得不允许增税之举。行政院则在蒋中正支持张群的情况之下，以此次提高税率属于临时性质，战事结束即应停征，于是把名目修正为"战时征课"，通过了此次提案。③

在四川省政府谋求提高营业税之时，重庆市市长吴国桢则呈文行政院，说明重庆市商民要求，重庆是直辖于行政院的直辖市，故四川省境内所增课的临时国难费，不能课诸渝市，要求予以免征。这项呈文的提出背景，源于国府实施营业

① 《财政部函行政院秘书室(渝赋第1197号，1938年5月16日)》，行政院档案，档号64/442，《四川省改进营业税办理情形》。四川省政府公告的7项免征营业税的项目如下：一、平民食衣原料，如米谷、小麦、糜子、高粱、红苕、玉米、芋头、胡豆、莞豆、杂粮、菜蔬等，及手工织造之土布，除兼营而未划分账目者外，无论制造贩卖，概予免税。二、肩挑负贩浮摊赶场等类小商。三、商家当月营业额，与现存货品，合并计算不足100元者(其存货价值照该商卖价计算)。四、纯粹慈善事业，毫无营利目的者。五、中央已征特税之物品。六、自由职业者。七、输出国外之山货、药材、桐油等项品，准凭海关单据，检同原纳营业税证据，退还直接缴纳之营业税。

② 《四川省政府呈行政院(第1920号，1941年3月10日)》，行政院档案，档号64/442，《川省营业税征收百分之一定名国难费》。

③ 《国民政府训令行政院(渝文字第484号，1941年5月23日)》，行政院档案，档号64/442，《川省营业税征收百分之一定名国难费》。

税时曾授权各省政府自行订定税率，因而出现浙江省各县和上海税率高低不一，商民前往税率较低的上海地区办货，造成相邻区域营业税减少的状况。财政部为避免类似纠纷再度发生，召集四川省和重庆市双方的财政部门商订议定书，规定重庆市的营业税税率，应与四川省划一办理。重庆市商民认为，这次四川省政府调高税率的行动，不能片面要求重庆市也一体奉行，于是发动请愿，各地商界亦延不缴纳。吴国桢以“此案事关加征税率，是否应与川省采取划一办法，未敢擅专，理合录案呈报”，把决定是否增税的责任交给层峰决定。①

重庆市具有战时首都的特殊身份，财政工作受到国民政府行政院、财政部及主计处的直接领导和督察，但同时又享有地方自治财政的征税权，具有身跨国地两个财政系统的双重身份。② 行政院认为，既然先前已经同意四川省政府提高税率，为避免纷争，于是命令重庆市一体施行。

在抗战建国的压力之下，战时大后方各地推展营业税的活动算是相当顺利；不过，能够获得成效者，多集中在交通及商业发达地区。例如，1941 年间，贵州省除了贵阳以外，其他地方都谈不上征收营业税，其他省份的情况亦相去不远。对经办营业税的人员而言，推展税务最大的阻力是必须和商民过去对厘金的认知相抗衡。当裁厘金而行营业税之后，开征对象从行商转变成为坐贾，行商过去还有缴纳厘金的习惯，坐贾则全无负担，当然不愿奉令缴纳营业税，纷纷请求免税或是减轻税率。③ 商民依据历来经验，每于政府宣布开征新税或是调整税率时，发动请愿或是罢市风潮，往往能够得到延缓或是降低的成果。政府则先是允诺少拿一些，待商民接受，过一段时间后再增添税负，成为推行税政的固定模式。战时的营业税活动，也是在上述基本架构下缓步推行。

战前营业税多透过地方商会的合作方能顺利开征，战时亦不乏案例。各地直接税局经常发现，如果得到商会的合作，税收成果还比用调查或查账所得来得

① 《重庆市政府呈行政院（市财税字第 2590 号，1941 年 4 月 25 日）》，行政院档案，档号 64/442，《川省营业税征收百分之一定名国难费》。

② 重庆抗战丛书编纂委员会编：《抗战时期重庆的经济》，重庆：重庆出版社，1995 年，第 163 页。

③ 罗濒沅：《我如何创办贵阳营业税》，中央政治学校毕业生指导部编印：《财政经验集，第一集》，重庆，1941 年，第 145、147 页。

丰硕，索性交由商会来负责每年的稽征工作。[①] 经过数年的官民合作经验，大后方逐渐能够接受营业税成为固定的税负项目，这可以从1945年5月间，国府打算拿营业税来作摊派献金献粮的标准一事得到证明。

1945年5月底，成都直接税分局在公文中提到，成都市商会传闻中央政府为了改善士兵待遇，将在各省发动献金献粮运动，商业献金照1944年度营业税额的4倍为派献标准，此将对营业税收入产生影响。成都直接税分局认为，虽然并未接获任何以营业税额为派献标准的明令，但近年确实出现以营业税为标准的劝募活动，使工商业对营业税多存畏惧心理，严重影响税政税收。成都直接税分局呈请直接税署，请财政部指示各省市政府在举办募捐摊款时，不要再拿营业税为标准。[②] 当然，营业税不是各地政府用来摊派款项的唯一标准，此间值得推究的是，政府应该也认为营业税的缴纳数额，至少在某种程度上足资代表工商业者的营运成果及税负能力，这一点恰好符合直接税制度之中一再强调的能力原则。营业税历经抗战时期的推行，工商业界即使百般不愿，也在与政府进行公开的讨价还价和私密的逃税的过程之中，逐渐接受这项代替厘金而起的税制。

抗战结束之后，财政部在1945年11月针对营业税在直接税体系内的地位，以及战时一向以工商业者为主要征课目标的做法，进行一次深入讨论。财政部分析，战后建设需款孔急，仰赖大宗税款收入，此项税款不是田赋、土地契税或是货物税所能承担。因此，重建时期的税收，势必将以关税及直接税为主流。其中，关税的增进部分，端视国际贸易是否增加来评断；直接税部分，在个人所得税及遗产税难以扩充，战时利得税又有撤销呼声的情况下，毫无疑问地将以营业税作为主体。[③]

财政部认为，如果能让营业税在收复区内建立基础，稳定增加税收，即可使财政收支渐趋平衡。工商业在过去抗战时期畸形发展，营业税税源集中于少数大城市。复员之后，各主要口岸及大城市可以提供丰畅税源，更可借由国际经济

① 邱东旭：《财税工作纪实：近五十年中国财税实施一斑》，台中：逢甲大学，1983年版，，第42—44页。

② 《西川税务管理局成都直接税分局呈直接税署（秘字第338号，1945年5月23日）》，直接税署档案，档号337/3260，《调查各业纳税额》。

③ 《财政部统计处呈报营业税税收分析签呈及附表（1945年11月17日）》，《中华民国工商税收史料选编》，第五辑，第495页。

协助,使工商事业日趋振兴,营业税收必有大幅成长的机会。最后,财政部提出五项推进营业税的意见,作为日后施政的准则:

> 一、经征机构与经征地区必须调整,务使每一机构所辖区域勿过广阔与狭隘,而各县市均望能有一经征机构之设立,使税制得推行普遍,税收可望畅增。
>
> 二、广为储备大量业务人员,举办曾经办理上项业务现今失业之人员登记,并招考志愿担任上述业务工作之人员。前者经审查合格后即予分发录用,后者则加以训练用补不足,至于收复区内原有伪税收机关之下级人员亦可酌情甄别酌用。
>
> 三、复员期间之营业税减半征收之政策自属可行。惟在推行上技术之运用仍应注意,如能严密货运登记,改良商簿,则税源畅通,税收必可递增。
>
> 四、加强稽征工作,应使各级稽征人员绝对廉明,随时调查物价,并严防漏税转嫁,以期健全发展。
>
> 五、对于抗战期间所颁发之各项税法,应为重新检讨改订,使其臻于理想,进一步应设法将营业税依照原计划归并于所得税之内,而使直接税制臻于合理。①

上述税政建议,呈现出此时财政部试图透过营业税融入直接税体系,并且运用营业税的税收实力,充实直接税制度的内容。

然而,营业税最初规划时被放在地方税目上,战时国府以御侮建国的堂皇理由,将之纳入中央税目。战事结束之后,立即面临地方政府提出拨回营业税款的强烈要求。甚至在部分收复区内,由于直接税署的税务人员未能及时展开工作,地方税政机关于是自行开征营业税,此一现象其实也就是回到抗战之前的状态。例如,1945年底,上海市政府财政局开征营业税,迟迟不肯把业务移交给后来成

① 《财政部统计处呈报营业税税收分析签呈及附表(1945年11月17日)》,《中华民国工商税收史料选编》,第五辑,上册,第495—496页。

立的上海直接税局来接管。[①] 这是中央与地方划分税收权限的老问题，财政部势必须妥为面对和处理。

财政部在稍后的1946年4月修订《营业税法》，主要修订内容是调整税率，提高起征点以及运用简化纳税手续。这次修法实施后不久，国府再度为了处理地方政府的财源问题，命令财政部从1946年7月1日起，将直接税机关经办的营业税交由地方政府征收，并规定各省市县机关于9月底之前完成移交手续。[②] 营业税在战后又回归到地方税项目，开征手续仍是提出征收预算数额，交由税局人员去查核，超收者依比例发给奖金，并且奖励告密，借以尽量完成税收目标。[③]

营业税再度划入地方税税目，部分秉持直接税本位的财政官员将之视为税政得到廓清的大好机会。不过，由于直接税署在国共内战时期骤失大额税源，对于国府财政收入的挹注作用大幅减弱，导致日后于1948年7月被整并。

马寅初对于中国实施营业税与直接税之后，二税之间出现的竞合关系，曾作学理的分析。他认为，当时世界各国租税制度上占最重要地位者首推所得税，但自从第一次大战以来，交易税因为提供巨额收入而能与所得税并驾齐驱。中国的营业税以营业总收入为课税标准，恰与欧洲的交易税性质相同。由于中国缺乏高所得者，无法专恃所得税以谋巨额收入，必须采取具有普遍性的营业税，弥补所得税之不足。营业税在战后复员阶段，能够配合通货膨胀的变化，财政部即可运用比例成长的方式，及时调整税收，这项"富于弹性"的特质，连直接税的主力税目所得税都难以企及，因此，营业税在中国不只仍有存在必要，更具有压倒性的作用。[④]

营业税在现代税制具有不可忽视的重要性，战时直接税体系也由于营业税的加入，扩大税政体系的适用范围，虽然在开始时并未受到直接税主政者的欢

---

① 《叶楚伧、钮永建、洪兰友致宋子文电（1945年12月20日）》，T. V. Soong Papers，Box 49，Folder 1 "Telegrams Incoming (1945 - 1946)".

② 国家税务总局主编：《中华民国工商税收史：地方税卷》，北京：中国财政经济出版社，1999年，第86页。

③ 《直接税货物税超收提奖办法》，天津市政府档案，档号J2-3-509，《税捐提奖（1946年）》；《天津市临时参议会代电（津临秘卅六电字第259号，1947年6月21日）》，天津市政府档案，档号J2-3-1755，《营业税（1947年）》；叶绿水：《如何控制行商》，《广东直接税导报》，卷2期2（1947年2月15日），第6页。

④ 马寅初：《中国赋税体系》，《财政学与中国财政》，上海：商务印书馆，1948年，第274—275页。

迎，却使直接税署获得扩充的契机，不但在抗战末期增编机关，业务与税收也得到相应的增长。

第四节 从扩大到结束：直接税的结局

一、税务体系的人事纠葛

直接税的税务体系，在抗战时期接办与商业税相关的印花税、营业税与统税之后，业务大幅成长，机关快速扩充。但在抗战结束，随着税政整并的需要，首先把营业税交回地方征收，随后又在国府为因应内战紧张情势，精简财政税务机关的要求之下，1948 年 7 月 21 日，直接税署与掌理货物出厂税的税务署，再合并成立国税署，遂从国民政府的行政体系之中消失。

从 1940 年到 1948 年间，直接税经历了一段从急遽扩大到迅速结束的过程。除了因应战争调整税务的考虑之外，国府内部的人事纠葛，应是促成战后直接税体系衰落的主要因素。前已于第六章中说明抗战末期直接税署与其他财税单位之间的冲突，许多数据明指这些冲突的发生，主要是围绕在直接税的业务负责人高秉坊身上。时人认为，高秉坊办理直接税之后，把财政部的冷衙门炒成热差事，引起其他人士的侧目，希望能在直接税体系之内安插势力，但均被高拒绝，因此得罪众多党政要员。①

在高秉坊主事期间，任职于直接税机构内的人员因其自成系统的考选与任命制度，与其他同属于财政部的税务机关之间的关系素不融洽。高秉坊标榜“学校之风、家庭之风、军队之风、宗教之风”，作为兴办直接税的四大精神，②在其他

---

① 高秉坊邀请桂永清担任其税务班的训育主任，得罪了 CC 系的陈果夫；而在 1942 年直接税处接办营业税，中统局局长徐恩曾派员持函面会高秉坊，以“四川营业税分局中，有六个分局长担任中统的任务，商请保留”，高告以直接税人员要有一定资历，照章要时常调动，且税务机关必须专职，不能担任另一个不同机构的任务。结果，在接管之后，这六位具有中统身分的分局长，其中四位不合格的被撤换，一位因不合格的被内调，唯一留任的分局长，也由江津调到永川，此结果令徐恩曾大为震怒。参见宁恩承：《中国所得税之源（上）》，《传记文学》，卷 56 期 4（1990 年 4 月），第 68 页；文思主编：《我所知道的孔祥熙》，北京：中国文史出版社，2003 年，第 206—208 页。

② 高秉坊：《中国直接税史实》，第 67—68 页。

机关看起来，则是自成派系的排他做法。高秉坊一直被视为孔祥熙的嫡系人马，在孔祥熙主政时期获得极力维护，得以放手展开税政活动。孔祥熙对高秉坊的支持并非特例，他时常因为支持部属，屡被政敌攻击为护短，在此可举1941年间孔祥熙与陕西省财政厅长周介春之间的来往函件作为旁证。孔祥熙在信函中提到，曾有人对他打小报告，说周办事不甚努力，只知敷衍上级，连蒋委员长都曾垂询。孔祥熙回答蒋中正："其人办理甚好，我用的人，我负责。"随后致函勉励周介春："尔随我多年，希望苦干。"并且说："尔自己如无不能立足之处，我必为尔后盾，闲言我亦不听。"[①]至1944年底，孔祥熙因屡受国民参政会攻击，政治声望逐渐下降。1945年2月爆发高秉坊贪污案，孔祥熙无法力保，高秉坊去职入狱，直接税人员也因战时层出不穷的税务控案而面临极大的压力。[②] 同时，直接税体系在抗战期间经由收编商业税之后，扩大其机关规模，但对其他税目而言则是侵吞地盘，人事配合极不协调。这种因为扩大业务而引起的冲突，随着孔祥熙去职，直接税政在宋子文担任行政院长期间，经历由热到冷的变化。

1945年底，甘青宁新区直接税局局长李松乔致函宋子文，批评直接税的缺失是出在人的因素：过去直接税税务人员均由财政部考试训练后分发各地，他们自认具有特殊身份，相互维护而形成派别，即使违法犯纪，竟无人敢问，造成尾大不掉之势。高秉坊免职之后，直接税署人员气焰稍减，但恶习仍在，是税务行政一大障碍。直接税局与货物税局一再分合，内部紊乱，虽极力整饬，但积重难返，短期内难图速效。[③] 众所皆知，宋子文与孔祥熙的郎舅关系并不融洽，这封出于直接税局局长而严词批评直接税行政的信函，或许可以将之解读为李松乔对宋子文的"交心"动作，但也透露一个明显的讯息：直接税与货物税之间的紧张关系，势必要做彻底解决。1948年直接税被源于统税的货物税系统所接办，

---

① 财政部档案(南京)，档号3(1)/111,《陕西财政厅长周介春有关管理省内财政问题与孔祥熙之来往函件》。按：孔祥熙致周介春函件并无发函日期，现据档案同卷宗内其他文件的编排次序，以及周介春任职期限，推断为1941年间之文件。

② 文思主编:《我所知道的孔祥熙》，第209—216页；杨必立:《中国所得税研究》，台北：东华书局，1975年，第21页。

③《甘青宁新区直接税局局长李松乔函(1945年12月18日)》，T. V. Soong Papers, Box 41, Folder 52 "Li, Shun-ch'iao".

在某种程度上，可以说是宋子文取代了孔祥熙的税政主导权。

因此，直接税的税务在抗战期间的极力扩充，到国府进行税务整并作业时，失去发挥的作用，贯穿其间的是国府政治与人事上的纠葛与角力。就税制改革的观点，任何一次成功的改革均须取决于主持财政者的坚定决心，并且运用税收专家组成制定政策的队伍，充分利用专业团体和民间组织，向群众和纳税人展开教育和指导计划。[①] 如果说中国直接税在战时的扩充经验，是主持财政者全力支持之下的成果，那么，这项结果的急遽消失，则是在主持财政者撤手之后的必然结局。

二、 直接税的结局

抗战后期以来，直接税的税务由于查账作业与简化稽征的交错实施，因提高税收额而不时与商民发生冲突，加上开征过程中层出不穷的苛扰弊端，经常为舆论所批评。1947 年国共内战期间，《大公报》对于国府在抗战前后实施的直接税制度改革发表评论，认为国府在抗战结束数年以来，不断进行修正税法、增办新税与改订税率，游移于增加收入、促进生产与改善分配三个目标，却始终不见效果。由于各项税收均未能及时征解，又受到物价波动的削弱，失去约束通货膨胀的能力。各项税目不断加重中下阶层的负担，阻碍产业与经济的发展。至于改善财富分配的目标，直接税的税目虽有扩增，但分析 1947 年的总预算，税收只占岁入的 38％，其中间接税为 26％，直接税只占 12％，显示政府并未善用租税政策。[②] 然而，税政改革显然已经不是此时国府的施政重点，在税政服膺于财政的领导之下，包征与估缴的务实措施取代了学理论辩，直至 1949 年 10 月的政权转移。

1949 年之后，这些在国民政府时期列名于直接税的税目，于海峡两岸有不同的发展际遇。在台湾地区，这些税目以个别形态，即所得税、遗产税、印花税与营业税，重新推动税务，直至今日。在中国大陆，这些税目的际遇则另有一番

---

① Cedric Sandford 著，张文春、匡小平译：《成功税制改革的问题》，北京：中国人民大学出版社，2001 年，第一卷，第 245 页。原书为：Cedric Sandford, *Key Issues in Tax Reform*. Redwood Books, 1993。

② 《工商业的捐税问题》，《大公报》(上海)，1947 年 7 月 21 日。

转折。

中华人民共和国在1949年10月，于北京召开第一次全国财政会议，继于次月召开全国税务会议，以统一税目为目标，把税法有关工商业税者，修改合并为营业税和所得税，后又以两税的纳税人都是工商业者，定名为工商业税。政务院在1950年1月31日公布三项办法，即《全国税制实施要则》《工商业税暂行办法》《货物税暂行办法》，建立开办税务的法源基础。从1950年至1955年期间，中华人民共和国以修改税则的方式，保留国府时期征收工商业税的做法，沿用了部分直接税的税目。① 到了1955年10月间，由于推动"资本主义工商业的全行业公私合营"政策，主政者认为"新中国的财政基础已经完成由新民主主义向社会主义的转变"，不但以工商业税为名的直接税已经失去地位，甚至连整个税政体系的职能，也在1958年至1978年的20年间，遭到极大削弱而难以发挥作用，税政为之中断。上述的税政情势，直到进行改革开放之后，才发生转变。此时，为了寻找发展经济的税源，原先被摒弃的各种直接税项目，再度回到税政体系。②

小结

国民政府推动直接税的税政改革，目的是以合理的税政理念，改良旧有财政体系的不足。在抗日战事全面展开之后，财政部门通过开办在西方直接税活动中重要性仅次于所得税的遗产税，同时接办印花税和营业税，扩大了直接税体系在中国的实践范围。

在遗产税部分，国府为因应财政的立即需求，规划采取简便易行的总遗产税制度。然而，法规制定后，即因中央与地方的税收收入分配问题，延缓了税政的

① 大塚恒雄：《中国财政と国家予算》，东京：税务经理协会，1963年，第148页；北京经济学院财政金融教研室：《新中国税制演变》，天津：天津人民出版社，1985年，第84页。

② 赵梦涵：《新中国财政税收史论纲》，北京：经济科学出版社，2002年，第172页；国家税务局《中国税制改革十年史》编写组：《中国税制改革十年史》，大连：东北财经大学出版社，1989年，第2页；黄佩华等：《中国：国家发展与地方财政》，北京：中信出版社，2003年，第1—7页。

实施。税政部门为提升遗产税的实施成绩，举行稽征工作竞赛活动，并且配合接受民众告密的措施。总体而言，民国的直接税业务之中，遗产税纯然是以个人为目标的税目。遗产税在历经战时的征集活动洗礼之后，财政部门逐步深入地方，借以建立个人税务数据，进而落实税政的要求。因此，虽然遗产税占岁收比例不大，却足征国民政府把管理的力量下伸到地方及个人的尝试。

至于自北洋政府时期即已出现的印花税，以及因为裁厘改税运动而起的营业税，二者素被国府的直接税主事者视为工商业税，与纯粹的直接税制度颇有隔阂。国府为战时需求而调整财政赋税体系，以直接税在征课过程必须调查工商业者的商账簿记，同一课税对象不须有多重的课征行为，命令直接税处接办印花税与营业税。其中，印花税经历战时直接税体系的收编活动之后，其税收成绩及税政评价，遂与直接税相终始。另一方面，营业税纳入战时直接税体系的活动，则与民国以来纠缠不清的中央与地方政府的财源分配问题，产生密切的关联。营业税向来由地方征收，但其与所得税都在争夺同一个税源，产生排挤效用，国府为解决税源重叠问题，把营业税纳入直接税的体系，不只是将之归因于战时的临时需要，或是税务工作调整，而是在学理中找到二者相互接轨的共通点。因此，营业税在直接税体系之中，也具有不容忽视的地位。整体而论，印花税和营业税在抗战时期纳入直接税体系项目，在课征事实及税政学理双方面，都扩充了直接税体系的内容和影响力。

直接税的税务体系，在抗战时期接办了与商业税相关的印花税、营业税与统税之后，业务大幅增长，机关快速扩充，但在抗战结束，随着税政整并的需要，则经历了一段从急遽扩大到迅速结束的过程，并且从国民政府的行政体系之中消失。直到 1949 年之后，这些在国民政府时期列名于直接税的税目，在海峡两岸各自发展，另有不同的境遇。

结　论

一、国民政府税政成绩的再评价

从晚清至国民政府时期的60年间，近代中国的各个政权曾经数度引介西洋税制，作为突破财政困局之道。同时，各个政权也都致力于进行裁厘运动，尝试达到扩张中央政府的财政能力，与收缩地方财税基础的双重目标。这些从西方取经而来的新税理念与体制，历经中国本土的政治、经济、社会与文化力量的淬炼，也承受中国的本土内战，包括军阀内战与国共战争所带来的政权转移，以及抗日御侮的民族战争的洗礼，最后都在国民政府时期，被统纳于"直接税"的名目之中，成为近代中国特有的一套税政体系。这些政权在移植西洋税制时，固然都有其时代的特殊环境，主要目的在救困窘财政之急，然而，这些西洋税制在进入中国之后，却也都迅即适应了现实条件，转化成为国家政权的助手。

回顾这些被纳入"直接税"范围的各项西洋税制在中国的推行历程，首先看到的现象是，国人对于外来洋税的理解与认知，绝大多数均认为这些税制是进步的、合理的，更重要的是，因为有各国高度增长的税收数目可供稽核，所以它是有效的。国人并未质疑这些税目在学理设计上是否有缺失，只是担忧中国不够现代化，不够工业化，以至于无法适用这些进步的税制。因此，当时国人似乎只看到西洋税制实施的好结果，但在真的付诸实施之后，由于直接税对于个人人身的课征动作，又让国人因为直接感受剥削而心生抗拒。关于直接税的负面作用，例如打击人民工作意愿，使人民不愿勤俭，让直接税不可能无限制成长，一如学者乐观所称的那样,可以达到平均社会富力的目标。不过,虽然也有这类的论述,但在整体而言,国人对直接税的理解,一直都是抱持着“良税”的观点。这种正面的认知,在经历第一次世界大战结束之后,由于各国的财政收支状况的变化,更加强国人的信心,亦即欧战后西洋推行直接税制度的良好成效,国人对于“西洋税制”的取用和推动,极具有功利性,期许它也能够实时易用地为困敝的中国财政注入活力。

就实施税务的环境而论,让直接税理念得到全面推展的契机,当然应归诸于国民政府处于内忧外患交迫的现实挑战之中,仍然勉力执行其财政改革的企图及作为。过去学术界关于国民政府推行税政改革的评价,一般定见多以中国当时的社会经济条件不足,加上内乱外患的因素,遂至空有理想而罕有实效。因此,“民国万税”的繁杂税政,包括从几乎按人头收税的盐税,到最进步的所得税,体现出中国正处于向近代转变过程中的过渡特色。然而,国府在南京时期的税政体制虽已出现“中央财政由割裂渐趋统一、地方财政由无序走向有序、现代财政体制基本确立”的三大变化趋势,其整合进程之中,仍不时可以看到财政统一名实不符,中央对地方政府的财政制约能力薄弱,制度面与实践面脱节,规章形同具文。国府为了得到财政收入,一直依赖发行公债,同时也和工商界谈判,筹取税额。学者只见国府时期无数由上而下的声明或命令,以及通常没有实行可能的计划,与之相对的,则是由下而上的对政府推行新政策的敌意和反对。在此情况下,学者当然可以作出论断,指称国府根本没有能力做到一个国家应该有的财政整合,致使其税政活动无法成功,并且质疑国府并未运用政府力量来促进经济制度的改良与技术的更新,导致其经济发展停滞。①

① 费正清(John King Fairbank)主编,章建刚等译:《剑桥中华民国史——第一部》,上海:上海人民出版社,1992年版,第116页;张生:《南京国民政府的税收(1927—1937)》,南京:南京出版社,2001年,第156—160页;张连红:《整合与互动:民国时期中央与地方财政关系研究》,南京:南京师范大学出版社,1999年,第169—173页;王国斌著,李伯重、连玲玲译:《转变的中国——历史变迁与欧洲经验的局限》,南京:江苏人民出版社,1998年。原书为:R. Bin Wong, *China Transformed: Historical Change and the Limits of European Experience*. Ithaca: Cornell University Press, 1997, p. 218; Julia C. Strauss, *Strong Institutions in Weak Polities: Personnel Policies and State Building in China, 1927-40*, St. Louis: Washington University, 1993, pp. 223-227; Douglas S. Paauw 著,刘妮玲译:《国民党与经济停滞》,张玉法主编:《中国现代史论集》第8辑,台北:联经出版事业公司,1982年,第223—231页;晚近学者以税政实施为范畴,观察1980年改革开放后的中国时,指出:“若按照制度表面规定,地方政府在法律上没有太多的财政自主权,省市政府没有决定地方税制、税率与税种的权力,但在实际税制运作上,地方政府却透过对赋税的征收与评估等执行层面,拥有相当的影响力与自主权。中央与地方争取财政权,并运用非正式的、不稳定的制度性惯例来维系。”上述评断,与1930年代时期中国有似曾相识的场景,中国在1980年代进行改革时所碰到的问题,与国民政府在1930年代所处理者几乎完全近似。参见邹继础:《中国财政制度改革之探索》,北京:社会学科文献出版社,2003年,第71页。

过去研究论著的关心重点，集中于国府如何争取传统赋税的活动及其失败的历程，得到上述的结论是很顺理成章的。本书则认为，国府已经看出，再也无法从传统赋税中寻找更为充裕的收入。因此，它凭借实施直接税的税政改革的历程，同时接续了清政府和北洋政府时期，理财方针之中最重要的“裁厘加税”任务，把征课目标转向税源远比农业丰厚的工商产业，希冀走出理财的新路。

国民政府把握到裁厘的任务，也就承袭了从清政府到北洋军阀时期的理财目标。于是，即令现代中国的军政外交局势物换星移，却在其间的变动中，结束近代财政史上的要角——厘金。这三个近代中国的中央政权，在处理地方财源大宗的厘金时，都表现出一方面进行收缩地方财政的主导权，一方面也寻求租税体系单纯化的努力。因此，在治国原则不变的情况下，即使是政权轮替，仍然呈现出政策的一致性。①

近代中国在告别厘金的历程之中，代之以由中央政府掌控体制设计的工商税目，或为统税，或为营业税，逐步达成统一租税品类的目标。在转型期间，各地方均曾出现类似厘金的变相税目，以至招致民众批评，以直接税即为厘金的再现，加上国府曾经以类似包税的方法开征直接税，均令人有国府的税政改革走上回头路的感觉。但是，直接税绝不单纯只是旧制的延续。政府进行以直接税为名的税政改革，目的固然是为了收入，其间也有苛扰的批评，不过，厘金一词在税务改革之后，终究从近代中国消失了，贯穿这段历程的主轴，在于赋税对象的改变。就国府的立场而言，随着裁厘运动而起的直接税活动，不但在名目上开启了税政改革，实际上也尝到税收增加的利益，自然不会轻言放弃。

尤其重要的是，落后的中国一向被产官学界视为缺乏实施直接税的环境与条件，然而，国民政府的财税官员，掌握了抗日战争激起的民族主义热潮，趁势全面推动各项直接税活动，令民众接纳了新的税政体制。从这项结果，再来观察与衡量所谓的“国民党政权”或是“国民政府时期”在税政改革中的作为，仍然具有不可抹灭的价值。

---

① 贾士毅:《民国财政史三编》，台北：台湾商务印书馆，1962 年，第 75 页回顾民国时期税政时，极力指称：“政府调整战时税制，自始即重视直接税系统。”

二、 近代中国走向租税国家的改革趋势

讨论近代中国进行税政改革的成果时，极有可能因为视角不同而产生迥异的评价。目前学术界中颇具影响力的一种研究取径，是从付出成本与所得效益之间的比例为出发点。例如，杜赞奇(Prasenjit Duara)研究国府征收田赋和传统商税的活动，他观察到国府在国民平均所得低落的情况下，仍执意扩大政府机制，结果反而带来明显的财政压力。于是，政府必须透过地方上的非正式机构来取得税收，而国家却对这些机构缺乏控制力。杜赞奇针对以上林林总总的缺失，给予这个历程一个所谓"国家内卷化"的负面评价。①

本书透过观察国府在执行直接税的各种活动之后，发现国府明显地有尝试去扩大税基的努力。国府在兴办直接税的初期，经常表现出"不计成本"的气魄。众所皆知，中国工商业落后，加上传统账目方式又不利于现代税制的查核作业，开征直接税之后，所获相当有限，然而，国府却仍然宣示，必须为财政税务进行应作的必要改革。及至各项税制陆续出场，国府在对内的税务实践部分，于各地进行普遍设立机关和编置税务人员，执行各项税目的申报、查账、核定及纳库的稽征手续。国府在这段历程中，不断透过地方税吏"苛扰"地调查税源和稽征活动，不折不扣的是把国家机器的权力下沉到地方基层的表现。就此情况而言，传统中国使用"苛扰"二字作为批评税务的责难，在此时可以另作一番全新不同意义的解读。同时，在对外的涉外税务问题上，国府外交部也因为所有的直接税项目均应国内外一体适用的宣示，持续与列强进行外交协商，直到抗战期间，在平等新约签订之后，终于得到解决。

当然，任何一项税制，不论其表面文字提出如何崇高的理想，其根本或是初始目标都是为了满足当政者的收入而设，本书主题的直接税也不例外。就税收的现实角度而言，民国建立后屡次开征的直接税，对于开拓财源的成效极为有限。国民政府在南京十年的建设期间，提倡以直接税为主轴的赋税结构改革运

① 杜赞奇著，王福明译:《文化、权力与国家——1900—1942 年的华北农村》，南京：江苏人民出版社，1994 年。原书为：Prasenjit Duara，*Culture，Power，and the State：Rural North China*，*1900 - 1942*. Stanford：Stanford University Press，1988，pp. 66 - 68。

动，在抗日战争爆发后，为抵补大量丧失的关税、盐税和统税等重要的间接税税源，开发税源为当务之急，直接税成为众人寄予厚望的焦点。

战争期间，国府控制的大后方地区，经济与社会均受到严重的破坏，再加上通货膨胀的负面影响，让税收的实质成长极为有限。不容否认的是，战争同时也为国府开征新税与推动改革提供了义正辞严的理由。因此，战争对直接税活动产生了双重作用，亦即其既有抑制作用，也有促进作用。若以长期的视角看来，民国连年战乱环境素来缺乏安定的环境以发展经济，此时虽因战乱而激起澎湃怒舞的民族情绪，让国人容易接受新税负担，但就实质税收而言，仍以抑制面较为明显。也就是说，战时中国毕竟仍未进化成为工商业发达的现代化社会，税源基础薄弱，在经济贫乏的社会环境限制之下，并无太大的实质帮助。

近代中国的直接税改革运动，在现实的税入方面，虽然未能获得如当政者预期的高度成长，然其揭橥的国家理财施政方向，以及中央与地方的财政划分原则，却在国共内战结束后，海峡两岸皆透过修改执行手段而加以继承。时至今日，现实中处处可见直接税体制的落实结果，征课所得税或是营业税成为个人或是工商界的例行事务，而遗产税与印花税亦在必要时适时出现，提醒纳税人善尽义务。因此，观察近代中国各个政权，如何透过直接税制度，达到扩大税基的目标，仍是研究财政发展史上不容忽视的一项课题。

接着，再以裁厘运动来回顾近代中国的税政改革成果。民国时期的执政者无不致力进行裁厘加税的活动，利用调整税制的契机，达到增加税收目的；随后则受到世界民族主义潮流的激励，逐步发展成为争取关税自主的外交活动。北洋政府未能完成的裁厘任务，国府北伐之后，改行征课手续上较为单纯的营业税，作为抵补税源，可说是近代中国尝试运用比较进步税制的一个开始。若再以中央与地方的权力互动的政治视角观之，国府在北伐之后，一直试图扩展中央权力，裁撤地方税入大宗的厘金，代之以较易管理的营业税的这段历程，更可以视为国府尝试收缩地方实力的一项具体作为。然而，上述发展并不是如同一直线般地顺利发展。抗日战争爆发前夕，国府推行税政改革的成果，时时受到地方政府的掣肘而成效有限，一直要等到战争时期，各项以直接税为名的税制，才在战税的名义之下，获得全面拓展的机会。

观察国府政治和财经领袖的言论，也可以发现他们在进行财税改革的历程时，很清楚当时国家所处的恶劣处境和社会的动荡不安。他们的改革尝试，受限于中国的落后条件，以失去政权告终。吊诡的是，国民政府的统治成绩虽不能令人满意，甚至备受批评责难，今日的当政者在执行其各项改革时，仍然在有意或是无意之间，接续了国民政府统治时期对于国家事务的各种试验的基础，以及其不论是“失败”或是“成功”的经验。换句话说，也正是因为有国民政府的那些作为，才有后来的改革成果。

整体而言，近代中国引进西洋税制的动机与历程，一直伴随着外国势力不断施加的军事与经济侵略压力而屡遭颠簸。为了摆脱财政困境，被视为是进步而有效的西洋税制，成为晚清至北洋时期当政者的理财手段，希望透过西化税制的方式，发挥立即的救急效果。国府掌权以后，以西洋税制作为改革财政的模板，希望能达到改良中国财政本质的救穷目标。在宋子文担任财政部长期间的裁厘改税运动，完成简化税制的工作；随后而来的孔祥熙主政时期，则勠力推动直接征税的进程。自晚清以来，中国政府不断因应世变而调整被视为是传统而落后的财政体系，先是借助于直接税的名目，以增辟税源，接着运用直接税理论，提供政府宣传推展税制现代化的理念基础，最后则是在对日抗战时期，国民政府祭出民族御侮的大纛，运用税制改革的方式，把松散的个人结合在政权的统治伞之下，为传统中国开创出现代租税国家的局面。

依据上述的发展理路，再把税制学理落实于近代中国的税务活动，并且回顾近代中国的税制发展历程之后，这些以“直接税”为名的各项西洋税制，立即显示出其无与伦比的重要性。同时，近代中国政权在从事各项税政改革时，虽然因政权转移而时走曲折路途，却也呈现出惊人的连续性。一言以蔽之，近代中国在20世纪前半期，经历了一场租税体制理念的变化。其间，标举出以“直接税”为目标的税政改革运动，更在这段历程之中发挥了主导性与前瞻性的作用。

附录一：战时直接税占财政收入估计

战时税收数据由于调查方式不同，经常出现误差，加上散佚情形严重，下列诸表的数据仅可作为估计及推测趋势之用。就目前粗略的数据记载，将抗战时期直接税历年收入整理为表1，战时各种税收及其所占比例整理为表2，战时各项财政收入及其所占比例整理为表3。最后，根据前面三个表的数据，可以综合整理，并且估计抗战时期直接税占财政收入的百分比，列为表4。

表1　抗战时期直接税收入简表　　单位：百万元法币

年份	所得税	过分利得税	遗产税	印花税	营业税	直接税总计	直接税占全部税收比重(%)	扣除田赋后占税收比重(%)
1937—38	19	—	—	5	—	24	5.1	—
1938下半年	8	—	—	3	—	11	5.2	—
1939	27	—	—	5	—	32	6.6	—
1940	44	25	—	7	—	76	28.4	—
1941	80	70	—	16	—	166	24.8	—
1942	197	291	1	26	516	1,641	39.4	27.0
1943	761	884	15	355	4,013	7,870	51.3	25.1
1944	1,445	1,189	50	1,063	3,392	10,215	29.8	19.7
1945	2,009	1,883	111	3,140	6,326	20,740	20.4	16.1

数据来源：Kia-Ngau Chang, *The Inflationary Spiral: The Experience in China, 1939－1950* (Cambridge: Technology Press of Massachusetts Institute of Technology, 1958, p. 143;张公权、杨志信译:《中国通货膨胀货史(1937—1949)》,第92页。

表 2　抗战时期各种税收及其所占百分比　　单位：百万元法币

	土地税		直接税		盐税及专卖收入		货物税		关税		总数
年度	收入额	(%)	收入额	(%)	收入额	(%)	收入额	(%)	收入额	(%)	(100%)
1937	—	—	23	5.13	140	31.25	46	10.27	239	53.35	448
1938	—	—	10	4.78	47	22.49	25	11.96	127	60.77	209
1939			32	6.64	61	12.65	44	9.13	345	71.58	482
1940			75	28.41	80	30.30	72	27.27	37	14.02	264
1941			181	26.62	296	43.53	188	27.65	15	2.20	680
1942	516	13.72	1,124	29.88	1,357	36.08	605	16.09	159	4.23	3,761
1943	4,013	27.58	3,800	26.12	4,358	29.96	2,001	13.75	376	2.59	14,548
1944	3,392	10.43	6,526	20.07	16,942	52.11	5,160	15.87	493	1.51	32,513
1945	6,326	6.21	14,409	14.13	53,993	52.97	23,884	23.43	3,321	3.26	101,933

数据来源：关吉玉:《四十年来之民国财政》,《中国经济月刊》,期 19(1952 年 4 月),第 24 页。

表 3　抗战时期各项财政收入及其所占百分比　　单位：百万元法币

	租税收入		债款收入		银行借款		其他收入	
年度	收入数	(%)	收入数	(%)	垫款额	(%)	收入数	(%)
1937	450	22.41	256	12.74	1,195	59.46	108	5.39
1938	211	18.10	18	1.57	853	73.04	85	7.28
1939	483	15.89	24	0.81	2,310	75.74	231	7.60
1940	266	5.17	7	0.15	3,834	74.32	1,050	20.36
1941	667	6.20	127	9.71	9,443	87.81	516	4.81
1942	4,164	16.20	362	1.41	20,081	78.10	1,103	4.29
1943	15,325	25.02	3,886	6.35	40,875	66.69	1,191	1.94
1944	34,351	19.27	1,988	1.11	140,090	78.57	1,863	1.05
1945	102,252	8.14	62,818	5.00	1,043,257	83.05	47,811	3.81

数据来源：关吉玉:《四十年来之民国财政》,台北：经济研究社,1976 年,第 112 页。

表 4　抗战时期直接税占财政收入百分比表

年度	租税占财政收入比例(%)	直接税占全部租税收入比例(%)	直接税占全部财政收入比例(%)
1937	22.41	5.13	1.15
1938	18.10	4.78	0.87
1939	15.89	6.64	1.06

续　表

年度	租税占财政收入比例(%)	直接税占全部租税收入比例(%)	直接税占全部财政收入比例(%)
1940	5.17	28.41	1.47
1941	6.20	26.62	1.65
1942	16.20	29.89	4.84
1943	25.02	26.12	6.54
1944	19.27	20.07	3.87
1945	8.14	14.14	1.15

说明：租税占财政收入比例栏数据取自表3，直接税占全部租税收入比例栏数据取自表2，此二栏数目相乘之积，即为直接税占全部财政收入之比例。

附录二：直接税税收额估计(1936—1948)

根据江苏省中华民国工商税收史编写组、中国第二历史档案馆编《中华民国工商税收史料选编》，由散见于各税目之统计数字整理国民政府时期各项直接税税收数额。其中，“税收数”多指查征的数字，由于商民时有拖欠，与实际纳库数之间有一定差距。货币单位从 1936 年至 1948 上半年为法币元，1948 下半年为金圆券元。

年度		所得税	利得税	遗产税	印花税	营业税	总计
1936	预算数	5,000,000					5,000,000
	税收数	6,487,271					6,487,271
1937	预算数	25,000,000					25,000,000
	税收数	20,116,761					20,116,761
1938	预算数	12,500,000					12,500,000
	税收数	8,231,297					8,231,297
1939	预算数	30,000,000					30,000,000
	税收数	29,213,667					29,213,667
1940	预算数	39,000,000	24,000,000	2,000,000	10,240,000		75,000,000
	税收数	46,940,757	29,273,082	1,900	7,045,426		83,621,166
1941	预算数	60,000,000	50,000,000	5,000,000	20,000,000		135,000,000
	税收数	84,995,838	69,938,654	205,770	7,045,426		171,157,708
1942	预算数	170,000,000	240,000,000	20,000,000	40,000,000	400,000,000	870,000,000
	税收数	203,595,218	359,320,782	2,998,526	24,271,981	552,673,302	1,142,859,811
1943	预算数	700,000,000	1,000,000,000	50,000,000	300,000,000	1,200,000,000	3,250,000,000
	税收数	990,947,383	1,219,972,518	49,406,499	369,263,757	1,891,696,072	4,521,286,229
1944	预算数	1,780,000,000	2,160,000,000	50,000,000	100,000,000	2,500,000,000	6,590,000,000
	税收数	1,698,614,276	1,998,065,486	144,426,316	890,559,984	3,219,092,481	7,950,758,543
1945	预算数	2,600,000,000	3,100,000,000	200,000,000	2,200,000,000	5,900,000,000	14,000,000,000
	税收数	3,493,397,814	3,730,179,208	360,331,397	3,385,142,000	9,452,508,000	20,421,558,419
1946	预算数	60,000,000,000	5,000,000,000	2,614,601,370	30,000,000,000	41,408,819,000	139,032,420,370
	税收数	60,164,171,967	30,692,691,666	3,766,921,575	49,396,039,000	63,067,087,000	207,086,919,208
1947	预算数	780,000,000,000	200,000,000,000	30,000,000,000	330,000,000,000	80,000,000,000	1,420,000,000,000
	税收数	809,381,209,000	166,614,633,000	17,914,054,000	482,245,061,000	27,433,406,000	1,503,588,362,000
1948	预算数	6,000,000,000,000	1,600,000,000,000	30,000,000,000	750,000,000,000	750,000,000,000	9,130,000,000,000
上半年	税收数	5,385,961,868,000	75,621,601,000	74,568,427,000	2,158,400,211,000	84,036,870,000	7,778,588,977,000
1948	预算数	61,200,000		2,461,000	510,070,000		
下半年	税收数	95,102,000		870,000	55,803,000		

征引书目

一、档案

上海直接税局档案(上海：上海市档案馆藏)

Q433-2-297,《本局关于所得税估缴、计算问题的呈文和财政部等训令以及与市商会、各稽征所等来往文书》。

Q433-2-308,《本局关于各企业要求解释、减免所得税问题的呈文和直税署的训令以及与市商会、各有关稽征所的来往文书》。

中央银行档案(南京：中国第二历史档案馆藏)

396/1905,《直接税的生长》。

内政部档案(台北:"国史馆"藏)

125/2236,《财部通知所属地政机关协助直接税机关》。

128/226,《财政部为推行遗产税法厉行户籍登记》。

128/580,《遗产税应由遗产税征收机关办理》。

129/123,《遗产税宣传事宜》。

天津市社会局档案(天津：天津市档案馆藏)

J25-2-2722,《直接税局函索各公会名册》。

J25-3-672,《直接税局函为所得税加紧推行请协助》。

天津市直接税局档案(天津：天津市档案馆藏)

J64-1-477,《奉令洽催调查各业公会会员、资本营业数额案》。

J64-1-645,《呈报所得税及印花税办理情形》。

天津市政府档案(天津：天津市档案馆藏)

J2-3-509,《税捐提奖》。

J2-3-1755,《营业税》。

J2-3-1756,《印花税》。

天津市财政局档案(天津：天津市档案馆藏)

J54-1-1736,《本市筹办营业税》。

天津特别市财政局档案(天津：天津市档案馆藏)

J55-1-1352,《干鲜果品公会呈为承办两项牙行营业税亏累不堪请于满期后免缴税款六个月并请收回自办》。
司法行政部档案(台北:"国史馆"藏)
151/1092,《协助遗产税通令案》。
154/290,《本部参加审查遗产税暂行条制》。
史料档案(台北:中国国民党中央委员会党史委员会藏)
504-24,《抗战史料财政部分》(1940年)。
504-159,《俞鸿钧在国民政府纪念周报告词,财政部一年来重要工作》(1945年4月2日)。
外交部档案(台北:"中央研究院"近代史研究所档案馆藏)
03-19-024-01,《筹议加税裁厘案》。
03-19-035-02,《修改税则案》。
03-24-016-01,《筹议加税裁厘案(一)》。
03-25-024-01,《各方对关会之意见案》。
03-46-021-03,《国务院译报——论中国财政与税则诸问题》
外务部档案(台北:"中央研究院"近代史研究所档案馆藏)
02-13-029-01,《免厘加税》。
02-13-029-03,《免厘加税案》。
行政院档案(台北:"国史馆"藏)
64/46,《全国教育会议议决请速征遗产税案》。
64/311,《上海直接税局所得税查账办法》。
64/329,《遗产税收入分给各省市县暂行办法》。
64/442,《川省营业税征收百分之一定名国难费》。
64/444,《四川省改进营业税办理情形》。
所得税事务处档案(南京:中国第二历史档案馆藏)
339/39,《中央全会报告》。
直接税署档案(南京:中国第二历史档案馆藏)
337/3196,《遗印竞赛报告》。
337/3243,《查禁包征》。
337/3260,《调查各业纳税额》
重庆市各商业同业公会档案(重庆:重庆市档案馆藏)
85/712,《关于一九四六年度各项税务和会费、经费及有关税则等》。
85/1311,《重庆市参议会指令、税务通知》。
重庆市直接税局档案(重庆:重庆市档案馆藏)
273/54,《关于直货两税所属所各市、县税务机构联合办法及简化计税情况,税务罚款提成奖金分配表,收复区直货盐税部分复员紧急措施》。
273/592,《关于征收所利得税的来往函件(一)》。
273/593,《关于征收所利得税的来往函件》。
273/627,《调查征收所利得税的来往文件(二)》。
273/628,《一九四四至一九四六年度所得税缴纳情况报告》。

273/913,《关于遗产税稽征工作竞赛办法、规定及办理征免等有关问题的函件》。

重庆市商会档案(重庆：重庆市档案馆藏)

84/744,《关于各行业评议会员所得税及请减免税额和意见、解释税法等各文》。

财政部档案(台北:"国史馆"藏)

248/650(1),《上海区、东北区各机关协助稽征遗产税》。

248/926,《直接税署业务会报记录》。

248/934,《直接税署业务会报记录》。

248/935,《直接税署业务会报记录》。

249/809(2),《送新闻局直接税遗产税数据(二～三)》。

249/1904,《上海直接税局营利事业所得税》。

249/1905,《上海直接税局所得税征免减退》。

250/2149,《财政部直接税处税务报告工作计划(民国三十一年至三十三年)》。

250/2150,《财政部直接税署税务报告工作计划(民国三十三年)》。

250/2151,《财政部直接税署税务报告工作计划(民国三十四年)》。

251/505,《上海区直接税局遗产税计划》。

251/508,《重庆区直接税局遗产税计划》。

252/645,《上海直接税局营利事业所得税》。

259/1481,《目前税制对战时生产之影响、维持目前物价稳定本部应有之措施案》。

财政部档案(南京：中国第二历史档案馆藏)

3(1)/4,《财政部拟具美日战争发生后中国经济政策之意见》。

3(1)/111,《陕西财政厅长周介春有关管理省内财政问题与孔祥熙之来往函件》。

3(1)/441,《财政部关于国民参政会议议决推行战时税制等案办理情形报告》。

3(1)/767,《各方建议改进税收积弊等问题》。

3(1)/3065,《县市营业税评议委员会组织规程及其废止的有关文书》。

3(1)/3169,《财政部关于办理各县政府参议会要求田赋、营业税等划归地方问题之文书》。

1002/1079,《财政整理会收存财政部及税务处联系办理经费问题之函件》。

1027/42,《各方条陈整理财政吏政等意见书(四)》。

1027/102,《河南财政厅长关于拟举商业税为裁厘之抵补意见书》。

1027/860,《关于租税问题之讲稿》。

1027(2)/13,《财政部关于整理财政计划说帖》。

1027(2)/14,《整理财政总计划书》。

1027(2)/15,《财政部关于整理财政各项法规意见书》。

1027(2)/40,《关税改良委员会办事细则附提供免厘税意见书(1913 年)》。

1027(2)/252,《关于裁厘加税文件(1914—1925 年)》。

1050/127,《江苏厘金特别调查报告(1916 年)》。

1050/128,《豫省调查员财政总报告》。

国民政府档案(台北:"国史馆"藏)

2-1.12.2/3,《裁厘与制订进口关系条例》。

2－1.12.2/6,《废除苛捐杂税进行办法案》。
国民政府档案(微卷)(台北:“国史馆”藏)
200A/390,《所得税及过分利得税条例》。
200A/408,《内政建议》。
国防最高委员会档案(台北:中国国民党中央委员会党史委员会藏)
003－1210,《战时利得税请明令撤销》。
003－1622.1,《动员财力扩大生产实行统制经济》。
003－1993,《五届九中全会关于参照非常时期过分利得税条例征收地主农业过分利得税》。
003－2278,《举办财产登录以利税收而平均负担》。
国库署档案(南京:中国第二历史档案馆藏)
367/484,《征收所得税》。
税务署档案(南京:中国第二历史档案馆藏)
340(9)/915,《非常时期商民对于税花印应有之认识》。
经济部档案(台北:“中央研究院”近代史研究所档案馆藏)
18－23－23(3),《各税法案:货物、烟酒、营业、印花等》。
蒋中正总统档案(台北:“国史馆”藏)
《特交档案/经济/经济建议》第10卷。
《特交档案/财政/赋税》第11卷。
《特交档案/财政/赋税》第13卷。
筹笔。
总理各国事务衙门档案(台北:“中央研究院”近代史研究所档案馆藏)
01－14－021－01,《辛丑加税免厘案》。

二、出版史料

《关税特别会议议事录》(近代中国史料丛刊第16辑),台北:文海出版社,1968年。
“中央研究院”汉籍电子文献,《皇朝经世文新编》。
“中央研究院”汉籍电子文献,《德宗景皇帝实录》。
“中央研究院”汉籍电子文献,《穆宗毅皇帝实录》。
中国国民经济研究所编:《中外经济年报(民国二十八年版)》(近代中国史料丛刊三编第60辑),台北:文海出版社,1990年。
中国第二历史档案馆编:《中华民国史档案资料汇编第五辑第一编财政经济》,南京:江苏古籍出版社,1994年。
中国第二历史档案馆编:《中华民国史档案资料汇编第五辑第二编财政经济》,南京:江苏古籍出版社,1997年。
中国第二历史档案馆编:《中华民国档案资料汇编第五辑第三编财政经济》,南京:江苏古籍出版社,2000年。
北平市档案馆编:《民国时期北平市工商税收》,北京:中国档案出版社,1998年。
史丽克整理,《翁文灏日记选(1941年)》,中国社会科学院近代史研究所近代史资料编辑部编:《近代史资料》,总104号,北京:中国社会科学出版社,2002年。
全国财政会议秘书处编:《全国财政会议汇编》,台北:文海出版社影印出版,1987年。
全国财政会议秘书处编:《第二次全国财政会议汇编》,南京:财政部总务司,1934年。
全国经济会议秘书处编:《全国经济会议专刊》,台北:学海出版社影印出版,1972年。
江苏省中华民国工商税收史编写组、中国第二历史档案馆编:《中华民国工商税收史料选编第四辑直接税印花税》,南京:南京大学出版社,1994年。
江苏省中华民国工商税收史编写组、中国第二历史档案馆编:《中华民国工商税收史料选编第一辑综合类》,南京:南京大学出版社,1996年。
江苏省中华民国工商税收史编写组、中国第二历史档案馆编:《中华民国工商税收史料选编第三辑货物税》,南京:南京大学出版社,1996年。
江苏省中华民国工商税收史编写组、中国第二历史档案馆编:《中华民国工商税收史料选编第五辑地方税及其他税捐》,南京:南京大学出版社,1999年。
重庆市档案馆编:《抗日战争时期国民政府经济法规》,北京:档案出版社,1992年。
秦孝仪主编:《中华民国重要史料初编——对日抗战时期 第四编战时建设》,台北:中国国民党中央委员会党史委员会,1988年。
秦孝仪主编:《革命文献》,第73辑,《抗战前国家建设史料——财政方面》,台北:中国国民党中央委员会党史委员会,1977年。
秦孝仪主编:《革命文献》,第79辑,《中国国民党历届历次中全会重要决议案汇编(一)》,台北:中国国民党中央委员会党史委员会,1979年。
秦孝仪主编:《革命文献》,第80辑,《中国国民党历届历次中全会重要决议案汇编(二)》,台北:中国国民党中央委员会党史委员会,1979年。
财政部财政科学研究所、中国第二历史档案馆编:《国民政府财政金融税收档案史料(1927—1937年)》,北京:中国财政经济出版社,1997年。
财政部税务署:《税务公报》(近代中国史料丛刊三编第62辑),台北:文海出版社,1991年。
财政部编:《第二次全国财政会议议案一年来实施报告》,南京:财政部,1935年。
商务印书馆编印:《大清新法令》,出版地不详,1909年。
国民参政会史料编纂委员会编:《国民参政会史料》,台北:国民参政会在台历届参政联谊会,1962年11月。
章伯锋、庄建平主编:《抗日战争》,成都:四川大学出版社,1997年。

三、年鉴、工具书

申报年鉴社编印:《申报年鉴》,上海:申报馆,1933年。
申报年鉴社编印:《第二次申报年鉴》,上海:申报馆,1934年。
申报年鉴社编印:《第三次申报年鉴》,上海:申报馆,1935年。
申报年鉴社编印:《第四次申报年鉴》,上海:申报馆,1936年。
财政部财政年鉴编纂处编:《财政年鉴》,上海:商务印书馆,1935年。
财政部财政年鉴编纂处编印:《财政年鉴三编》,出版地不详,1948年。
财政部财政年鉴编纂处编印:《财政年鉴续编》,重庆,1945年。

郭廷以编:《近代中国史事日志》,台北:正中书局,1963 年。
韩文昌、邵玲编:《民国时期中央国家机关组织概述》,北京:中国档案出版社,1994 年。

四、个人资料

Arthur N. Young Papers (Hoover Institution Library and Archives, Stanford University)
Box 33, Folder "Internal taxation, except salt, 1928 - 1937".
Box 74, Folder "Taxation, 1942".
Box 76, Folder "Taxation1944 - 1946".
Box 108, Folder "Nationalist China-General".
Chang Kia-ngau Papers (Hoover Institution Library and Archives, Stanford University)
Box 8, "Miscellaneous items relating to Northeast China such as economics, finance, and transportation".
Office Files and Related Papers: K'ung Hsiang-hsi (Rare Book & Manuscript Library, Columbia University)
Box 18, Folder "K'ung Hsiang-hsi miscellaneous papers donated to Columbia COHP".
The Reminiscences of K'ung Hsiang-his (As Told to Juila Lien-ying How, February 10 to June 10,1958, Rare Book & Manuscript Library, Columbia University)
T. V. Soong Papers (Hoover Institution Library and Archives, Stanford University)
Box 36, Folder 2 (Declassified material) "Chang, F., 1948".
Box 41, Folder52 "Li, Shun-ch'iao".
Box 42, Folder 4 "Telegrams Incoming (1940 - 1941)".
Box 49, Folder 1 "Telegrams Incoming (1945 - 1946)".
Box 53, Folder 15 "Finance".
Box 54, Folder 3 "Politics and government".
Box 60, Folder 4 "Kwangtung-Xiamen affairs files".

五、专著

Ito, Takatoshi, and Anne O. Krueger 编,解学诗主译:《税制改革的政治经济学》,北京:中国人民大学出版社,2001 年。原书为:Takatoshi Ito and Anne O. Krueger, ed., *The Political Economy of Tax Reform*. Chicago: Chicago University Press, 1992.
Sandford, Cedric 著,张文春、匡小平译:《成功税制改革的问题》,第一卷,北京:中国人民大学出版社,2001 年。原书为:Cedric Sandford, *Key Issues in Tax Reform*. Redwood Books, 1993.
Young, Arthur N. 原著,刘镇泉译:《中国经济建设之路》,上海:商务印书馆,1947 年。
小科布尔著,杨希孟、武莲珍译:《上海资本家与国民政府(1927—1937)》,北京:中国社会科学出版社,1988 年。原书为:Parks M. Coble Jr., *The Shanghai Capitalists and the Nationalist Government, 1927 - 1937*. Cambridge, Mass.: Harvard University Press, 1980.
久保亨著,王小嘉译,朱荫贵校审:《走向自立之路:两次世界大战之间中国的关税通货政策和经济发展》,北京：中国社会科学出版社,2004 年。原书为：久保亨,《战间期中国〈自立への模索〉：关税通货政策と经济发展》。东京：东京大学出版会,1999 年。
中央政治学校毕业生指导部编印:《财政经验集,第一集》,重庆,1941 年。
中央统计处编印:《中国赋税问题与二年来减废之概况》,南京,1936 年。
中央党部国民经济计划委员会主编:《十年来之中国经济建设》,南京：南京扶轮日报社,1937 年。
中国文化建设协会编:《十年来之中国》,上海：商务印书馆,1939 年。
中国租税研究会印行:《中国租税史略》,无出版资料。
中国国民党中央执行委员会宣传部编印:《四年来的财政金融》,重庆,1941 年。
中国国民党中央执行委员会训练委员会编印:《中国战时经济问题》,重庆,1943 年。
中国经济学社编:《中国经济问题》,上海：商务印书馆,1929 年。
天津市政府统计委员会编制:《天津市税捐概况》,天津：天津市政府统计委员会,1935 年。
文思主编:《我所知道的孔祥熙》,北京：中国文史出版社,2003 年。
王坤一:《中国营业税史》,台北：台湾商务印书馆,1971 年。
王国斌著,李伯重、连玲玲译:《转变的中国——历史变迁与欧洲经验的局限》,南京：江苏人民出版社,1998 年。原书为：R. Bin Wong, *China Transformed*: *Historical Change and the Limits of European Experience*. Ithaca: Cornell University Press, 1997.
王尔敏:《晚清商约外交》,香港：中文大学出版社,1998 年。
包超时:《中国所得税逃税论》,重庆：财政部直接税处文化经济研究室,1943 年。
北平市营业税征收处编印:《北平市营业税特刊》,北平,1931 年。
北京经济学院财政金融教研室:《新中国税制演变》,天津：天津人民出版社,1985 年。
四川省训练团讲义:《所得税与遗产税》,出版地不详,1940 年。
伍启元:《中日战争与中国经济》,长沙：商务印书馆,1940 年。
匡球:《中国抗战时期税制概要》,北京：中国财政经济出版社,1988 年。
朱公言:《遗产税原理及实务》,上海：中国著作人出版合作社,1938 年。
朱英:《晚清经济政策与改革措施》,武昌：华中师范大学出版社,1996 年。
朱偰:《中国财政问题》(中国财政问题第一编),上海：商务印书馆,1934 年。
朱偰:《中国租税问题》,南京：商务印书馆,1935 年。
朱偰:《中国租税问题》(中国财政问题第三编),上海：商务印书馆,1936 年。
朱偰:《中国战时税制》,重庆：财政评论社,1943 年。
朱偰:《所得税发达史》,重庆：正中书局,1939 年。
朱博能:《遗产税论》,杭州：正中书局,1940 年。
何平:《清代赋税政策研究,1644—1840 年》,北京：中国社会科学出版社,1998 年。
何烈:《厘金制度新探》,台北:"中国学术著作奖助委员会",1972 年。
吴一心:《中国之抗战》,上海：中华书局,1948 年。
吴仕汉:《中国直接税制度》,著者自印,1940 年。
吴兆莘:《中国税制史》,上海：商务印书馆,1937 年。

吴承明:《中国的现代化: 市场与社会》,北京: 生活·读书·新知三联书店,2001年。
吴景平:《宋子文评传》,福州: 福建人民出版社,1992年。
李景铭编:《修改税则始末记》,北京: 经济学会,1919年。
李超英:《比较财政制度》,商务印书馆,1943重庆初版,1953年台北重印初版。
李权时:《各国遗产税史要》,上海: 世界书局,1930年。
李权时:《李权时经济财政论文集》,上海: 商务印书馆,1933年。
李权时:《遗产税问题》,上海: 世界书局,1929年。
杜岩双:《中国所得税纲要》,重庆: 财政部直接税署经济研究室,1944年。
杜赞奇著,王福明译:《文化、权力与国家——1900—1942年的华北农村》,南京: 江苏人民出版社,1994年。原书为: Prasenjit Duara, *Culture, Power, and the State: Rural North China, 1900 -1942*. Stanford: Stanford University Press, 1988.
沈立人:《遗产之会计及课题》,上海: 商学书局,1934年。
周志初:《晚清财政经济研究》,济南: 齐鲁书社,2002年。
周邠:《中国直接税制度》,出版地不详,1948年。
直接税署编印:《中央接管后之营业税》,南京,1946年。
直接税署编:《直接税夏令业务讲习会记实》,重庆: 直接税服务社,1944年。
邱东旭:《财税工作纪实: 近五十年中国财税实况一斑》,台中: 逢甲大学,1983年。
金国宝:《中国经济问题之研究》,上海: 中华书局,1935年。
金国宝:《遗产税》,上海: 商务印书馆,1937年。
侯坤宏:《抗战时期的中央财政与地方财政》,台北:"国史馆",2000年。
侯厚培:《营业税问题》,上海: 大东书局,1931年。
南京金陵大学文学院编:《经济财政论丛》,成都: 南京金陵大学文学院政治经济系,1940年。
姜庆湘:《中国战时济教程》,出版地不详,科学书店,1943年。
段逸珊:《非常时期过分利得税之理论与实际》,重庆: 独立出版社,1944年。
胡善恒:《赋税论》,上海: 商务印书馆,1935年。
重庆抗战丛书编纂委员会编:《抗战时期重庆的经济》,重庆: 重庆出版社,1995年。
凌舒模:《关于临时财产税之研讨》,重庆: 财政部直接税处经济研究室,1941年。
唐孝刚:《非常时期之财政》,上海: 中华书局,1937年。
孙翊刚主编:《简明中国财政史》,北京: 中国财政经济出版社,1988年。
孙怀仁:《中国财政之病态及其批判》,上海: 生活书店,1937年。
徐日清:《直接税实务概要》,上海: 中国文化服务社,1948年。
晏才杰:《租税论》,北京: 新华学社,1922年。
殷崇浩主编:《国民政府时期的税收》,北京: 光明日报出版社,1991年。
纯愚:《新税历程》,无出版资料,封面题戊子年七一节,应为1948年。
翁之镛:《民国财政检论》,台北: 华国出版社,1952年。
翁之镛:《税制概论》,台北:"财政部"财税人员训练所,1973年。
财政部:《实施所得税遗产税计划案》,南京,1936年。
财政部地方财政司编:《十年来之地方财政》,重庆: 中央信托局印制处印,1943年。

财政部直接税处编:《八年来之直接税》,重庆: 中央信托局印制处印,1943 年。
马寅初:《中国经济改造》,上海: 商务印书馆,1935 年。
马寅初:《财政学与中国财政》,上海: 商务印书馆,1948 年。
高秉坊:《中国直接税史实》,重庆: 财政部直接税处经济研究室,1943 年。
高秉坊:《中国直接税的成长》,重庆: 财政部直接税处经济研究室,1943 年。
高秉坊:《直接税问题》,重庆: 中央训练团党政高级训练班印,1943 年。
高汉锹:《战时财政与统制经济》,长沙: 商务印书馆,1938 年。
国民参政会经济动员策进会秘书处编印:《国民参政会经济动员策进会工作报告》,出版地不详,1943 年。
国家税务局《中国税制改革十年史》编写组:《中国税制改革十年史》,大连: 东北财经大学出版社,1989 年。
国家税务总局编:《中华民国工商税收史: 直接税卷》,北京: 中国财政经济出版社,1996 年。
国家税务总局编:《中华民国工商税收史: 地方税卷》,北京: 中国财政经济出版社,1999 年。
崔敬伯:《中国财政的经济基础》,北平: 国立北平研究院经济研究会,1936 年。
崔敬伯:《现代税制类型之检讨》,北平: 国立北平研究院经济研究会,1936 年。
崔敬伯:《中国财政的新阶段》,北平: 国立北平研究院经济研究会,1937 年。
张公权著,杨志信摘译:《中国通货膨胀货史(1937—1949)》,北京: 文史资料出版社,1986 年。
张生:《南京国民政府的税收(1927—1937)》,南京: 南京出版社,2001 年。
张果为:《直接税制之研究》,台北: 财政经济出版社,1953 年。
张保福:《中国所得税论》,上海: 正中书局,1947 年。
张英华:《计画财政刍议》,著者自印,1923 年。
张绍书:《整理现行官厅会计商榷书》,著者自印,1933 年。
张连红:《整合与互动: 民国时期中央与地方财政关系研究》,南京: 南京师范大学出版社,1999 年。
张森:《中国营业税制度》,杭州: 正中书局,1943 年。
庄吉发:《清世宗与赋役制度的改革》,台北: 学生书局,1985 年。
陈英竞:《所得税之理论与实际》,四川长寿: 澄园,1933 年。
陆仰渊、方庆秋主编:《民国社会经济史》,北京: 中国经济出版社,1991 年。
陆忠义:《中国创行所得税之沿革》,上海: 国立上海商学院,1937 年。
彭泽益:《十九世纪后半期的中国财政与经济》,北京: 人民出版社,1983 年。
曾大宾:《中国租税与政治》,台南: 著者自印,1968 年。
曾镕浦:《财政整理会经过情形报告书》,出版地不详,1929 年。
童蒙正:《中国营业税之研究》,重庆: 正中书局,1942 年。
粟寄沧:《中国租税制度及其改革》,桂林: 广西建设研究会,1941 年。
粟寄沧:《中国战时经济问题研究》,桂林: 中新印务股份有限公司出版部,1942 年。
费文星:《中国直接税概要》,上海: 世界书局,1947 年。

费正清(John King Fairbank)主编，章建刚等译：《剑桥中华民国史——第一部》，上海：上海人民出版社，1992 年。
闵天培：《当前财政问题》，汉口：中山文化教育馆，1938 年。
黄仁宇著，阿风等译：《十六世纪明代中国之财政与税收》，台北：联经出版事业公司，2001 年。原书为：Ray Huang, *Taxation and Governmental Finance in Sixteenth-Century Ming China*. London, New York: Cambridge University Press, 1974.
黄佩华等：《中国：国家发展与地方财政》，北京：中信出版社，2003 年。
黄逸平、虞宝棠：《北洋政府时期经济》，上海：上海社会科学院出版社，1995 年。
塞力格曼著，胡汉译：《租税各论》，上海：商务印书馆，1934 年。原书为：Edwin Robert Anderson Seligman, *Essays in Taxation*. New York: The Macmillan Company, 1925。
塞力格曼著，许炳汉译：《租税转嫁与归宿》，上海：商务印书馆，1931 年。原书为：Edwin Robert Anderson Seligman, *The Shifting and Incidence of Taxation*. New York: Columbia University Press, 1927。
杨天石：《海外访史录》，北京：社会科学文献出版社，1998 年。
杨必立：《中国所得税研究》，台北：东华书局，1975 年。
杨汝梅：《民国财政论》，上海：商务印书馆，1927 年。
杨汝梅：《国民政府财政概况论》，上海：中华书局，1938 年。
杨昭智：《中国所得税》，上海：商务印书馆，1947 年。
杨寿标编著：《中国财政统计大纲》，上海：中华书局，1946 年。
杨荫溥：《民国财政史》，北京：中国财政经济出版社，1985 年。
杨荫溥、王逢壬著：《所得税纳税须知》，上海：经济书局，1936 年。
虞宝棠：《国民政府与民国经济》，上海：华东师范大学出版社，1998 年。
贾士毅：《民国财政史》，上海：商务印书馆，1917 年。
贾士毅：《民国财政史三编》，台北：台湾商务印书馆，1962 年。
贾士毅：《民国财政经济问题今昔观》，台北：正中书局，1954 年。
贾士毅：《民国初年的几任财政总长》，台北：传记文学出版社，1985 年。
邹琳：《邹琳年谱》，台北：传记文学出版社，1975 年。
邹继础：《中国财政制度改革之探索》，北京：社会学科文献出版社，2003 年。
雷辑辉：《北平税捐考略》(社会研究丛刊第 13 种)，北平：社会调查所，1932 年。
赵梦涵：《新中国财政税收史论纲》，北京：经济科学出版社，2002 年。
赵懿翔：《中国所得税实务》，重庆：财政部直接税署经济研究室，1944 年。
刘不同：《民生主义之租税制度》，重庆：青年书店，1941 年。
刘师舜编著：《邹琳先生之生平：自北伐至抗战胜利服务之第一手资料》，台北：联经出版公司总经销，1983 年。
潘序伦、李文杰：《所得税原理及实务》，长沙：商务印书馆，1939 年。
卫挺生：《中国今日之财政》，上海：世界书局，1931 年。
邓启农：《论中国战时遗产税》，重庆：正中书局，1941 年。
鲍亦荣：《近六十年来我国租税制度》，台北：大同书局，1970 年。
戴蔼庐：《关税特别会议史》，北平：银行月刊社印行，1925 年。

薛光前编:《艰苦建国的十年》,台北:正中书局,1971年。
韩亮仙:《中国经济动员论》,重庆:青年书店,1939年。
罗介夫:《中国财政问题》,上海:太平洋书店,1933年。
关吉玉:《民国四十年来之财政》,台北:经济研究社,1976年。
饶立新、曾耀辉:《中国印花税与印花税票》,北京:中国税务出版社,2002年。

六、论文

《工商业请缓办所得税》,《银行周报》,卷20期29,1936年7月28日。
《中国征收所得税问题》,《国闻周报》,卷13期37,1936年9月21日。
《甘末尔设计委员会税收政策意见书》,《国闻周报》,卷7期42,1930年10月27日。
《施行所得税》,《银行周报》,卷20期28,1936年7月21日。
《施行所得税问题》,《国闻周报》,卷13期23,1936年6月15日。
《消除工商界不安定因素之对策》,《公信会计月刊》,卷10期6,1947年6月15日。
《国民纳税之自觉问题》,《银行周报》,卷6期13,1922年4月11日。
《裁厘加税六省一律暂缓举办》,《银行周报》,卷11期36,1927年9月20日。
《广州外商拒缴营业税》,《银行周报》,卷18期46,1934年11月27日。
《征收所得税问题》,《银行周报》,卷20期28,1936年7月21日。
《调整工业资本与税制问题》,《经济汇报》,卷6期11,1942年12月。
《论中国宜免厘创办营业税(录吉林官报)》,《东方杂志》,卷6期2,1909年3月16日。
《论增税为今日之必要及所得税之优点(录大共和日报)》,《东方杂志》,卷9期1,1912年7月1日。
《营业税与牙税(录六月十四日天津大公报)》,《国闻周报》,卷8期24,1931年6月22日。
Paauw, Douglas S.著,刘妮玲译:《国民党与经济停滞》,张玉法主编:《中国现代史论集》,第8辑,台北:联经出版事业公司,1982年。
卜舫济(F. L. Hawks Pott):《税敛要例》,《万国公报》,卷67,1894年8月。
士浩:《所得税施行之必要及其应注意之点》,《银行周报》,卷4期39,1920年10月19日。
子明:《征收所得税问题》,《银行周报》,卷20期27,1936年7月14日。
尹文敬:《我国财政困难之原因及其整理之方法》,《东方杂志》,卷21期17,1924年9月10日。
王丕烈:《所得税与营业税并征问题》,《银行周报》,卷21期28,1937年7月20日。
王丕烈:《战时利得税之研究》,《租税研究》,卷1期2,1938年4月29日。
王沛南:《论非常时期过分利得税》,《财政评论》,卷4期6,1940年12月。
王昭明:《战后台湾的财政改革》,《财政与近代历史论文集》,台北:"中央研究院"近代史研究所,1999年6月。
王逢壬:《中国非常时期过分利得税的检讨》,《财政评论》,卷1期2,1939年2月。
包超时:《中央接管营业税之经过及一年来整顿之概况》,《直接税月报》,卷2期4、5、6合编,1942年6月1日。
古城贞吉译:《俄将论中国财政》(东文报译/译东邦学会录),《时务报》,册14(光绪二十二年11月11日,1896年12月15日),景本,册2,北京:中华书局,1991年。

田文彬:《抗战期中我国所得税法应有之改革》,《东方杂志》,卷 35 期 10,1938 年 5 月 16 日。
白苇:《论假账问题》,《广东直接税导报》,卷 3 期 1、2 合刊,1948 年 4 月。
石抗鼎:《我国非常时期过分利得税之检讨》,《经济汇报》,卷 4 期 1,1941 年 7 月。
朱世杰:《略谈本年度下期营利事业所得税》,《诚信月刊》,卷 1 期 12,1948 年 12 月 1 日。
朱炳南:《论我国的所得税法》,《社会科学杂志》,卷 7 期 4,1936 年 12 月。
朱炳南、严仁赓:《中国之营业税》,《社会科学杂志》,卷 6 期 3,1936 年 9 月。
朱偰:《中国今日征收所得税问题》,《东方杂志》,卷 32 期 11,1935 年 6 月 1 日。
朱偰:《中国战时财政之出路》,《东方杂志》,卷 33 期 7,1936 年 4 月 1 日。
朱偰:《中国战时财政的一个切实方案》,《东方杂志》,卷 34 期 1,1937 年 1 月 1 日。
朱偰:《外侨与所得税》,《东方杂志》,卷 33 期 22,1936 年 11 月 16 日。
朱偰:《所得税暂行条例草案之批评及其修正意见》,《东方杂志》,卷 33 期 13,1936 年 7 月 1 日。
朱偰:《推行战时税制与彻底改革财务行政》,《东方杂志》,卷 35 期 7,1938 年 4 月 1 日。
朱偰:《战时租税亟应改进刍议》,《东方杂志》,卷 37 期 20,1940 年 10 月 16 日。
百濑弘著,郑永昌译:《清朝的财政经济政策》,《财政与近代历史论文集》,台北:“中央研究院”近代史研究所,1999 年 6 月。
余世雄:《恢复查账制度的认识与准备》,《广东直接税导报》,卷 2 期 2,1947 年 2 月 15 日。
余顺贤:《中国直接税之前途》,《广东直接税导报》,卷 2 期 2,1947 年 2 月 15 日。
吴景超:《新税制与新社会》,《新中华》,卷 3 期 10,1935 年 5 月 25 日。
吴宝田:《营利事业所得税及过分利得税资本确定问题》,《直接税月报》(重庆),卷 1 期 6,1941 年 6 月 1 日。
宋同福:《战时过分利得税》,《经济汇报》,卷 10 期 10,1944 年 11 月。
李锐:《怎样课征战时利得税》,《财政评论》,卷 1 期 1,1939 年 1 月。
李应兆:《一年来广东直接税税收的检讨》,《广东直接税导报》,卷 2 期 2,1947 年 2 月 15 日。
李鸿寿:《非常时期过分利得税之计算》,《银行周报》,卷 22 期 44,1938 年 11 月 8 日。
李权时:《中国施行所得税问题》,《经济学季刊》,卷 7 期 3,1936 年。
李权时:《税制新论》,《财政评论》,卷 2 期 2,1939 年 8 月。
沈星若:《由经济上观测遗产税的效果》,《东方杂志》,卷 24 期 24,1927 年 12 月 25 日。
汪敬虞:《威厚阔、李德立与裁厘加税——记八十八年前的一次争论》,《中国社会经济史研究》,1990 年第 4 期。
协民:《中国财政史上重大改革——裁厘运动之过程》,《国闻周报》,卷 8 期 1,1931 年 1 月 1 日。
果鸿孝:《论清末政府在经济上除弊兴利的主要之举》,《中国社会经济史研究》,1991 年第 3 期。
直接税署:《直接税之现状与改进计画》,《广东直接税导报》,卷 3 期 3、4 合刊,1948 年 5 月。
金天锡:《战时财政的新改革》,《东方杂志》,卷 41 期 18,1945 年 9 月 30 日。

侯坤宏:《抗战时期的税务控案》,《财政与近代历史论文集》,台北:"中央研究院"近代史研究所,1999 年 6 月。
姜又赓:《改进非常时期过分利得税刍议》,《经济汇报》,抗战三周年纪念专号,1940 年 7 月。
姜文求:《关税特别会议之研究》,台北:台湾师范大学历史研究所硕士论文,1990 年。
姚企文:《战时所得税(2)》,《银行周报》,卷 22 期 46,1938 年 11 月 22 日。
姚企文:《战时所得税(5)》,《银行周报》,卷 22 期 49,1938 年 12 月 13 日。
唐庆增:《吾国施行遗产税问题(录二十二年十二月二十二日上海时事新报)》,《新中华》,卷 2 期 2,1934 年 1 月 25 日。
夏高波:《我国所得税法往何处去? 中篇》,《公信会计月刊》,卷 11 期 5,1947 年 11 月 15 日。
孙九录:《当前之国家财政与社会经济》,《东方杂志》,卷 39 期 17,1943 年 11 月 15 日。
殷锡琪:《创办战时利得税之研究》,《东方杂志》,卷 35 号 7,1938 年 4 月 1 日。
秦庆钧:《直接税与安定金融》,《广州直接税月报》,期 2,1947 年 2 月 28 日。
荊州:《全国财政会议之成果》,《新中华》,卷 2 期 12,1934 年 6 月 25 日。
袁梅因:《现行战时消费税之检讨》,《经济汇报》,卷 6 期 12,1942 年 12 月。
记者:《裁厘后新税之进行》,《银行周报》,卷 15 期 2,1931 年 1 月 27 日。
财政评论社资料室编:《我国战时地方财政概要》,《财政评论》,卷 1 期 1,1939 年 1 月。
郝庆元:《周学熙与民国初年的税制改革》,《天津社会科学》,1990 年第 1 期。
马弘绪:《三十五年度广州分局业务概况》,《广东直接税导报》,卷 2 期 1,1947 年 1 月 15 日。
马寅初:《所得税暂行条例应即修正之理由》,《财政评论》,卷 2 期 3,1939 年 9 月。
马寅初:《论战时过分利得税》,《战时经济论文集》,上海:作家书屋,1945 年。
马影疏:《中国之财政与金融》,《东方杂志》,卷 23 期 21,1926 年 11 月 25 日。
高秉坊:《近年来中央税制之改革与动向》,《财政评论》,卷 6 期 1,1941 年 7 月。
高秉坊:《近年来我国税制之改革》,《财政评论》,卷 2 期 2,1939 年 8 月。
高秉坊:《筹办所得税之步骤及对中外商人之殷望》,财政部编印,《现在实行的所得税》。南京,1936 年 9 月。
高劳:《中国政治通览:财政篇》,《东方杂志》,卷 9 期 7,1913 年 1 月 1 日。
崔敬伯:《大战后各国国家财政的新趋势》,《国闻周报》,卷 7 期 30,1930 年 8 月 4 日。
崔敬伯:《中国财政之划时代的展开》,《国闻周报》,卷 14 期 1,1937 年 1 月 1 日。
崔敬伯:《施行所得税问题》,《国闻周报》,卷 13 期 23,1936 年 6 月 15 日。
崔敬伯:《从间接税到直接税——税制改革之批判与展望》,《国闻周报》,卷 14 期 25,1937 年 6 月 28 日。
崔敬伯:《从间接税到直接税(续)——税制改革之批判与展望》,《国闻周报》,卷 14 期 26,1937 年 7 月 5 日。
崔敬伯:《税人与税政》,《财政评论》,卷 2 期 3,1939 年 9 月。
张白衣:《世界主要国家租税制度概观》,《财政评论》,卷 2 期 2,1939 年 8 月。
张稺琴:《遗产税制度之研究》,《新中华》,卷 4 期 17,1936 年 9 月 10 日。

张景璞:《中国今日征收遗产税问题》,《东方杂志》,卷33期14,1936年7月16日。
张善宝:《所得税开征后之观感》,《金融周报》,卷2期18,1936年10月28日。
曹季彦:《抗战时期河南第九区的赋税》,中国人民政治协商会议河南省委员会文史资料研究委员会编:《河南文史资料》,辑6,1985年11月。
梁义群:《清末新政与财政》,《历史档案》,1990年第1期。
盛斯谋:《非常时期之我国所得税》,《东方杂志》,卷36期2,1939年1月16日。
郭镜秋:《营利事业所得税查账问题——以汕头分局业务例》,《广东直接税导报》,卷2期10,1947年10月30日。
陈孟坚:《新遗产税法之检讨》,《广东直接税导报》,卷2期1,1947年1月15日。
陈德容:《所得税暂行条例总则之研究》,《银行周报》,卷20期36,1936年9月15日。
陈德容:《非常时期过分利得税条例之研究》,《银行周报》,卷22期45,1938年11月15日。
陈震异:《修正营业税法管见(下)》,《银行周报》,卷15期12,1931年4月7日。
陈震异:《裁厘抵补问题(中)》,《银行周报》,卷15期6,1931年2月24日。
陈锡宝:《南京国民政府裁厘平议》,《安徽师大学报(哲学社会科学报)》,1990年第4期。
麦健曾:《新订所得税条例评议》,《国闻周报》,卷12期27,1935年7月15日。
童蒙正:《关于我国征收遗产税之意见》,《东方杂志》,卷33期13,1936年7月1日。
黄季虬:《论现行直接税税率》,《财政评论》,卷5期5,1941年5月。
甯恩承:《中国所得税之源(上)》,《传记文学》,卷56期4,1990年4月。
杨必立:《中国所得税史略》,《清华学报》,卷2期2,1925年12月。
杨汝梅:《论世界财政改造之新思潮与吾国财政》,《银行周报》,卷7期35,1923年9月11日。
杨亨华:《我国现行印花税制度》,《广东直接税导报》,卷2期1,1947年1月15日。
杨华山:《论晚清"裁厘统捐"与"裁厘认捐"的尝试及夭折》,《中国近代史》,2004年第5期。
杨毓辉:《论国家征税之公理》,《东方杂志》,卷5期5,1908年6月23日。
杨绽青:《我在湘乡直接税局的经历》,《湘乡文史资料》,辑4,1989年1月。
沧水:《所得税与教育经费》,《银行周报》,卷4期39,1920年10月19日。
叶绿水:《如何控制行商》,《广东直接税导报》,卷2期2,1947年2月15日。
贾士毅:《财政与国民经济(上)》,《银行周报》,卷11期16,1927年5月3日。
贾士毅:《划分国税地方税私议》,《东方杂志》,卷9期6,1912年12月1日。
颂平:《大战后各国特种物品消费税之检讨(上)》,《银行周报》,卷15期10,1931年3月24日。
刘不同:《直接税与间接税论》,《财政评论》,卷4期3,1940年9月。
刘不同:《推行战时租税制问题之商榷》,《东方杂志》,卷35期17,1938年9月1日。
刘不同:《战时超过利润税》,《东方杂志》,卷35号1,1938年1月1日。
刘振东:《为所得税问题敬告国人》,《银行周报》,卷20期28,1936年7月21日。
刘树东:《所得税之研究》,《东方杂志》,卷33期13,1936年7月11。
影疏:《中国财政之根本问题》,《东方杂志》,卷21期3,1924年2月10日。

潘序伦:《对于现行所得税及过分利得税税率之意见》,《财政评论》,卷 5 期 5,1941 年 5 月。
蔡次薛:《我国战时税制的改进》,《东方杂志》,卷 38 期 17,1941 年 8 月 30 日。
蔡次薛:《我国举办遗产税之意义及其立法精神》,《东方杂志》,卷 35 期 24,1938 年 12 月 16 日。
诸青来:《民元以来之国家财政》,王云五、李圣五编:《中国财政问题》,上海:商务印书馆,1933 年。
郑君可:《解放前上海的税收制度》,上海市政协文史资料委员会编:《上海文史资料存稿汇编第四集经济金融》,上海:上海古籍出版社,2001 年。
戴铭礼:《厘金及其裁撤问题》,《银行周报》,卷 12 期 29,1928 年 7 月 31 日。
濯缨:《吾国所得税之沿革制度及其筹办近状》,《银行周报》,卷 4 期 39,1920 年 10 月 19 日。
锺淦恩:《我国现行间接税制之检讨》,《财政评论》,卷 2 期 2,1939 年 8 月。
锺淦恩:《我国现行直接税之检讨》,《财政评论》,卷 2 期 3,1939 年 9 月。
关吉玉:《四十年来之民国财政》,《中国经济月刊》,期 19,1952 年 4 月。
关吉玉:《避税斗争》,《租税研究》,卷 1 期 1,1938 年 3 月 29 日。
蔼庐:《易纨士统一税务计画之观察》,《银行周报》,卷 12 期 4,1928 年 2 月 7 日。
蔼庐:《裁厘后举办特种消费税之商榷》,《银行周报》,卷 13 期 4,1929 年 1 月 22 日。
蔼庐:《整理税制观(下)》,《银行周报》,卷 11 期 32,1927 年 8 月 23 日。
腾霞:《地方所得税制之参考(上)》,《国闻周报》,卷 8 期 11,1931 年 3 月 23 日。
腾霞:《地方所得税制之参考(下)》,《国闻周报》,卷 8 期 12,1931 年 3 月 30 日。
腾霞:《遗产税在列强财政中之地位》,《国闻周报》,卷 8 期 2,1931 年 1 月 5 日。
权时:《各国营业税近状》,《银行周报》,卷 21 期 42,1937 年 10 月 19 日。
龚家麟:《我国遗产税暂行条例平议》,《东方杂志》,卷 35 期 23,1938 年 12 月 1 日。

七、报纸评论

《大陆报之中国裁厘加税观》,《申报》(上海),1920 年 3 月 15 日。
《工商业的捐税问题》,《大公报》(上海),1947 年 7 月 21 日。
《六团体致县商会函——为免加印花税及反对所得税事》,《申报》,1920 年 12 月 1 日。
《反对所得税》,《申报》,1920 年 11 月 20 日。
《加紧稽征过分利得税》,《时事新报》(重庆),1940 年 5 月 14 日。
《所得税之励行》,《申报》,1920 年 11 月 14 日。
《所得税的几个问题》,《新华日报》(重庆),1944 年 3 月 10 日。
《美报论中国裁厘问题》,《申报》,1920 年 3 月 20 日。
《重税富户问题》,《商务日报》(重庆),1944 年 6 月 1 日。
《财政部关于免厘加税之提案》,《申报》,1922 年 9 月 8 日。
《财政部关于免厘加税之提案(续)》,《申报》,1922 年 9 月 9 日。
《财部催办所得税之通令》,《申报》,1920 年 9 月 16 日。
《财部新拟普通营业税草案》,《申报》,1925 年 10 月 14 日。

《国民承认所得税当要求以裁厘为交换条件》,《申报》,1920 年 10 月 6 日。
《顺直省议会反对所得税》,《申报》,1920 年 11 月 11 日。
《过分利得税有规避抗缴者,其影响不仅税收减少》,《中央日报》(重庆),1941 年 6 月 13 日。
《暴利课税》,《大公报》(重庆),1940 年 4 月 4 日。
《学生总会反对所得税函》,《申报》,1921 年 4 月 13 日。
《战时的税收问题》,《新华日报》(重庆),1940 年 5 月 28 日。
《总商会会董审查所得税报告》,《申报》,1920 年 11 月 1 日。
《关于裁厘加税之声明》,《申报》,1920 年 3 月 5 日。
《释直接税》,《时事新报》(重庆),1940 年 6 月 6 日。
朱偰:《论我国战时之租税负担力》,《中央日报》(重庆),1944 年 12 月 3 日。
黄季虬:《论现行直接税税率》,《新蜀报》(重庆),1941 年 3 月 30 日。
戴铭礼:《中国所得税施行之一瞥》,《申报》,1924 年 5 月 11 日。

八、外文文献

Chang, Kia-Ngau. *The Inflationary Spiral: The Experience in China, 1939 - 1950*. Cambridge, Massachusetts: Technology Press of Massachusetts Insitute of Technology, 1958.

Cullis, John, and Philip Jones. *Public Finance and Public Choice*. London: McGraw-Hill Book Company, 1992.

Mann, Susan. *Local Merchants and the Chinese Bureaucracy, 1750 - 1950*. Stanford: Stanford University Press, 1987.

Osborne, Anne. "Property, Taxes, and State Protection of Rights Contract and Property," in Madeleine Zellin, Jonathan K. Ocko, and Robert Gardella, eds., *Contract and Property in Early Modern China: Rational Choice in Political Science*. Stanford: Stanford University Press, 2004.

Rolph, Earl R. *The Theory of Fiscal Economics*. Berkeley and Los Angles: University of California Press, 1954.

Strauss, Julia C. *Strong Institutions in Weak Polities: Personnel Policies and State Building in China, 1927 - 40*. St. Louis: Washington University Press, 1993.

Tsao, L. E. (曹励恒) "The Income Tax And Its Introduction Into China," *Information Bulletin*, Volume II, No. 5., Oct., 1936.

Wang, Yeh-chien. *Land Taxation in Imperial China, 1750 - 1911*. Cambridge Massachusetts: Harvard University Press, 1973.

Zelin, Madeleine. *The Magistrate's Tael, Rationalizing Fiscal Reform in Eighteenth-Century Ch'ing China*. Berkeley: University of California Press, 1984.

三菱合资会社资料课:《支那の财政整理に关する意见书》,1925 年。
大塚恒雄:《中国财政と国家予算》,东京: 税务经理协会,1963 年。
小林几次郎:《支那财政经济论》,东京: 丛文阁,1939 年。

木村增太郎:《支那财政ノ真相ト其革新策ニ就テ》,东京:启明会事所,1925年。
木村增太郎:《支那财政论》,东京:大阪屋号书店,1927年。
外务省情报部:《支那情报》,第八辑,财政整理问题,1924年。
田中忠夫:《支那请负征税制度の研究:封建的遗制の废止》,《支那》,卷21号7,1930年7月。
同盟通信社经济局编印:《蒋经济の退路》,东京,1938年11月。
在南京日本大使馆情报部编印:《重庆政权ノ财政金融》,1943年。
米原淳七郎、矢野秀利著:《直接税对间接税》,东京:有斐阁,1989年。
西川喜一:《支那经济综揽(2):财政金融と关税制度》,上海:日本堂书店,1922年发行,1925年三版。
贝塚启明、石弘光、野口悠纪雄、宫岛洋、本间正明编:《税制改革の潮流》,东京:有斐阁,1990年。
岩井茂树:《中国近世财政史の研究》,京都:京都大学学术出版会,2004年。
东方通信社调查部:《支那财政难の现状》,东京:东方通信社,1922年。
东亚同文书院支那研究部编印:《现代支那讲座,第三讲财政金融,财政篇》,上海,1941年。
东亚研究所:《抗战支那の经济建设(翻译)》,资料丙第223号D,支那奥地资料汇报第五辑,1941年。
东洋协会特别调查部报告第二辑:《紊乱せる支那の财政と现状债务整理问题》,1931年。
金子肇:《袁世凯政权の地方财政机构改革》,《历史学研究》,号723,1999年5月。
柏井象雄:《近代支那财政史》,京都:教育图书株式会社,1942年。
高桥良三:《变革期支那ノ认识》,京都:人文书院,1939年。
饭岛涉:《“裁厘加税”问题と清末中国财政——一九〇二年中英マッケイ条约交涉の历史的位置》,《史学杂志》,卷102期11,1993年11月。
增田米治:《重庆政府战时经济政策史》,东京:ダイヤモンド社,1943年。

图书在版编目(CIP)数据

西洋税制在近代中国的发展 / 林美莉著 .— 上海 ：上海社会科学院出版社，2018
ISBN 978-7-5520-2455-5

Ⅰ. ①西… Ⅱ. ①林… Ⅲ. ①税收改革—研究—中国—民国 Ⅳ. ①F812.96

中国版本图书馆 CIP 数据核字(2018)第 202087 号

西洋税制在近代中国的发展

著　　者：林美莉
责任编辑：章斯睿
封面设计：黄婧昉
出版发行：上海社会科学院出版社
上海顺昌路 622 号　邮编 200025
电话总机 021-63315947　销售热线 021-53063735
http：//www.sassp.cn　E-mail：sassp@sassp.cn
照　　排：南京前锦排版服务有限公司
印　　刷：上海新文印刷厂
开　　本：710 毫米×1010 毫米　1/16
印　　张：19
插　　页：3
字　　数：285 千字
版　　次：2020 年 4 月第 1 版　　2020 年 4 月第 1 次印刷

ISBN 978-7-5520-2455-5/F・542　　定价：68.00 元

版权所有　翻印必究